高等职业教育"十三五"规划教材（物流管理专业）

采购与供应链管理实务

刘华　编著

中国水利水电出版社
www.waterpub.com.cn
·北京·

内 容 提 要

采购是物流的基础环节，供应链管理是物流管理发展的高级阶段。本书针对我国现代物流业采购与供应链管理的创新与发展，依据物流采购的操作流程与业务环节，依据国内外供应链管理最新发展和我国供应链管理应用的实际情况，主要介绍采购与供应的基本知识、采购战略与策略、采购的实施、供应商管理、采购谈判与采购合同、供应链管理与优化、供应链绩效评价与激励等理论及实务性的技能训练。

本书内容丰富、阐述简练、案例鲜活，注重突出高职教育特点，强化物流采购技能，体现供应链管理最新实践教学理念，力求严谨，注重与时俱进；具有创新性，且采用新颖的一体化格式设计。

本书既可作为职业教育院校物流及财经管理等专业的教学用书，也可作为物流企业在岗职工的培训教材，对于广大社会读者也是一本非常有益的读物。

本书配有免费电子教案，读者可以从中国水利水电出版社网站以及万水书苑下载，网址为：http://www.waterpub.com.cn/softdown/或 http://www.wsbookshow.com。

图书在版编目（CIP）数据

采购与供应链管理实务 / 刘华编著. -- 北京 : 中国水利水电出版社, 2019.3（2021.8 重印）
高等职业教育“十三五”规划教材. 物流管理专业
ISBN 978-7-5170-7537-0

Ⅰ. ①采… Ⅱ. ①刘… Ⅲ. ①企业管理－采购管理－高等职业教育－教材②企业管理－供应链管理－高等职业教育－教材 Ⅳ. ①F274

中国版本图书馆CIP数据核字(2019)第051142号

策划编辑：周益丹　责任编辑：周益丹　加工编辑：武兴华　封面设计：梁　燕

书　名	高等职业教育“十三五”规划教材（物流管理专业） 采购与供应链管理实务 CAIGOU YU GONGYINGLIAN GUANLI SHIWU
作　者	刘华　编著
出版发行	中国水利水电出版社 （北京市海淀区玉渊潭南路 1 号 D 座　100038） 网址：www.waterpub.com.cn E-mail：mchannel@263.net（万水） sales@waterpub.com.cn 电话：（010）68367658（营销中心）、82562819（万水）
经　售	全国各地新华书店和相关出版物销售网点
排　版	北京万水电子信息有限公司
印　刷	三河市鑫金马印装有限公司
规　格	184mm×260mm　16 开本　13.5 印张　329 千字
版　次	2019 年 3 月第 1 版　2021 年 8 月第 3 次印刷
印　数	4001—6000 册
定　价	35.00 元

序

职业教育是国民教育体系和人力资源开发的重要组成部分，在培养多样化人才、传承技术技能、促进就业创业、服务经济结构调整和产业转型升级中，发挥着不可替代的重要作用。习近平总书记在十九大报告中指出，要建设知识型、技能型、创新型劳动者大军。孙春兰副总理在出席职业教育有关活动时也强调，要办好新时代职业教育，培养高素质技术技能人才。

《北京职业教育改革发展行动计划（2018－2020 年）》明确提出改进人才培养模式，推进“工学结合、校企合作”育人模式改革，广泛开展“有趣、有用、有效”的课堂教学，形成以小班化、模块化、项目式、案例式、混合式教学和探究性、合作性学习为主要特色的人才培养模式。国家和北京市教委的部署为做好职业教育的工作指明了方向，提供了根本遵循。

北京财贸职业学院坚持以立德树人为根本，以服务发展为宗旨，以就业为导向，充分利用地处北京城市副中心、京冀多校区办学的区位优势，主动适应首都经济社会发展的需求，为首都现代服务业发展提供人才支撑和智力服务。学院被首都商界誉为“黄埔军校”和“经理摇篮”。

为更好地服务于我国职业教育的发展，在培养高素质高技能型人才的过程中，学院物流教学团队联合企业合作开发了本系列物流教材。本着以学生为中心，以提升学生沟通、协作、表达、动手等非专业能力为重点，坚持素质教育在课堂，坚持教为学服务的教学理念，创新设计教学内容，不但选取包含经济、环境、法律和伦理等内容，而且内容形式案例化、多元化、综合化，并且给出了教学方法的建议。

本系列教材共 8 本，包含《仓储作业管理》《公路运输实务》《采购与供应链管理实务》《空运综合方案设计》《仓储规划与运作》《物流管理信息系统》《国际货运代理海运操作实务》《运输作业设计与操作》，具有以下特点：

1. “立德树人”理念贯穿全书

《高等职业教育创新发展行动计划（2015－2018 年）》明确提出“加强文化素质教育，坚持知识学习、技能培养与品德修养相统一，培育学生诚实守信、崇尚科学、追求真理的思想观念。”为此，在教材编写的过程中，选取任务时将技能培养与非专业能力结合，与“爱心、诚信、责任、创新”等素养教育相结合，促进职业技能培养与职业精神养成相融合。

2. “工学结合”理念融进工作任务

教材中的工作任务选取以促进学生综合职业能力提升为目标，合理设计教学任务，对接国家职业标准和行业操作标准，着重提升学生专业能力、方法能力及社会能力，促进学生职业生涯的可持续发展。

3. “以学生为中心”理念融入教学过程

课堂是教育的主战场，是培养学生适应终身发展和社会发展需要的必备品格和关键能力的核心环节。本着“以人为本，以学为本”的理念，给出教学方法建议，最大程度地调动学生学习的自主性，实现以学习者为中心，打造“三有”课堂。

本系列教材部分内容基于教育部现代物流学徒制的教学模式，与北京安信捷达物流有限公司合作开发。

本系列教材是物流教学团队学习和研究的成果，因能力有限和对职业教育理解的局限性，其他如典型任务的确定、代表案例的选取等方面仍需要进一步的研究，特别是教材内容如何与“三有”课堂紧密结合更需深入研究，也希望各位专家老师给出中肯的建议。

编写组于北京通州

2018 年 11 月

前　　言

随着我国生产和流通企业的结构调整，经济快速发展和市场竞争的加剧，社会的发展对物流与供应链提出了更高的要求；由于物流采购在促进经营、降低成本、提高经济效益、获取客户满意度、提升供应链竞争力等方面具有非常重要的作用，因此采购与供应链管理已经引起我国物流行业主管部门和物流企业的高度关注和重视。

物流是流通的命脉，也是国家经济建设的重要支撑，而物流采购则是物流的关键环节，也是物流经济活动运营中的核心基础支持。面对物流市场国际化的迅速发展与激烈竞争，物流采购在物流产业化进程发展中发挥着越来越重要的作用。供应链管理作为现代科技进步和经济发展催生出的新型生产力，正在深刻地改变物流企业的运作模式，也在彻底地改造传统物流业，并在物流产业化与现代化发展进程中发挥重要作用。当前，随着国家“一带一路、互联互通”总体发展战略的制定和实施，面对物流市场国际化的迅速发展与激烈竞争，对物流系统和从事供应链管理人员技术素质提出了新的更高要求；加强物流供应链管理学习应用，这既是物流企业可持续快速发展的战略选择，也是本书出版的意义。

由于本书融入了采购管理最新的教学理念，力求严谨，注重与时俱进，具有体系完善新颖、内容丰富、案例鲜活、贴近实际、注重知识系统性和操作应用性等特点，因此本书既可以作为普通高等职业院校物流及财经管理等专业教学用书；也可作为物流和工商企业在职从业者及管理人员的培训教材，并为广大社会从业人员提供有益的参考和借鉴。

全书共八个单元，以学习者应用能力培养为主线，针对我国现代物流采购管理创新与发展，依照采购与供应链活动的基本过程和规律，围绕物流企业采购管理所涉及的各工作环节和流程，具体介绍采购与供应的基本知识、采购战略与策略、采购的实施、供应商管理、采购谈判与采购合同、供应链的认知、供应链的构建与优化、供应链的绩效评价与激励等知识技能，并通过企业采购与供应链管理的真实案例指导学员实训，以达到学以致用、强化技能培养的目的。

本教材由刘华进行总体方案的策划并编著，在教材编写过程中，参阅引用了大量国内外有关物流采购与供应链管理等方面的书刊资料，借鉴了国家新近颁布实施的相关物流采购法规及招标采购管理制度，并得到有关专家教授的具体指导，在此一并致谢。

因作者水平有限，书中难免有疏漏和不足，故恳请同行和读者批评指正。

编　者

2018 年 12 月

目　　录

单元一　采购与供应管理基础

本章导读

通过本单元的学习，理解采购、采购管理的概念，掌握采购管理的作用和基本任务，了解采购的组织机构的组建、采购队伍的建设。

知识点

（1）采购、采购管理的概念。

（2）采购的分类。

（3）采购的原则。

（4）采购的任务与作用。

（5）采购的组织结构与队伍建设。

技能点

（1）正确认识采购的内涵与外延的能力。

（2）能够分析采购管理在企业经营中的重要意义。

（3）根据不同的企业经营业务设置不同的采购组织的能力。

项目一　采购认知

良好的采购将直接增加公司利润和价值，有利于公司在市场竞争中赢得优势。

任务 1　认识采购的概念

【案例点击 1-1】

众所周知，公司的根本目标是追求利润最大化。增加利润的方法之一就是增加销售额。假设某公司购进 50000 元的原材料，加工成本为 50000 元，若销售利润为 10000 元，需实现销售额 110000 元。如果将销售利润提高到 15000 元，那么销售额就需实现 115000 元。这意味着公司的销售能力必须提高。

还有一种方法也可增加利润，假定加工成本不变，可以通过有效的采购管理使原材料只花费 45000 元，节余的 5000 元就直接转化为利润，从而在 110000 元的销售额上把利润提高到 15000 元。

1．采购的概念

采购，在人们生活中是一个不陌生的概念，就像我们每天要吃饭、穿衣一样，我们几乎每天都要采购。在现代社会中，生产高度社会化，人们所消耗的东西不都是自己生产的，需要从别人手中获得，这就需要采购。

（1）狭义的采购。狭义的采购是指以购买的方式，由买方支付对等的代价，向卖方换取物品的行为过程。即所谓的“一手交钱，一手交货”或“银货两讫”。在此概念中，货币成为交易的中介，买方若没有货币则采购行为将难以实现，这种以货币换取商品的方式是最普遍的采购途径。

（2）广义的采购。广义的采购是指除了以购买的方式获取商品以外，还可以通过租赁、借贷、交换等途径取得商品的使用权，以达到满足需求的目的。

租赁：即一方以支付租金的方式取得他人物品的使用权。如租房、租车、租厂房、租设备等。

借贷：即一方以无须支付任何代价的方式取得他人物品的使用权，使用完毕后返还原物品。这种无偿借用他人物品的方式，通常是基于借贷双方的情谊与密切关系，特别是借方的信用。

交换：即以物易物的方式，取得物品的所有权及使用权，不须支付货款。其实交换是最古老的采购途径，但在现代社会也不乏其例。

综上所述，广义的采购是指以各种不同的途径，包括购买、租赁、借贷、交换等方式，取得物品或劳务的使用权或所有权，以满足使用的需求。

（3）购买与采购的区别。不要把采购简单地看成就是“购买”，也不要把简单的购买活动说成是“采购”。采购应当包含两个基本意思：一是“采”，二是“购”。“采”，采集、采摘也，是从众多的对象中选择若干个之意。“购”，购买也，是通过商品交易手段把所选定的对象从对方手中转移到自己手中之意。所谓采购，一般是指从多个对象中选择购买自己所需要的物品的意思。从学术的角度看，采购是比购买的含义更广泛、更复杂的概念。

2. 采购的特征

（1）所有采购都是从资源市场获取资源的过程。无论是生活，还是生产，采购对于人们的意义，就在于能解决人们所需要的、缺乏的资源问题。这些资源，包括生活资料，也包括生产资料；包括物资资源（如原材料、设备、工具等），也包括非物资资源（如信息、软件、技术、文化用品等）。采购的基本功能就是帮助人们从资源市场获取他们所需要的各种资源。

（2）采购既是一个商流过程，也是一个物流过程。采购的基本作用，就是将资源从资源市场的供应者手中转移到用户手中的过程。在这个过程中，一是要实现将资源的所有权从供应者手中转移到用户手中，二是要实现将资源的物质实体从供应者手中转移到用户手中。

前者是一个商流过程，主要通过商品交易、等价交换来实现商品所有权的转移。后者是一个物流过程，主要通过运输、储存、包装、装卸、流通加工等手段来实现商品空间位置和时间位置的转移，是商品实实在在地到达用户手中。采购过程，实际上是这两个方面的完整结合，缺一不可。只有这两个方面都完全实现了，采购过程才算完成了，因此，采购过程实际上是商流过程与物流过程的统一。

（3）采购是一种经济活动。采购是企业经济活动的主要组成部分。所谓经济活动，就是要遵循经济规律，追求经济效益。在整个采购活动过程中，一方面，通过采购，获取了资源，保证了企业正常生产的顺利进行，这是采购的效益。另一方面，在采购过程中，也会发生各种费用，这就是采购成本。

我们要追求采购经济效益的最大化，就要不断降低采购成本，以最少的成本去获取最大的效益。而要做到这一点，关键的关键，就是要努力追求科学采购。科学采购是实现企业经济利益最大化的基本利润源泉。

任务 2　了解采购物流

在过去的物流研究中，采购物流是被忽视的一个领域。物流系统的功能要素中，如运输、储存保管、包装、装卸、搬运、流通加工、配送、物流信息等如果离开了采购，物流系统运行就失去了一个前提和基础。因为，无论从生产企业的角度，还是从流通商贸企业的角度分析，采购物流都是企业物流过程的起始环节。

采购物流与销售物流是一个问题的两个方面。假如从生产企业的角度分析，生产商从供应商手中采购物资运回企业并验收入库，这一过程发生的物流活动称为“采购物流”；而从供应商角度分析，因为物流方向是从供应商向生产商流动，则称为销售物流。因而从生产企业的角度分析，企业物流可以分为四种物流形式：生产物流、销售物流、采购物流、回收物流。这四种企业物流形式之间的关系，如图 1-1 所示。而流通企业的物流构成可分为采购物流、销售物流、回收物流，如图 1-2 所示。

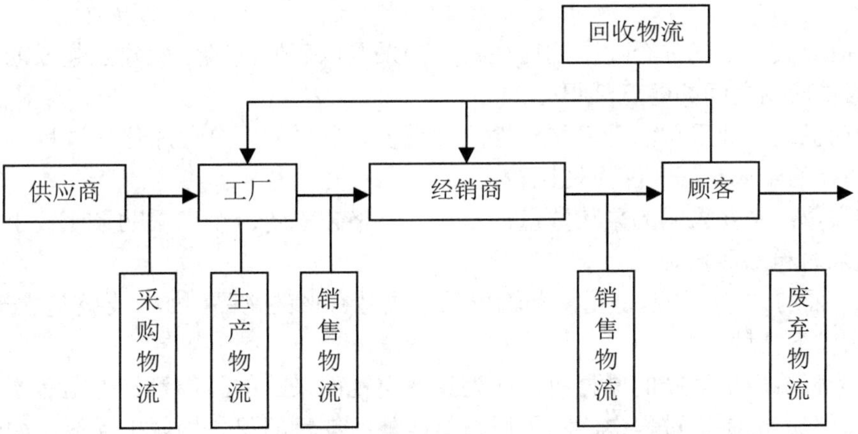

图 1-1　生产企业物流构成

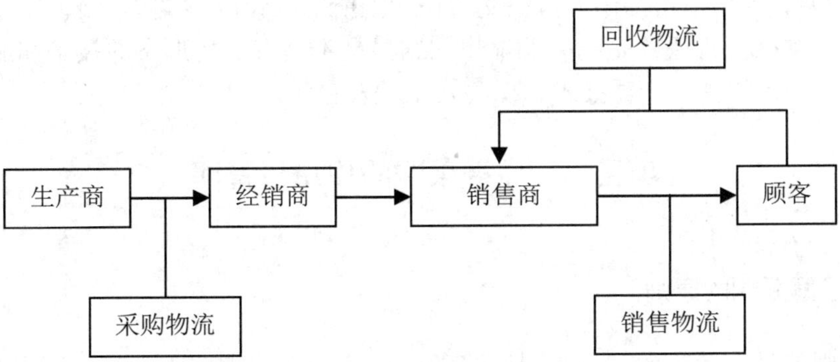

图 1-2　流通企业物流构成

现代采购是从企业的角度研究采购的，而不是从人们生活的角度研究购买活动，因此，采购物流构成了企业物流系统的重要组成部分。从上面的分析可以看出，无论是生产企业的物流系统，还是流通企业的物流系统，采购物流对整个企业物流系统而言是一个基础物流，离开了采购，生产企业的生产供应就会中断，生产活动就无法进行；流通商贸企业就会出现缺货，造成机会损失。

如果要保证企业物流系统的良性运行，就必须加强和重视采购物流，它们之间互相联系、相互制约、共同发展，其表现为：①采购物流是生产物流、销售物流的前提和基础；②生产物流和销售物流是采购物流实现的途径。

任务 3　采购的分类

1. 企业采购和消费采购

（1）商品采购按其用途不同可分为企业采购和消费采购。企业采购通常是指企业为了经营或生产所需产品和服务而按一定代价同外部进行的交易活动；消费采购则是个人行为。

（2）两者的差别。

1）采购的目的不同：企业采购的商品是为了再生产，而消费采购主要是为满足个人消费需求。

2）与供应商关系不同：企业采购往往在一次采购以后便同供应商建立起长期合作关系，而消费采购与供应商之间的随意性很强。

3）采购动机：企业采购的动机是理性的，是多人参与的，是程序化的过程，而消费采购的动机带有明显的个人喜好，随意性比较大。

4）采购数量：企业采购的采购数量比较大，价格较稳定。个人采购量比较小。

2. 有形采购和无形采购

（1）有形采购。有形采购是指采购输出的结果是有形的物品，如一支钢笔、一台电脑等。大体可以分为以下几种：

1）原料。直接用于生产的原材料，如为生产电视而采购的显像管、电阻等原料。

2）辅料。在产品制造过程中，除了原材料之外所耗费的材料均属于辅料，如服装厂购买的纽扣或拉链、机械制品上的螺丝等。

3）机具及设备。指制造产品的主要工具或提供生产环境所不可缺少的设施。

4）事务产品。主要是指工作人员在文书作业上所需的设施与文具、纸张以及其他杂项。

（2）无形采购。无形采购是指采购输出的结果是不具有实物形态的技术和服务等，例如，购买一项服务、一个软件、一项技术、保险及工程发包等。

项目二　掌握采购的作用与管理

任务 1　了解采购的原则

采购的原则就是在适当的时候，以适当的价格从适当的供应商处买回所需数量商品的活动。采购必须要围绕价、质、量、地、时等基本要素来开展工作。

1. 适当的价格

价格永远是采购活动中的关注焦点，现在企业对采购最关心的一点就是采购能节省多少采购资金，所以采购不得不把相当多的时间和精力放在与供应商的价格谈判上。

物料的价格与该物料的种类、是否为长期购买、是否为大量购买及与市场当时的供求关系有关，同时与采购人员对该材料的市场状况是否熟悉也有关系，如果采购人员未能把握市场脉搏，供应商在报价时就有机可乘，这就要求采购人员要时常了解该行业的最新状况，尽可能多地获取相关资料。

2. 合适的品质

一个不重视品质的企业在今天激烈的市场竞争中根本无法立足，一个优秀的采购人员不仅要做一个精明的商人，同时也要在一定程度上扮演品质管理人员的角色。在日常的采购作业中要安排部分时间去推动供应商完善品质体系及改善、稳定物料质量。

以下是物料质量达不到企业使用要求的严重后果：

（1）增加管理费用。企业内部相关人员要花费大量时间和精力去处理出现的问题。

（2）增加检验费用。企业要重检、挑选，花费额外的时间和精力。

（3）降低客户对企业的信任度。因为物料不良会导致生产计划推迟，有可能引起不能按承诺的时间向客户交货。

（4）降低生产效率，导致生产线返工增多。

（5）增加经济损失。因物料质量不良，客户有可能退货，令企业蒙受损失。

3. 恰当的时机

企业已安排好的生产计划若因物料未能如期到达往往会引起企业内部混乱，即会产生“停工待料”，产品不能按计划出货会引起客户的强烈不满。若物料提前太长时间买回来放在仓库里，又会造成库存增多，积压采购资金，增加企业经营成本。

4. 合适的数量

批量采购虽有可能获得数量折扣，但会积压采购资金，太少又不能满足生产需要，故合理确定采购数量相当关键，一般按经济订货量采购。采购人员不仅要监督供应商准时交货，还要强调按订单数量交货。

5. 恰当的地点

企业往往容易与距离较近的供应商的合作中取得主动权，企业实施及时生产时，尤其要选择近距离的供应商来实施。近距离不仅使沟通更为方便，处理事务更快捷，亦可降低采购物流成本。越来越多的企业在选择供应商时甚至在建厂之初就考虑到群聚效应，即在周边地区能否找到大部分企业所需的供应商对企业长期的发展有着不可估量的作用。

任务 2　掌握采购的基本任务

随着现代企业内外部竞争状况的日趋激烈，采购在企业当中所起的作用也日渐加大，任务也愈加繁重。归纳起来，企业实施物品采购的基本任务有以下几点。

1. 保证企业所需物品与服务的正常供应

采购活动是企业组织生产、经营活动的初始阶段。采购物品的品种、规格、数量、质量、价格、交付情况等直接关系着企业的生产、运输、储存、销售等环节的质量和效率，没有采购的物品或不能满足需求，企业的生产、经营就得不到必要的物质保证。

2. 保证采购的原材料质量

如果所采购的原材料有质量问题，将会直接影响到产品的质量。在采购中要彻底保证采购的质量，以求防患于未然。企业应与供应商达成明确的质量保证协议，以明确规定供应商的质量保证责任，同时要定期对供应商的质量体系进行评价。

3. 控制并减少采购成本

直接采购成本及原材料、零部件的采购价格的控制与降低，可采取提高采购工作效率、定期谈判、优化供应商、实施本地化采购、与供应商共同开展改进项目等多种途径。间接采购成本控制与降低包括缩短供应周期、增加送货频率、减少原材料库存、实施来料免检、循环使用原材料包装、合理利用相关的政府有力政策、避免汇率风险等。

4. 建立可靠、最优的供应商配套体系

一方面要尽量减少供应商的数量，使采购活动尽量集中；另一方面又要避免依赖独家供应商，防止垄断供应的风险。

5. 利用供应商参与产品开发

这是将供应商纳入企业自身整体经营的最有效的措施。一个企业要想在激烈的市场竞争中生存下去，必须不断地推出新产品，而任何产品的开发没有采购及供应商的参与和贡献几乎是不可能的。如果供应商的专业优势得以充分利用，将给企业自身的产品开发、生产甚至经营带来巨大的好处。

6. 管理控制好与采购相关的文件及信息

这些文件及信息包括程序性文件、作业指导书、供应商调研报告、供应商考核及认定报告、图纸及样本、合同与订单、供应商发票等。

7. 维护本企业的良好形象

因为采购是企业的对外工作，同销售一样，采购在很大程度上代表着公司，因此公正、良好的态度有助于发展同供应商的合作关系，树立公司的优秀形象。

除以上几项基本任务外，从采购管理的角度讲，还应包括：制定并实施采购的方针、策略、目标及改进计划并进行采购；供应商绩效衡量，建立供应商审核及认定、考核、评估体系；开展采购系统自我评估，同其他单位的采购进行行业水平比较，不断提高整体采购水平；建立培养稳定有创造性的专业采购队伍，建立采购资源共享体系。

任务 3　理解采购的地位和作用

采购是一门专业，是一种技术性、实用性、操作性很强的工作，是商品生产及交换整体供应链中的重要组成部分，是企业经营管理的一个核心过程，更是公司获取经营利润的一个最大源泉。

1. 采购的地位

（1）采购的价值地位。在全球范围内企业的产品成本构成中，采购的原材料及零部件成本占企业总成本的比例因行业不同而异，大约在 30%～90%，平均水平在 60%以上。从世界范围看，对于一个典型企业，一般采购成本（包括原材料和零部件）要占 60%，工资和福利占 20%，管理费用占 15%，利润占 5%。而在中国的企业中，各种物资的采购成本要占到企业销售成本的 70%以上。显然，采购成本是企业成本管理中的主体和核心部分，采购是企业管理中最有价值的部分。

在现实中，许多企业在控制成本时将最大时间和精力放在不到总成本 40%的企业管理费用以及工资和福利上，而忽视其主体部分——采购成本。事实上，产品成本中的材料部分每年都存在着 5%～20%的潜在降价空间。材料价格每降低 2%，在其他条件不变的前提下，经营资产回报率可增加 15%。

（2）采购的供应地位。在商品生产和交换的整体供应链中，每个企业既是顾客，又是供应商。为了满足最终顾客的需求，企业都力求以最低的成本将高质量的产品以最快的速度供应到市场，以获取最大利润。

从整体供应链的角度看，企业为了获取尽可能多的利润，都会想法设法加快物料和信息的流动，这样就必须依靠采购的力量，充分发挥供应商的作用，因为占成本 60%的物料以及相关的信息都发生或来自供应商。供应商提高其供应可靠性及灵活性、缩短交货周期、增加送货频率可以极大地改进企业的工作，如缩短生产总周期、提高生产效率、减少库存、增强对市场的应变能力等。

（3）采购的质量地位。质量是产品的生命。一般企业都以质量控制的程序将其划分为来货质量控制、过程质量控制及出货质量控制。由于产品中价值 60%的部分是经采购由供应商提供，所以企业产品质量不仅要在企业内部限制，更多的应控制在供应商的来货质量控制中，这也是上游质量控制的体现。供应商上游质量控制得好，不仅可以为下游质量控制打好基础，也可以降低质量成本，减少企业来货检验费等。

2. 采购的作用

（1）采购在产品中的作用。随着时代的发展和技术的进步，产品的开发周期在极大的缩短，这就要求企业的采购必须将供应商纳入到产品早期开发中来，这样不仅可以利用供应商的专业技术优势缩短产品开发时间，降低产品开发费用及产品制造成本，还可以更好地满足产品功能的需要，提高产品在整个市场上的竞争力。

（2）采购在企业经营中的作用。现在许多企业都将供应商管理作为企业发展的战略，将供应商看作自身企业产品开发与生产的延伸，与供应商建立战略伙伴关系。

自己不用直接进行投资的前提下，充分利用供应商的能力为自己开发生产产品。这样一方面可以节约资金，降低投资风险；另一方面还可以以最快的速度形成生产能力，扩大产品生产规模。而且很多企业不仅将供应商的利用局限于原材料和零部件领域，还可扩大半成品甚至成品领域。

根据上述分析可知，采购不仅仅是购买物品，而且是企业经营的一个核心环节，是获取利润的重要资源，它在企业的产品开发、质量保证、整体供应链以及经营管理中起着极其重要的作用。走出传统采购的认识误区，正确确定采购的地位、认识采购的作用，是当今每个企业在全球化、信息化市场经济中赖以生存的一个基本保障，更是现代企业谋求发展壮大的必然要求。

任务 4 认识采购管理

1. 采购管理的概念

（1）采购管理的含义。所谓采购管理，就是指为保障企业物资供应而对企业采购进货活动进行的管理活动。为了深入理解采购管理的含义，我们探讨一下采购管理与采购的联系和区别。

采购管理是对整个企业采购活动的计划、组织、指挥、协调和控制活动，是管理活动，是面向整个企业的，不但面向企业全体采购员，而且也面向企业组织其他人员（进行有关采购的协调配合工作），一般由企业的采购科（部、处）长、或供应科（部、处）长、或企业副总（以下统称为采购科长）来承担。其使命就是要保证整个企业的物资供应，其权力是可以调动整个企业的资源。而相对来说，采购只是指具体的采购业务活动，是作业活动，一般是由采购人员承担的工作，只涉及采购人员个人，其使命就是完成采购科长布置的具体采购任务，其权力只能调动采购科长分配的有限资源。

（2）采购管理的目标。物资采购实现对整个企业的物资供应，有三个基本目标：

适时适量。适时适量是物资采购非常重要的目标之一。采购适时适量，就是要求采购做到既保证供应，又使成本最小。

保证质量。保证质量，就是要保证采购的货物能够达到企业生产所需要的质量标准，保证企业生产出来的产品个个都是质量合格的产品。

费用最省。费用最省是物资采购要始终贯穿于方方面面的准绳，在物资采购中每个环节、每个方面都要发生各种各样的费用，因此在物资采购的全过程中，要运用各种各样的采购策略使总的采购费用最小。

2. 采购管理的模式

企业采购管理的基本任务有三个：一是要保证企业所需的各种物资的供应；二是要从资源市场获取各种信息，为企业物资采购和生产决策提供信息支持；三是要与资源市场供应商建立起友好且有效的关系，为企业营造一个宽松有效的资源环境。其中第一项是最重要、最根本的任务，如果这一项搞不好，就不能称之为采购管理。

为了实现采购管理的基本模式，采购管理需要有一系列的业务内容和业务模式。采购管理的基本内容和模式，如图 1-3 所示。

（1）采购管理组织。采购管理组织是采购管理最基本的组成部分，为了搞好企业复杂繁多的采购管理工作，需要有一个合理的管理机制和一个精悍的管理组织机构，要有一些能干的管理人员和操作人员。

（2）需求分析。需求分析就是要弄清企业需要采购一些什么品种、需要采购多少，什么时候需要什么品种、需要多少等问题。作为全企业的物资采购供应部门应当掌握企业的物资需求情况，制定物料需求计划，从而为制定出科学合理的采购订货计划做准备。

（3）资源市场分析。资源市场分析就是根据我们企业所需求的物资品种，分析资源市场的情况，包括资源分布情况、供应商情况、品种质量、价格情况、交通运输情况等。资源市场分析的重点是供应商分析和品种分析，分析的目的是为我们制定采购订货计划做准备。

（4）制定采购订货计划。制定采购订货计划是根据需求品种情况和供应商的情况，制定出切实可行的采购订货计划，包括选择供应商、供应品种、具体的订货策略、运输进货策略以及具体的实施进度计划等，具体的解决什么时候订货、订购什么、订购多少、向谁订、怎样订、怎样进货、怎样支付等这样一些具体的计划问题。

（5）实施采购计划。实施采购计划就是把上面制定的采购订货计划分配落实到人，根据既定的进度进行实施。具体包括去联系指定的供应商、进行贸易谈判、签订订货合同、运输进货、到货验收入库、支付货款以及善后处理等。通过这样的具体活动完成一次完整的采购活动。

（6）采购评价。采购评价就是在一次采购完成以后对这次采购的评估，或月末、季末、年末对一定时期内的采购活动的总结评估。主要在于评估采购活动的效果、总结经验教训、找出问题、提出改进方法等，通过总结评估，可以肯定成绩、发现问题、制定措施、改进工作，是我们不断提高采购管理水平的保证。

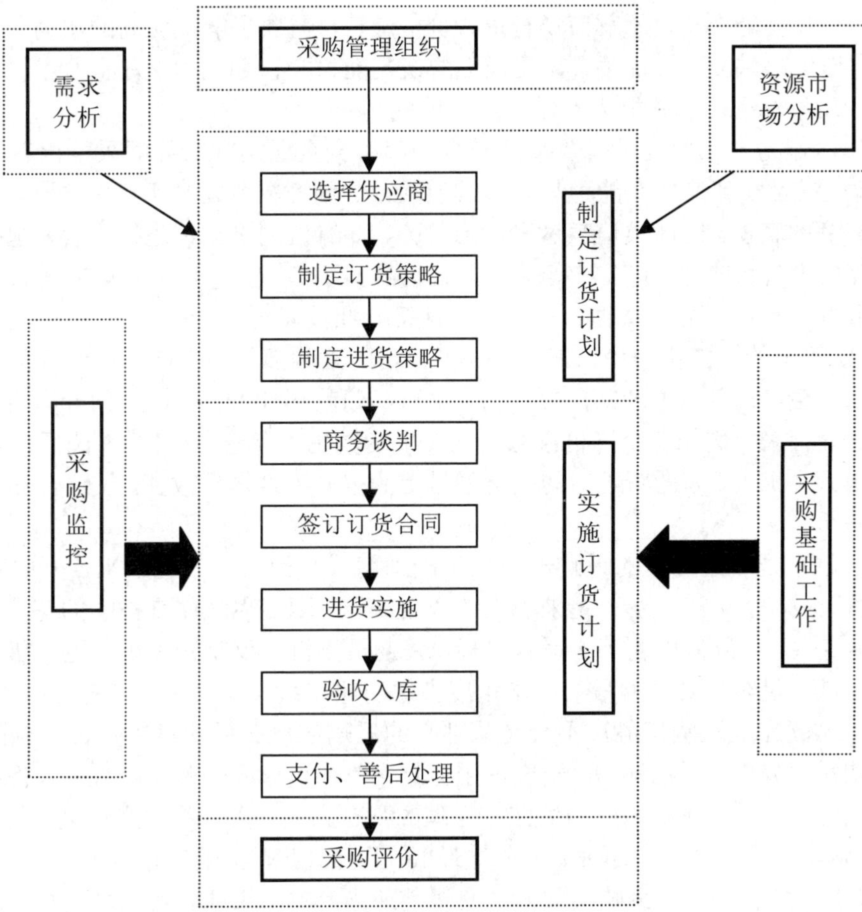

图 1-3 采购管理内容和模式

（7）采购监控。采购监控示对采购活动进行的监控活动，包括对采购的有关人员、采购资金、采购事务活动的监控。

（8）采购基础工作。采购基础工作是为建立科学、有效的采购系统，需要建立的一些基础建设工作，包括管理基础工作、软件基础工作和硬件基础工作。

3. 采购管理的趋势

（1）采购管理的中心化趋势。采购的竞争优势是企业的核心竞争力的重要内容，采购中心化可以集中全公司和集团的采购力，对整个供应市场产生影响，使集团采购处于有利地位；也由于一个窗口对外，便于公司对供应商的管理，便于公司整体资源的优化。

国内一家汽车大企业曾经计划将整个集团的采购权限集中到中央采购部，各个职能部门的采购支出，如设备、运输、办公等支出均需由采购部管理。

海南航空公司在兼并“新华航空”“长安航空”和“山西航空公司”后，公司在采取一系列措施之中，也有一条画龙点睛的政策，即将采购权限收回海南本部。

（2）采购管理的专业化趋势。传统采购组织中，采购员发挥不了很大作用，一方面是领导对采购的认识局限，采购环境恶劣，以及对采购舞弊的恐惧，另一方面也由于采购员和采购组织的软弱无力和技能缺乏，造成采购的低技术性。但实际上，采购员需要了解购买的物品，了解产品的原理、性能要求，了解市场行情、价格走势，需要了解供应商的实力、供应商报价的合理性，实地考察供应保证能力，需要极强的谈判能力和计划能力，有能力在保证供应的同时保证价格和质量标准。这些能力不是一蹴而就的。

总地来说，作为专业采购员需要掌握至少一门符合企业实际需要的采购内容的专业，而非会计和英语等专业。他需要有能力与公司其他国家的同样采购物品组进行沟通，了解世界市场变化和供应商的表现，因此英语表达和沟通能力、计算机网络知识也很需要。这些专业包括很多，如计算机设备、软件、广告、印刷、办公物品与服务、技术服务、电源等，至于资深采购专家则需要项目管理、财务管理、供应链管理等专业技能。

（3）采购管理的职能化趋势。前几年很多公司的采购部门向生产部门经理汇报，也就是采购部门隶属于生产部门。生产部门要什么，采购部门就买什么；生产部门什么时候要，要多少，采购就赶紧买来。例如有个飞机维修公司，采购员说库存逾 10 亿元人民币，其中 30%已经不可能再用到飞机上，因为新进口的飞机型号上的很多零件早已改变，仅这一项就造成损失约 3 亿元人民币。

近年来，越来越多的公司的采购部门从生产部门或其他部门独立出来，开始直接向总经理、副总经理汇报，采购部门发挥越来越大的作用。采购职能也从原来被动的花钱，开始有了节省资金、满足供应、降低库存等一系列目标。采购员不再仅仅是去侃价，他要从资金使用和管理的角度，从满足客户要求的最低成本角度去聪明地花钱。

当然，采购欲完成这些任务决不会是从独立的采购部形成后就可以直接做到的。采购要做很好的采购需求分析、采购计划、资金占用计划，控制和形成采购供应战略，管理好战略供应链资源和供应商资源，让采购成为供应链管理的强有力的一环，将生产计划、物料计划、采购、仓储、运输集成为一个反应迅速、总成本最低、物流速度快、响应市场要求的灵敏的链条。当然，这样就对采购管理者和采购员的素质有了前所未有的高要求，采购才能发挥出前所未有的作用。

项目三　采购的组织机构

任务 1　采购部门在企业组织中的地位

【案例点击 1-2】

落实规范采购组织机构

在采购组织方面，解百集团制定了一套较为规范的操作流程和配套的组织机构与规章制度，把加强商品采购管理放到极其重要的位置。设立了专门的采供部，下设专职采购人员和三信员。采购人员由一批综合素质较强，具有一定的经营管理意识、市场意识和公关谈判技巧的人员组成，负责新渠道引进和新产品引进；三信员（质量、计量、物价管理员）负责商品质量把关，并直接参与新产品引进的资质审核，包括商品质量、计量、价格、标识、标志、合同的审核，引进的新产品必须做到证件齐全。

各连锁门店专门负责销售促进，并不具有独立的进货权。新品引进后配送到各门店，门店销完后向采供部提出要货计划，采供部保证在两天内将货品配送到要货门店，实行统一进货、统一配送、统一结算。这种"进销分离"的经营模式，使各个岗位分工明确，各司其职，有利于岗位之间相互合作、相互监督，使采购员一心一意钻研市场需求，了解市场动态，提高业务能力，引进适销对路的商品；不断扩大经营商品的类别和品种；门店则专门研究市场营销、提高促销水平，扩大市场占有率。这种模式为净化进货渠道、杜绝人情货，引进货真价实的商品提供了机制上的保障。

（资料来源：采购师考试网）

企业的性质、最高决策当局的观念或重视采购的程度，采购物料成本占企业营业成本的比例大小等都会影响采购部门在企业中的地位。小规模的企业常无独立的采购组织，或只指定一人专办或兼办采购。中型企业大都将采购与仓储作业合并组织。大规模的企业多设有专职机构独立办理。按隶属关系划分，企业中采购部门的形式主要有以下几种类型。

1. 采购部门隶属于生产部副总经理

如图 1-4 所示，采购部门隶属于生产部，其主要职责是协助生产工作顺利进行。因此，采购工作的重点是提供足够数量的物料以满足生产上的需求，至于议价的功能则退居次要地位。这种方式比较适合"生产导向"的企业，其采购功能比较单纯，而且物料价格也比较稳定。

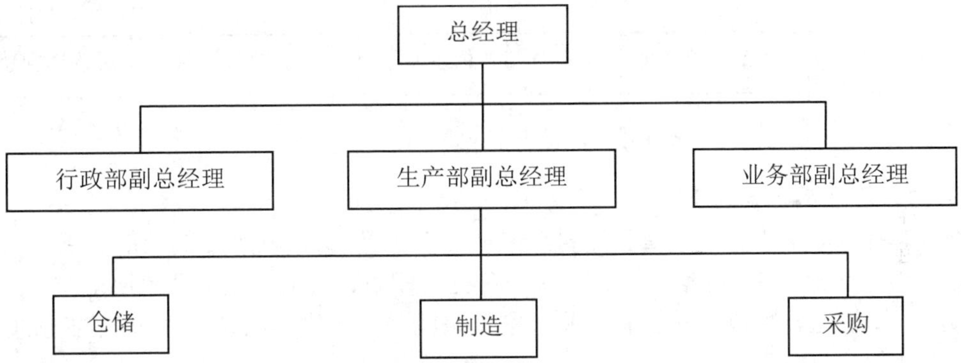

图 1-4　采购部门隶属于生产部

2. 采购部门隶属于行政部副总经理

如图 1-5 所示，采购部门隶属于行政部，采购部门的主要功能是获得较佳的价格与付款方式，以达到财务上的目标。有时采购部门为了取得较好的交易条件，难免延误了生产部门用料的时机，或购入品质不尽理想的物料，不过这种方式能发挥单位议价和部门之间制衡的作用。

因此，对于生产规模庞大，物料种类繁多，采购价格经常需要调整，采购工作必须兼顾整体企业产销利益的均衡时，将采购部门隶属于行政部门比较合适。

3. 采购部门直接隶属于总经理

如图 1-6 所示，采购部门直接隶属于总经理督导，提升了采购的地位与执行能力。此时，采购部门的主要功能，在于发挥降低成本的效益，使采购部门成为企业创造利润的另一种来源。这种类型的采购部门，比较适合于生产规模不大，但物料或商品在制造成本或销售成本所占的比重较高的企业。

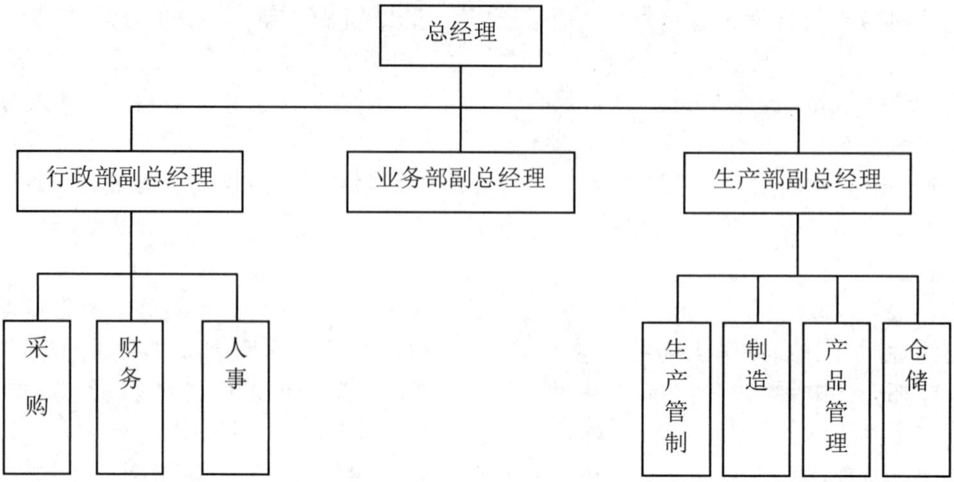

图 1-5　采购部门隶属于行政部副总经理

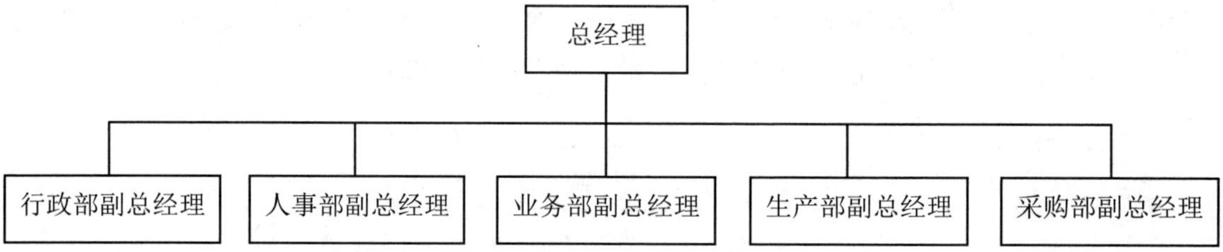

图 1-6　采购部门直接隶属于总经理

4. 采购部门隶属于资材部

如图 1-7 所示，采购部门隶属于资材部（或资料管理部），其主要的功能在于配合制造与仓储单位，完成物料的整体补给作业，无特别角色与职责，甚至可能降至附属地位。因此隶属于资材部门，比较适合物料需求管制不易，需要采购部门经常与其他相关单位沟通的企业。

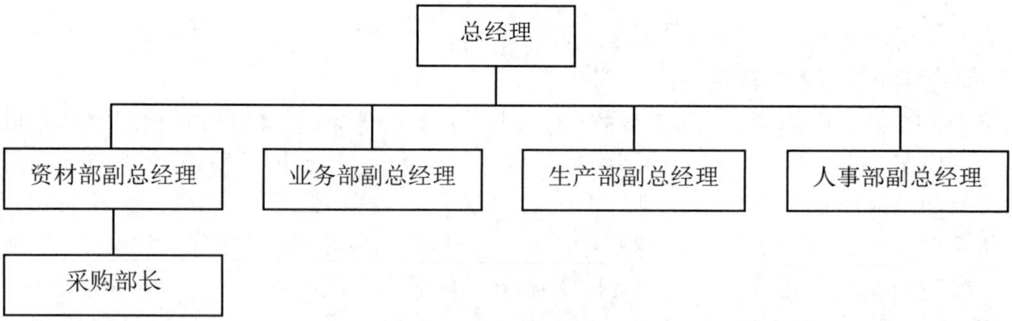

图 1-7　采购部门隶属于资材部

任务 2　采购部门的组建

任何企业和机构，除非规模很小，否则，即使在稍具规模的企业与机构中，都非常注重采购部门的建立。

1. 采购部门的建立方式

所谓采购部门的建立即将采购部门承担的各项业务整合起来，并以分工方式建立不同的部门来加以执行。通过合理的组建采购部门，可使采购人员对其经办的项目非常专精，这对于物品种类繁多的企业尤为适合。按照采购组织机构设计的原则，在充分考虑影响因素的前提下，不同企业的采购组织会有不同的组建方式，通常在规模较大的采购组织中是按照其职能来建立部门的。如图 1-8 所示，采购科负责执行购买，并与供应商议价；稽催科负责使供应商如期交货并确保品质；管理科负责采购文件和报告的准备工作以及电脑系统的作业；研究科则负责收集、分类及分析采购决策的资料。

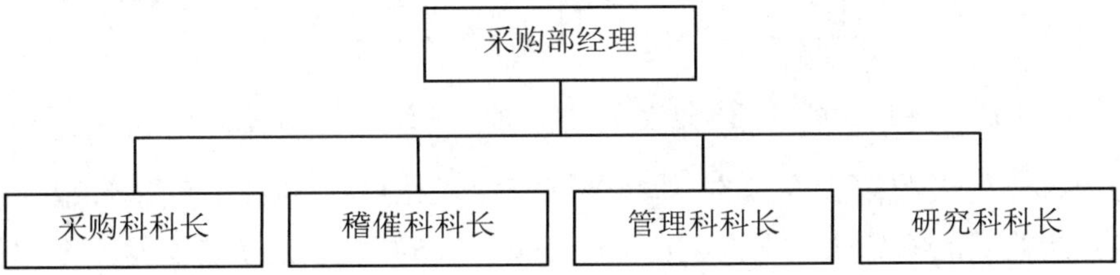

图 1-8 按照职能建立部门的采购组织

不过，在一般的中小型规模的采购组织中，通常缺乏稽查、管理、研究的功能，或因这三种功能并不明显就没有分别设置部门，至多将其部分功能合并为管理科或并入采购科。因此，对于采购部门的建立，我们分别就执行购买功能的采购组织来说明。

（1）按物品类别划分。按物品的类别将采购部门划分为不同的采购小组，每一小组承担某一物品采购的计划制定、询价、招标、比价、签订合同、货款结算等一系列采购业务，这种采购部门的建立方式，可使采购人员对其经办的项目非常专业，比较能够发挥“熟能生巧”以及“触类旁通”的效果，也是最常用的采购部门建立方式，适合于采购物品品种繁杂的企业采用。具体形式如图 1-9 所示。

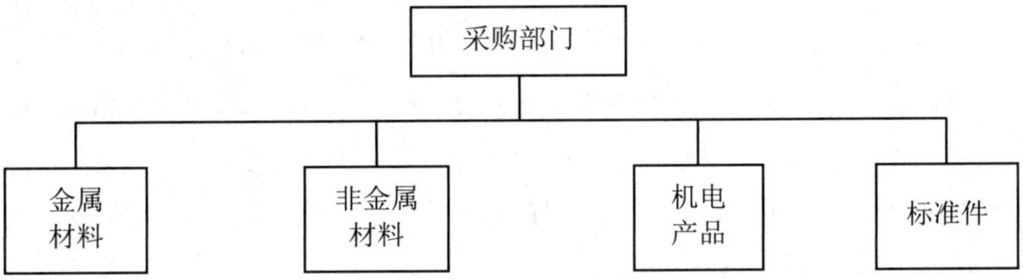

图 1-9 按物品类别划分的组织结构示意图

（2）按业务过程划分。按照采购业务过程将采购计划的制定、询价、比价、签订合同、催货、提货、货款结算等工作交给不同人员办理。这种组织形式要求部门内各成员密切配合，适合采购量大、采购物品品种较少、作业过程复杂、交货期长以及采购人员众多的企业采用，具体形式如图 1-10 所示。

（3）按采购地区划分。企业采购的货源来自不同的地区，分别设立部门。此种分工方式主要是基于国内、国外采购的手续及交易对象有显著的差异，因而对于采购人员的工作条件亦有不同的要求。

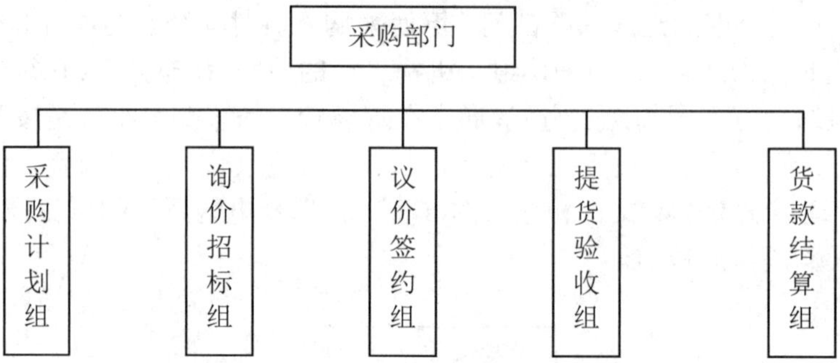

图 1-10　按业务过程分工划分的采购部门结构示意图

由于国内、国外采购作业方式的不同，因此采购部门分别设立有利于管理。同时上级主管部门必须就所购买的物品比较国内、国外采购的优劣，判定采购事务交给哪个部门承办才能事半功倍。具体形式如图 1-11 所示。

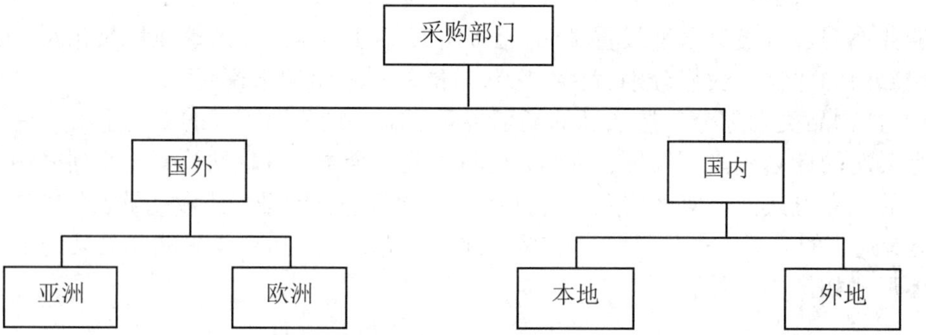

图 1-11　按采购地区划分的组织结构示意图

（4）按采购物品的价值划分。为加强对物品的管理，一般将采购的对象按其价值和品种分为 A、B、C 三类，A 类物品采购次数少、物品价值高，属重要物品，其采购质量如何将直接影响到企业经营的风险和成本，一般应由采购部门主管负责。而将采购次数繁多，但价值不高的 B、C 类物品交给基层采购人员负责。

按照物品价值建立部门的方式，主要是保障主管对重大的采购项目能够集中精力加以处理，达到降低成本以及确保来源的目的。此外，让主管有更多的时间对采购部门的人员与工作绩效加以管理。另外，可以依据产品对企业的重要性，将策略性项目（利润影响度高、供应风险大）的决定权交给高级主管（如主管采购的行政副总经理），将瓶颈项目（利润影响程度低、供应风险高）交给基层主管（如采购科长），将非紧要项目（利润影响程度低、供应风险低）交给采购人员；具体如图 1-12 所示。

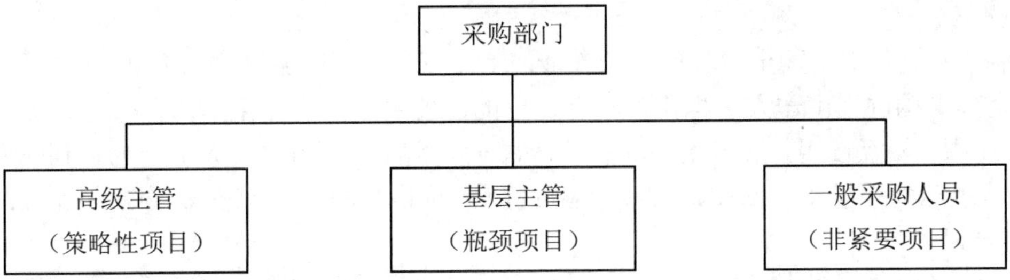

图 1-12 按采购物品价值划分的组织结构示意图

（5）混合式组织形式。不同企业有不同的特点，在许多稍具规模的企业或机构中，通常会兼有以物品、地区、价值、业务等为基础来建立采购部门的内部组织，可以形成不同的混合式组织形式。如图 1-13 所示，先以地区划分为外购科及内购科，分设科长掌管。然后再按物品类别，交由不同的采购人员承办。同时，也以价值为基础，另外设立原料科，由副总经理兼任科长来掌管。因主要原料约占整个部门采购金额的 70%，故由采购经理直接洽商决定，交由原料科人员办理有关交易的手续。

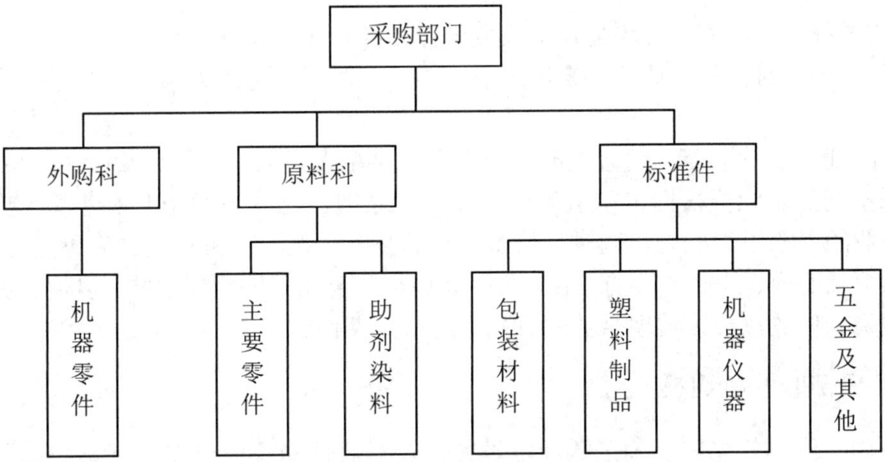

图 1-13 混合式组织结构示意图

2. 采购部门组织方式比较

（1）连贯作业的组织形式。采购人员担任一个采购事务的全部过程与有关作业，包括开发来源、询价、订购、付款等功能，并承担一切责任，这就是连贯作业的组织方式。前面所述采购部门内部组织的方式中，第一、三、四种分别按物品、地区、价值为基础来建立部门，就是属于这种方式。其优缺点如下。

优点：

1）一位采购人员可以综合管理全部采购过程，权责明确，以防出现扯皮现象。

2）符合规模经济的原则。

3）采购人员应与供应商建立良好的合作关系，以便于今后开展工作。

4）由于对供应商有取舍的权利，因此可以增强及时交货及改善品质的管理效能。

缺点：

1）采购人员负责采购全过程的各项作业，工作复杂，无法做到非常专业，影响工作效率。

2）全部采购过程由一人承担，若没有良好的监督系统，会使采购人员权力过大，在与供应商的合作中，相互选用，损害企业的利益，如一些素质不高的采购人员会为私利收取供应商的贿赂，从供应商那里拿取回扣，采购一些质量差、价格高的物品或过多采购物品，加大库存，给企业带来损失。

（2）分段作业的组织形式。即一个采购人员只承担采购过程中的某项业务、部分过程，并承担局部的责任，也就是以功能编组的方式来建立部门，就是分段作业的组织方式。前面第二种按采购过程为基础建立部门就属于分段作业的组织形式。其具有以下优缺点。

优点：

1）每位采购人员只负责采购过程中的一部分，分工更细，便于熟能生巧，提高工作效率，减少失误。

2）一项采购任务由几个人共同完成，可以互相监督、互相牵制，使采购工作更合理，使采购的价格、质量等有保证。

3）采购过程每一阶段均由专业人员负责，可以大大提升采购作业的品质。

缺点：

1）采购过程由不同人员分段处理，收发转接手续较多，延误时效。

2）分工太细，对内部人员的配合度要求更高，同时还会造成人员之间相互扯皮，影响采购工作。

3）各自为政，无人负责，而且采购与使用之间接手人员太多，会大量增加联系上的困难。

总之，不同的企业要根据采购组织机构设计的原则，充分考虑企业内外部影响因素，建立适合本企业的采购组织机构。同时，值得注意的是，采购组织机构建立后不是一成不变的，随着企业所面临的内、外部环境的变化，要不断调整自身的采购组织机构，以便于更好地适应环境，完成采购任务，最终实现企业的目标，但就短期而言，采购机构是相对稳定的。

任务 3　采购队伍的建设

组建采购队伍，首先需明确采购岗位设置，针对具体岗位职责要求，选拔优秀人才。采购人员是企业采购工作的执行主体，因此，采购人员的素质高低，会直接影响企业采购的效率、质量和效益，加强采购人员的培训，提高采购人员的综合素质，设置科学合理的岗位，使人尽其才，以保证采购任务的完成。

1. 采购人员的工作职责

（1）采购人员职位。与任何典型的员工组织一样。采购部门的职位可以分为五类：管理者、采购员、专业人员、行政和培训人员。职位头衔又各种各样，一般来说，部门由一名副董事长、总裁、采购经理来领导，如果组织的经营领域比较宽，可能还会包括一个供应经理。

非制造行业中可能还有有关“合同”的职位，比如合同管理经理。员工的职务一般包括采购员、采购计划人员、分析人员、行政管理者、协调者、工程师、质量管理员或者原料员。职责的本质和范围并不一定取决于职务名称。职位中战略或战术的应用程度取决于下面的一些因素：企业规模大小、公司前途、政策、采购耗费资源的程度和增强公司竞争力的能力。

（2）采购人员的岗位职责。在企业的生产管理人员中，采购人员具有自己的专门职责。

①保证生产用料供应的不间断。这是采购人员的最基本职责。采购人员的一切活动都是为了使生产用料得以不间断的供应，是生产能够进行的前提，因此采购人员的工作是为生产服务的。

②指导产品生产和工艺的改进。采购为生产服务，生产依赖于采购。采购员是生产与市场资源的联结者，因此采购员最了解市场资源及变化。根据市场资源情况，有责任对本企业的产品生产工艺及工艺过程和手段进行指导。采购员有责任向生产设计部门提供最新市场科技情报，促使生产采用最新科技成果、生产设备，使用标准化产品、提供可替代原材料等，使企业生产始终处于先进、标准化、有效率的状态。

另外采购员还要根据市场的短缺情况，对生产用料、产品等进行改进，以避开由于某种物资长时间短缺，或大幅度提价而带来的损失，获得某些资源充足、成本降低而带来的好处。所以采购员是企业的耳目，是决策者的重要参谋。

③编报企业物资计划。采购人员是企业物资计划的编制者，根据企业物资定额和生产量等资料确定的物资需用量，是国家进行全面物资平衡的重要依据，因此企业采购人员有责任向上级部门提供细详准确的物资计划。企业编报物资计划是我国商品经济的有计划性的体现，是国家进行宏观控制的依据。

2. 采购人员应具备的素质

商品采购作为企业业务开展的第一环节，其工作的好坏直接影响到企业整个业务活动的进程和质量。例如：工业企业将采购来的原材料、零部件通过加工制造形成新的产成品，材料质量的好坏、价格的高低及数量的多少将直接影响到产成品的质量、价格及生产经营的连续性；对商业企业来说，采购的对象是产成品，这些产成品的质量、价格、品种、数量等直接影响到商品的市场销售价格、服务水平和客户满意度。所以，做好采购工作对企业来说意义重大。

为搞好采购工作，企业必须有一支高素质、有战斗力的采购队伍。采购人员素质是指采购人员的天资、思想、品德、知识、能力的总称，即采购员应具备的基本条件。长期以来，企业有一种重生产、轻采购的倾向，对采购人员的素质不太重视。认为采购人员就是出差买东西，只要身体好、脑子嘴巴好使就行了，这种观点是不对的。我们认为，采购人员应具有以下几方面的素质：

（1）思想品德素质。由于采购行为稽查困难，又没有固定规则可循，使得采购工作成为“良心工作”。在实际工作中，我们发现有许多采购员拿回扣，要好处费，或借采购之机游山玩水。这不仅造成企业采购费用开支过大，往往还因采购商品质量低劣，给企业造成巨大损失。

因此，觉悟高、品行端正，爱岗敬业是一个采购员应有的基本素质。只有思想品德高尚，才能大公无私、克己奉公，处处为企业大局着想，不贪图个人小利。为企业把好采购关，降低采购成本，提高采购质量。

（2）知识素质。在采购工作中，采购人员一方面要与不同类型的供应商打交道；另一方面，由于采购的商品品种繁多，规格不一，且市场供求变化快，因而要求采购人员需具备所需的相关知识，具体如下：

①政策、法律知识。采购人员应当具备相关的政策、法律知识，包括国家出台的相关法律、价格政策、专营方向等。

②市场学知识。采购人员应当具备了解消费者需求，掌握市场细分策略以及产品、价格、渠道、促销方面的知识，以合理选择采购商品，保证商品适销对路。

③业务基础知识。业务基础知识包括谈判技巧、商品知识（商品功能、用途、成本、品质）、签约的基本知识等，这是做好本职工作的关键，将有助于与供应商的沟通，能主动进行价值分析，开发新来源或替代品，有助于降低采购成本。

④社会心理。采购人员应当了解客户心理活动，把握市场消费者的心理需求，从而使采购工作更有针对性。

除此之外，采购人员还需具有自然科学知识和其他基础文化知识。将现代科技知识用于采购过程，从而把握市场变化规律，提高采购工作的效率与准确性。

（3）能力素质。知识不等于能力，二者相辅相成又相互独立。知识是能力的强大后盾，能力是知识的反映。但作为采购人员，只有专业知识是远远不够的，参加实践的能力才是为企业带来财富的根源。要干好采购工作，采购人员同样应具有相应的能力，我们把采购人员具备的能力归纳为以下几个方面。

①分析能力。采购人员应能够分析市场状况及发展趋势，分析消费者购买心理，分析供货商的销售心理，从而在采购工作中做到心中有数、知己知彼、百战百胜。

②协作能力。采购过程是一个与人协作的过程，一方面采购人员要与企业内部各部门打交道，如与财务部门打交道解决采购资金、报销等问题，与仓储部门打交道，了解库存现状及变化等。另一方面采购人员要与供应商打交道，如询价、谈判等，虽处在主动地位，也需保持公平互惠，甚至要做到不耻下问，虚心求教，不可趾高气扬，傲慢无礼，只有处理好与供应商和企业内部各方面的关系，才能为以后工作的开展打下坚实基础。

③表达能力。采购人员是用语言文字与供应商沟通的，因此，必须做到正确、清晰地表达所欲采购的各种条件，如规格、数量、价格、交货期限、付款方式等。如果口齿不清，说话啰嗦，只会浪费时间，导致交易失败。因此表达能力是采购人员必须锻炼的技巧。

④成本分析和价值分析能力。采购人员必须具有成本分析和精打细算的能力。买品质太好的商品，物虽美，但价更高，而盲目追求“价廉”，则必须支付品质低劣的代价。因此，对于供应商的报价，要结合其提供产品的质量、功能、服务等因素综合分析，以便买到适宜的商品。

⑤预测能力。在市场经济条件下，商品的价格和供求在不断变化，采购人员应根据各种产销资料预测将来市场上该种商品的供给情况，如商品的价格、数量等。当然，不能要求所有的采购管理人员都有同样的素质，不同的人员应当有不同的素质要求。而且，各个企业的采购管理机制不一样，同一个职能人员，在不同的采购管理机制下的要求也不一样。

3. 采购人员的选拔标准

采购人员的选择，是企业一项重要的人力资源的配置。选择标准的实质是对采购人员总体素质的基本要求。当然在企业内部，不同采购岗位的人员的素质要求不同，采购经理、采购主管和采购员的要求也是不同的。但作为一个采购人员，其选拔标准分为如下三个方面：

（1）良好的气质。气质指影响人的心理活动和行为的个性特征，即人们通常所说的“脾气”“性情”，人的气质分为：①胆汁质者——对人直率、热情、活泼，但易于激动、暴躁；②多血质者——待人热情、稳重，容易理解别人，易成为具有显著效率的活动家；③黏液质者

——对人对事态度持重、和气，交际适度，适合于有条理和持久性工作；④抑郁质者——较孤僻、谨慎。采购工作是一项与人多打交道的工作，因此，采购人员由多血质型气质的人员担任，对采购工作有热情、善交往，才能保证采购的成功。

（2）性格。性格是人在对他人或外界事物的态度和行为方式上所表现出来的特征，是个人对外界态度行为方式的习惯的表现。通常将人的性格划分为外向型性格和内向型性格，从采购工作的要求来看，外向型性格比内向型性格更具优势。

（3）能力。能力是指人完成某种活动所必备的个性心理特征。人的能力分为一般能力和特殊能力，一般能力是人的基本能力，如观察能力、记忆能力、思维能力、想象能力等；特殊能力指从事某种专业活动的能力，如艺术能力、运动能力等。采购人员除具备一般能力外，还应具备进行采购工作的特殊能力，如发现新客户的能力、交往洽谈能力、协调关系的能力等。

单元小结

广义的采购是指以各种不同的途径，包括购买、租赁、借贷、交换等方式，取得物品或劳务的使用权或所有权，以满足使用的需求。采购物流构成了企业物流系统的重要组成部分。采购可分为工业采购和消费采购、有形采购和无形采购。采购不仅仅是购买物品，其是企业经营的一个核心环节，是获取利润的重要资源，它在企业的产品开发、质量保证、整体供应链以及经营管理中起着极其重要的作用。采购管理就是指为保障企业物资供应而对企业采购进货活动进行的管理活动。采购管理的趋势是采购管理的中心化趋势、采购管理的专业化趋势、采购管理的职能化趋势。采购机构在企业中的隶属关系受到采购金额、采购的物品及劳务的性质、获取难易、对人员素质的要求、采购对企业目标的影响等五种因素的影响。采购机构在企业中的隶属关系可采取隶属于生产部、隶属于行政部、隶属于总经理、隶属于资材部四种方式。采购部门的建立，亦称为采购内部组织的部门化，也就是将采购部门应承担的各项业务整合起来，并以分工方式建立不同的部门来执行采购任务。其分工方式可采取按采购物品类别、按采购地区、按采购价值或重要性、按采购过程和混合式的编组等。

案例讨论

一、跨国公司的“大采购”理念

成本乃生存之道，经营效益的好坏与生产成本能否有效控制密切相关。以原材料、零配件采购为例，若采购成本高，生产成本必然也高，反之亦然。因此，采购作为企业为满足特定的需要而发生的外部购买行为，采购管理对企业就意味着使购买物有所值。

采购管理离不开三个主题：降低成本、提高质量、提高效率。在采购管理方面，跨国公司们有很多成功的经验值得我们学习。

1. 耐克（Nike）公司的采购

这家世界运动鞋霸主没有直接的原材料供应商，甚至没有自己的工厂，在很多发展中国家的工厂里，耐克鞋被日夜不停地生产出来，而工厂的主人却不是耐克，这些工厂拥有自己的原料供应商——布匹、塑料、生产设备等，这些供应商们也同样拥有自己的供应商。耐克的成功在很大程度上是建立在“大采购”战略成功的基础之上的。

2. 微软公司的采购

从生产到广告、从飞机票到午餐、从仓储到市场调研，等等，美国微软公司都是通过采购得以实现。在美国微软公司全球的 3 万余名雇员中，有超过一半的雇员是从事软件开发的，1 万人左右做市场和销售工作，另有 4000 人左右从事财务、人事、办公室管理和物流管理工作，其他业务和资源全部通过采购获得。

3. 可口可乐公司的采购

世界饮料工业的头号巨人可口可乐公司也采取了同样的做法。它虽然保留了“可口可乐”工厂，保留了诸如财务、人事等管理职能，但始终把大部分精力投入市场和销售领域。即使在市场部门的工作中，工作的主要内容也是保证利用通过采购获得的消费者研究、零售研究、竞争对手等研究结果的准确性，并保证能够应用到公司的渠道策略、广告策略和新产品开发策略中去。这几年来，可口可乐公司也开始对生产进行采购，即进行“合作生产”，如“天与地”“醒目”等。

微软注重研发，可口可乐注重市场，并非偶然。提到微软，人们首先想到的是好用的软件；提到可口可乐，人们首先想到的是充满活力的广告和地道的美国文化，大概除了供应商本身，没有人会去注意“Office 软件的包装是哪里生产的”“可口可乐的水是哪条河里的”等问题。可以说，对那些成熟的跨国公司而言，他们把资源和注意力更多地放在“核心能力”上面，而对于那些与核心能力无关的业务，则尽量通过采购获得，这是他们的普遍战略，是值得国内企业借鉴的成功之处。

（资料来源：中国物流网）

讨论题：

1. 本案例中体现的是什么样的采购理念？

2. 这些跨国公司的采购方法与传统采购有什么不同？

二、西门子的分类采购策略

西门子在世界范围内大约有 2500 名采购人员，而且在 256 个采购部门中拥有 1500 名一线的采购人员。同时，西门子拥有 12 万家供应商，其中的 2 万家供应商被指定为第一选择，他们的数据被存储到西门子内部的电子信息系统中。为了确定采购活动的中心，西门子对这些供应商进行了科学的分类管理。

1. 分类依据

西门子依据以下两个方面对这些供应商进行了分类。

（1）供应风险。这是按照供应商提供部件的技术复杂性和实用性来衡量西门子对该供应商依赖程度的标准。它要求询问“如果这家供应商不能够达到性能标准，那对西门子意味着什么？”衡量一个特定供应商的供应风险标准的因素包括：

①供应商有多大程度的非标准性；

②如果更换供应商，需要花费哪些成本；

③如果自行生产该部件，困难程度有多大；

④该部件的供应源的缺乏程度有多大。

（2）获利能力影响。影响西门子与供应商关系底线的衡量标准是与该项目相关的采购支出。

根据供应风险和获利能力影响的标准，可以建立一个有4种可能的供应商分类、如表1-1所示。

表 1-1　西门子的供应商分类

保证供应	合作
有效经营	优化市场潜力

2. 分类的采购策略

西门子将供应商的产品分为高科技含量的高价值产品、用量大的标准化产品、高技术含量的低价值产品和低价值的标准化产品，与相应供应商关系的性质和密切程度由这4种分类来决定。

（1）高科技含量的高价值产品。这类产品包括电力供应、中央处理器（CPU）的冷却器、定制的用户门阵列。采购策略是技术合作型，其特点如下：

①与供应商保持紧密联系，包括技术支持和共同负担研发经费；

②长期合同；

③共同努力以实现标准化和技术诀窍的转让；

④集中于制造过程和质量保证程序，如内部检验；

⑤通过电子数据交换（EDI）与电子邮件实现通信和最优化的信息交流；

⑥在处理获取基础材料的瓶颈方面给予可能的支持。

（2）用量大的标准化产品。这类产品包括印制电路板、集成电路（IC）存储器、稀有金属、镀锌的锡片。采购策略是储蓄潜能的最优化，其特点如下：

①全球寻找供应源；

②开发一套采购的国际信息系统；

③在全世界寻求相应的合格供应商；

④列入第二位的资源政策；

⑤安排接受过国际化培训的最有经验且最称职的采购人员。

（3）高技术含量的低价值产品。这类产品包括需要加工的零件、继电器、变压器。采购策略是保证有效率，其特点如下：

①质量审查和专用的仓储设施；

②保守存货和编制建有预价系统的安全库存计划；

③战略性存货（保险存货）；

④在供应商处寄售存货;

⑤特别强调与供应商保持良好的关系。

（4）低价值的标准化产品。这类产品包括金属、化学制品、塑料制品、电容器。采购策略是有效地加工处理，其特点如下:

①通过电子系统减少采购加工成本;

②向那些接管部分日常物流工作（如仓储、编制必备需量的计划、报告等工作）的经销商或供应商外购产品;

③增加对数据处理和自动订单设置系统的运用;

④即时生产、运送到仓库、运送到生产线的手续;

⑤努力减少供应商和条款的数目。

在第四种分类中，西门子把首选供应商的地位授予了从总共80家经销商中选出的3家。这一安排规定了经销商将负责提供仓库、预测和保管存货，以及向西门子报告存货和用货量。

3. 分类采购策略的意义

任何一个有望成为西门子供应商的公司都必须认真地考虑客户会如何对其产品进行归类。对于一个供应商而言，西门子公告的采购政策在维持双方可能的关系上具有相当大的暗示。任何一个将西门子列为核心客户，但产品却被划入第二类或第四类的供应商，其管理人员都很难与西门子结成特殊关系；发展协作伙伴关系取决于客户与供应商双方。因此，必须以某种方式，通过差别化提高客户对产品的感知，进而促使西门子与之形成首选供应商的关系。

除了完成采购职能的一般任务之外，西门子还有一个专设的团队进行采购营销。他们的一项主要职能就是使西门子成为对潜在供应商更有吸引力的客户。他们会以这种身份涉足市场研究，找出新的供应商并进行评估，还会与现有的供应商研究新的合作领域，这样做对双方的利益都有好处。

例如，依照最节省成本的生产批量对订单要求的数量，对供应商加以排列，将会使双方获益。另外，供应商可能会应邀对西门子的产品设计和生产方法进行技术考察，目的是减少特殊部件的数量，同时增加标准部件的数量，因为标准部件更易于仓储和生产。

通过这种方式，供应商提高了效率，并且将提高效率带来的这部分利益传递给西门子，使后者能够在自己的市场上进行有力的竞争。

西门子还对它的采购经理们怎样利用时间很感兴趣，他们正在监测每个采购员将10万德国马克用于购买8种不同分类目录下的供应品分别需要花费多少时间。例如，这种监测显示，在生产一种产品的工厂里，采购经理购买10万德国马克的集成电路将花费1.7小时，而在另一家工厂里，类似的采购活动却可能要花费3倍的时间。这类分析也许可能不会产生大回报，但能促使他们适当地质疑采购资源的分配，并使这些资源集中在正确的方向上。

问题讨论:

1. 西门子公司是如何实施分类采购的?

2. 西门子公司实施分类采购的意义何在?

技能训练

一、填空题

1．广义的采购包括购买、__________、__________、__________、__________。

2．采购的原则是__________、__________、__________、__________、__________。

3．采购管理的目标是__________、__________、__________。

4．在采购的分类中，对于采购一项技术属于__________。

5．采购管理的趋势是__________、__________、__________。

6．采购管理组织机构的设计原则__________、__________、__________、__________和__________。

7．采购机构在企业中的隶属关系可分为__________、__________、__________和__________四种方式。

二、简答题

1．简述广义采购与狭义采购的区别。

2．阐述采购管理的内容与过程。

3．企业采购的方式有哪几种？

4．商品采购部门的组织结构形式有哪些？

5．商品采购部门的建立方式有哪些？

6．一名合格的采购人员应具备哪些素质？

4．某电器公司的采购部门分为计划、询价、议价、提货验收、货款结算等小组，判断组织机构的类型并画出结构图，分析优缺点。

5．判断图 1-14 所示的商业企业采购部的组织结构属于哪一种类型，并分析优缺点。

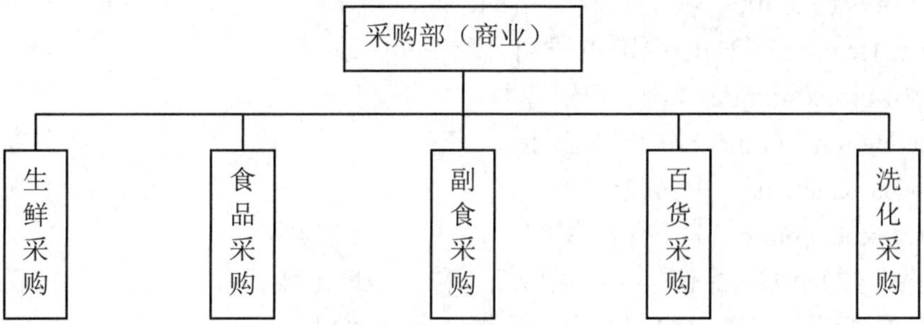

图 1-14　某商业企业采购部的组织结构图

三、实训

实训一　本月个人采购计划一览表

▲情景设置

在同学们的生活中，其实我们每一位都是消费者，每一天都在从事着“采购”，从一日三餐、学习用品、服装，再到通信费、交通费，等等。其实这些日常购买活动也是可以通过制定采购计划，运用采购的方法与策略，使购买更加经济合理，使我们的支出费用达到最低。

▲操作要求

1．设计一张个人月采购计划表。

2．详细列出：

（1）本月收支总额。

（2）计划采购项目。

（3）计划每项支出金额。

（4）采购方法与策略。

3．通过实地调查或网络查询，采购价格真实。

实训二　搜集企业采购供应信息

▲情景设置

企业采购与个人、家庭采购存在很大不同，企业采购在信息来源、采购渠道、采购价格、采购数量等方面是有其自身的特点的，它更具有专业性与行业特色，这也正是我们对于学习企业采购管理的最基本的认识与前提。

▲操作要求

1．浏览以下采购网站

http://www.51icbuy.com/　中华电子采购网

http://www.qic.com.cn/　全球 IC 采购网

http://www.cg160.com/　阿德采购网

http:/www.globaimporter.net/　跨国采购网

http://www.yp160.com/　中华采购网

http://www.qqcg.com/　全球采购网

http://www.hc360.com/　慧聪商务网

http://www.jx.cn/　中国机械网

http://www.mysteel.com/　我的钢材价格网

http://www.21ic.com/　21IC 中国电子网

http://www.c-bm.com/index.html　中国建材网

http://china.chemnet.com/　中国化工网

http://www.pack.net.cn/　中国包装网

http://www.texnet.com.cn/　中国纺织网

2．搜集你关注的相关商品信息，如供应商名称、地址、联系方式、报价、产品简单介绍等。

3．汇总并整理以上信息，建立对企业采购工作的感性认识。

实训三　“采购员素质”辩论赛

▲情景设置

小张是某公司的采购人员，在采购的岗位上已任劳任怨地干了十年，在这十年中，他与许多供应商打过交道，并且与不少供应商建立了较好的关系，每逢过年过节，这些供应商会对小张有所表示，少则一份挂历，多则几百元不等的现金，小张对这些“表示”也笑纳，但小张有个原则，从不向供应商张口要什么，小张的观点是在“不牺牲公司利益”的情况下，获得供应商的好处也没什么关系。

▲操作要求：

1．正方观点：（1）小张的行为是对的；（2）供应商对小张是善意的表示。

2．反方观点：（1）小张的行为是错的；（2）供应商对小张是贿赂行为。

3．辩论规则：

（1）分小组抽签决定正方与反方。

（2）每方小组推选一位主辩，陈述本方观点 3 分钟。

（3）双方自由辩论 5 分钟。

（4）小组每位成员总结自己观点（一句话）。

（5）由评委投票选出每组胜方，记入小组考核成绩。

单元二　采购的战略与策略

本章导读

通过学习本单元对采购环境、采购价格的分析，了解采购成本控制之后，正确理解采购战略的制定。同时分析了若干种采购策略的实施与应用。

知识点

（1）采购环境的分析方法。
（2）采购价格的形成。
（3）采购战略规划的部署。
（4）采购策略的选择。

技能点

（1）初步具备分析采购环境的能力。
（2）能做出采购价格合理性的判断。
（3）识别并运用不同的采购战略。

项目一　采购战略的制定

采购是关系到企业战略的核心业务，通过对采购过程的战略规划，通过科学的方法论基础以及量化的分析，企业不仅可以降低成本，还可以寻找到更好的采购战略和合作伙伴一起优化供应链管理，提升企业的核心竞争力。

如何采取更合理的采购战略，取得市场的领导地位也比以往更为迫切。采购战略已成为供应链根本战略的一个重要组成部分，并影响到整个供应链组织的盈利。

任务1　采购环境分析

现代企业的生产经营活动日益受到环境的作用和影响，供应管理活动也不例外，既受到外部宏观环境和供应市场的制约，也受到企业内部部门间协调配合程度的影响。所以，企业要制定供应策略，首先必须全面、客观分析供应环境的变化。

【案例点击2-1】

在沃尔玛的经营战略中，采购战略一直是公司战略的重要组成部分，认为采购战略将为顾客及股东带来更大的价值。沃尔玛创立全球采购中心，全球采购总战略的核心是不断提高沃尔玛公司自有品牌的直接采购。面对冗长的供应链，沃尔玛扩大直接采购比例，剔除中间商、缩短供应链、降低采购成本一直是沃尔玛的目标。

从沃尔玛的创始人沃尔顿开始，沃尔玛一直非常重视采购成本控制。很多时候供应商的确已经到了降低供货价格的极限，沃尔顿通过分析，发现供货商把商品送货上门的物流成本很高，仔细核算以后决定成立自己的物流部门，直接到供货商仓库提货，又把自身的成本降低了一大截。

对于企业来说，表面看来已经没有改善空间的采购方面，其实是可以做到进一步压缩和控制的。分析、改进、运行、评估、再改进，企业的转变是个长期的过程，其间很多因素都会变化。但让企业变得更加强大这个目标不会变化，从采购这个环节做起，企业一定会发现，原来价值链还可以这样逐步改善。

采购是关系到企业战略的核心业务，通过对采购过程的战略规划，通过科学的方法论基础以及量化的分析，企业不仅可以降低成本，还可以寻找到更好的采购战略和合作伙伴一起优化供应链管理，提升企业的核心竞争力。

如何采取更合理的采购战略取得市场的领导地位也比以往更为迫切。采购战略已成为供应链根本战略的一个重要组成部分，并影响到整个供应链组织的盈利。

1. 采购环境分析的重要性

过去很多企业重视产品销售市场环境分析，忽视对供应环境的研究。随着供应管理在企业价值链中地位的提高，越来越多的人们开始认识到供应环境分析的重要性和必要性。供应环境分析，就是要对供应环境进行全面系统的分析和预测，目的在于为供应决策提供客观依据。供应环境分析的必要性体现在以下三个方面：

（1）增强企业采购工作的适应性。传统产业的转移、新兴产业的出现、现代技术的进步不仅改变了供应市场的分布格局，在整体上还降低了制造成本，也给采购战略制定提出了新的要求，带来了新的变化。

（2）保证企业采购决策的正确性。供应环境是一个动态的大系统，各种环境因素相互影响、相互制约，必须重视供应环境的调查分析，了解各种环境因素的变化趋势，及时调整采购策略，把握有利时机，降低采购成本。

（3）提高企业竞争力的现实性。供应市场处在不断变化之中，比如国家之间贸易协定的修订，主要币种汇率的变动，供应商突然破产或被收购，新产品、新技术的出现和应用，都需要我们不断对供应环境出现的新问题进行分析研究，以提高企业的应变能力。

2. 采购环境分析的内容

供应环境就是指企业内部微观环境、供应商所处行业环境以及与企业供应管理活动有关的宏观环境等。

（1）企业内部环境分析。采购过程所处的企业内部环境，主要包括以下几个方面：

①企业领导对采购工作的重视程度。企业的高层领导是否认识到采购管理对产品价值率的贡献以及企业利润率的贡献，在企业流程重组中将采购管理放在什么位置。随着采购部门在公司中战略地位的提高，采购逐渐由程序化的、单纯的购买向前瞻性、跨职能部门、整合的功能转变。

采购整合是将战略采购实践和公司目标整合起来的过程。与采购实践不同，采购整合着眼于企业内部，目的是促进采购实践与公司竞争优势的统一，转变公司高层对采购在组织中战略作用的理解。

②企业各部门对采购工作的支持力度。市场部门是否及时提供顾客订单调整情况和顾客反馈信息，财务部门是否有充足的资金保证，设计部门提供原材料、零部件变动情况的及时程度，人力资源部门是否提供适合采购管理人员的激励机制、薪酬水平和培训机会。

在评估整条价值链的环境影响时，采购部门并不能单独行动而必须在结合供应链、营销、创新、研发的基础上建立一个强有力的采购组织，同时建立一套能够对这些内部利益相关人以及供应商等外部合作伙伴间的持续协作提供支持的运营模式。

③信息技术在采购工作中的应用程度。目前国内很多企业信息利用率低，上下游之间难以实现信息共享，无法实现 JIT 采购。随着信息技术在采购活动中的不断深入应用，利用 Internet、EDI 等现代物流信息技术能够实时对供应商的财务、组织、产品、服务、价格等情况进行沟通，准确掌握库存情况，及时进行采购活动。

（2）供应商及所处行业环境分析。供应商及所处行业环境分析包括两个方面：一方面是供应商因素，包括供应商的组织结构、财务状况、产品开发能力、生产能力、工艺水平、质量体系、交货周期及准时率、成本结构与价格等。另一方面是供应商所处行业环境因素，包括该行业的供求状况、行业效率、行业增长率、行业生产与库存量、市场供应结构、供应商的数量与分布等。

根据产业组织理论，供应商所处行业的市场结构可划分为以下几种不同情况，如表 2-1 所示。

表 2-1　供应市场结构类型

供应商＼采购商	一个	少数	大量
一个	双向、相互的完全垄断（备件）	有限的、供应完全垄断（燃油泵）	完全供应垄断（煤气）
少数	有限的、需求完全垄断（电话交换机、火车）	供需双向平衡、垄断竞争（化学半成品）	寡头垄断供应市场（复印机、计算机）
大量	完全需求垄断（武器系统、军火）	寡头垄断采购市场（汽车部件）	完全竞争或垄断竞争市场（办公用品）

市场从供需的角度分类，具体如表 2-2 所示。

表 2-2　供应市场组织形式

供应策略＼市场形式	完全竞争市场	垄断竞争市场	寡头垄断市场	完全垄断市场
供应市场特点	大量的供应商想与你合作，由市场控制价格	供应商数量最多，采购人员可能控制价格	供应商数量有限，供应商控制价格	只有一个供应商，供应商完全控制价格
供应商定价策略	按市场价格销售	供应商试图使产品的价格差异化	供应商跟从市场领导者	制定使利润最大化，并不诱使产生替代品的价格

续表

供应策略＼市场形式	完全竞争市场	垄断竞争市场	寡头垄断市场	完全垄断市场
产品类型和例子	农产品（初级产品交易）、标准件（轴承、钮扣）	部分印刷品	钢材、铜、胶合板、汽车、计算机设备	专利所有者（药品） 版权所有者（软件）
具有价值的采购活动	期货或其他套期交易	分析成本、了解供应商的流程	分析成本，必要时可以与较弱的竞争者签订合同，以获得折扣	发现可能的替代品，重新设计产品等
合作关系类型	商业型的供应业务合作关系	优先型或伙伴型的供应商	伙伴型的互利合作关系	

供应市场的组织形式可分为以下几种：

①完全竞争市场。无论是采购商还是供应商都不能单独影响产品的价格，产品的价格是由分享该产品市场的所有采购商和供应商共同影响。供应商处于完全竞争市场时，市场信息完备，透明度高，产品结构、质量、功能和价格在不同的供应商之间几乎没有差异，如农副产品。

②垄断竞争市场。供应商处于垄断竞争市场的比例最高，这样的市场上有大量供应商的存在，各供应商提供的产品的品质不同，企业进入和退出市场的门槛很低，供应商的讨价还价能力不强，如大多数日用消费品、家用电器和工业产品。

③寡头垄断市场。供应商处于寡头垄断市场时，几家大供应商占据绝大多数市场份额，企业进入障碍高，供应商的讨价还价能力强，如石油、电力、电信等。

④完全垄断市场。市场的供应商是唯一的，其产品几乎没有接近的替代品，因而该供应商也是相应产品的价格决定者。完全垄断可分为自然资源垄断，如一些国家造币所需专有林场的木材；政府垄断，如铁路、邮政；控制垄断，如拥有专利权的微软。

进行供应市场分析时，应考虑以下问题：本公司采购的产品市场属于哪种类型；市场中有多少供应商；向一个供应商订购产品时，其他供应商的反应会怎样；供应市场中特定产品的差异程度如何；有哪些可用的替代品；某产品的供应市场中，本公司的市场份额有多少；产品的短期和长期采购中可能发生哪些情况。

（3）企业宏观供应环境分析。相关宏观供应环境包括：产业范围、产业生命周期、经济增长率、产业政策及发展方向、工资水平及增长速度、税收政策与税率、关税政策与进出口限制、政府体制结构与政治环境等。

面对日益恶化的环境压力和亟须改善的环境，国际上对绿色经济的呼声越来越高，而在诸多绿色经济的环节中，绿色采购是企业绿色链条中尤为重要的一环。绿色采购也是出于同样的考虑，只是将某种特定选择对环境的影响考虑在内，这些影响包括某种产品或服务所涉及的交通运输、原料、能源、包装设计以及社会生态的碳足迹。绿色采购并不是对目前采购运作方式的背离，而是一种延续。

小贴士

“绿色采购”是指政府和企业经济主体一系列采购政策的制定、实施以及考虑到原料获取过程对环境的影响而建立的各种关系，其中与原料获取过程相关的行为包括供应商的选择评价。

在绿色采购中政府通过庞大的采购力量，优先购买对环境负面影响较小的环境标志产品，促进企业环境行为的改善，从而对社会的绿色消费起到推动和示范作用。政府绿色采购之所以能起到上述作用，主要是通过以下几个方面实现的：

首先，是因为它可以积极影响供应商，供应商为了赢得政府这个大客户，肯定会采取积极措施，提高企业的“绿色采购”水平和技术创新水平，尽可能地节约资源能源和减少污染物排放，提高产品质量和降低对环境和人体的负面影响。

其次，绿色采购还因其量大面广，可以培养扶植一大批绿色产品和绿色产业，有效地促进绿色产业和清洁技术的发展，进而形成国民经济的可持续生产体系。

此外，绿色采购也可以引导人们改变不合理的消费行为和习惯，倡导合理的消费模式和适度的消费规模，减少因不合理消费对环境造成的压力，进而有效地促进绿色消费市场的形成。

3. 供应环境分析的步骤

（1）确定供应环境分析的目标企业。供应环境涉及面广、因素复杂，所以在进行供应环境分析时首先要明确目标，通常是解决供应管理中发现的新情况和新问题，使最终形成的分析报告有针对性。

（2）搜集和分析间接资料。搜集和分析间接资料，可以快速而经济地获取初步的信息和结论，确认是否有必要进行供应环境调查，为了下一步的安排奠定良好的基础。间接资料的来源包括：国家有关部门发布的政策方针、发展规划、计划及经济信息，从各种信息中心或互联网上查询的信息，从刊物发布的信息资料、公司名录和购买者指南、在线数据库、现在和过去的供应商记录、展览和会议、贸易杂志、供应商目录或宣传册、商业指南等。

搜集和分析这些信息的主要作用有：用于了解供应商成本模型；在商务谈判中处于主动地位；确保供应的持续性；寻求资源的替代品；改进采购流程；降低采购成本或增加价值。

（3）设计供应环境调研方案。供应环境调研方案设计是为实施供应环境调研所作的计划或方案，包括确定调查对象、资料搜集方法、时间安排和组织配备。认真研究各种原材料的供需现状的发展趋势，特别是分清哪些原材料处于供应商市场，哪些原材料处于买方市场，哪些原材料供需基本平衡。并根据调查结果，分别采用不同的采购策略。

（4）实施供应环境调查。企业供应部门可以采取多种形式进行供应环境调查。在调查过程中要紧紧围绕调查的主题，突出重点，需调查的问题要具体明确。

实施方案时应注意以下问题：

①应由采购人员负责，相关人员共同进行，如全球资源部。

②有别于日常工作，应作为独立项目开展。

③针对不同物品，供应市场特点不同，供应市场研究的策略方法也各不相同。

④预先对要了解的内容制成规范的表格或问卷。

⑤应由本公司进行，不得再委托第三方。

⑥尽量利用先进工具，如互联网。

⑦编写供应环境分析报告。搜集到的资料经过整理、分类汇总，进行分析研究，得出符合客观实际的调查结论，对供应决策提出建议。

任务2 采购价格分析

【案例点击2-2】

饺子馆的采购成本

三年前鸿雁饺子馆开张，如今生意还算火爆，可胡经理说，“别看现在生意还不错，开业那一段时间，让我头疼的就是每天怎么进货，很多利润被成本吃掉了。”

刚开始卖出一份10个烤饺，定价为5元钱，直接成本为饺子馅、饺子皮、佐料和燃料，每个饺子成本大约2角钱。虽然存在价差空间，可是胡经理的小店老赚不了钱，原因在于每天都有大量剩余原料，这些采购的原料不能隔天使用，算上人工、水电、房租等经营成本，饺子的成本都接近4角钱了。如果一天卖出1000只饺子，同时多余500个饺子的原料，相当于亏损了100元左右，加上前年年初粮食涨价，因此利润越来越薄。

其实做饺子的数量挺难掌握。做少了吧，有的时候人家来买没有，也等不及现做，眼看着要到手的钱飞走了；做多了吧，就要剩下。后来胡经理又开了两家连锁店，原料供货就更需统筹安排了，如何控制数量，准确供货呢？经过三年摸索出以下方法。

1. 定量采购加及时补货

饺子馅的原料要根据头天用量进行每日预测，然后根据原料清单进行采购。一日采购两次，下午会根据上午的消耗进行补货，晚上采购第二天的需求量。

2. 促销策略

（1）用餐高峰期大概在每天12:00～13:00和19:00～20:00这两个时段，胡经理就选择在11:00～11:45和18:00～18:45推出9折优惠计划，吸引了部分对价格比较敏感的顾客，有效分散了需求。

（2）如果碰到需求波动比较大的情况，也就是说某一种饺子的需求量非常大的时候，比如客户要的白菜馅儿没有了，胡经理就要求店员推销牛肉馅儿或者羊肉馅儿。

（3）同时改进店面环境，安上空调，提供杂志报纸，使顾客在店里的等待时间平均从5分钟延长到10分钟。

终于胡经理做了三年的水饺生意，从最初每个饺子分摊大约4角钱的成本，到去年的5分钱，而今年成本就更低了。由于做饺子的时间长了，需求的种类和数量相对固定下来，每个饺子的成本得到有效控制，大约在2分钱左右，主要就是采购原料、人工、运输车辆的支出。

确定最优的采购价格是采购管理的一项重要工作，采购价格的高低直接关系到企业最终产品或服务价格的高低，因此，在确保满足其他条件的情况下，力争最低的采购价格是采购人员的最重要的工作。

1. 影响采购价格的因素

采购价格的高低受各种因素的影响。对于国内采购价格而言，尽管地区、商业环境、时间与人力关系等方面有所不同，但其价格变动还是比较易于预测与控制的。而对于涉外采购而言，来自世界各地市场的供应关系以及其他许多因素，包括规格、服务、运输及保险、交货期限等，都对价格有相当大的影响。

（1）供应商成本的高低。这是影响价格最根本、最直接的因素。供应商进行生产，其目的是获得一定利润，否则生产无法继续。因此，采购价格一般在供应成本之上，两者之差即为供应商的利润，供应商的成本是采购价格的底线。

（2）规格与品质。采购企业对采购品的规格要求越复杂，采购价格就越高。价格的高低与采购品的品质也有很大的关系。如果采购品的品质一般或质量低下，供应商会主动降价，以求赶快脱手，有时甚至会贿赂采购人员。采购人员应首先确保采购物品能满足本企业的需要，质量能满足产品的设计要求，千万不要只追求价格最低，而忽略了质量。

（3）所购物品的供需关系。当企业需采购物品为紧俏商品时，则供应商处于主动地位，它会趁机抬高价格。当企业所购物品供过于求时，则采购企业处于主动地位，可以获得最优的价格。

（4）生产季节与采购时机。当企业处于生产的旺季时，对原材料需求紧急，因此不得不承受更高的价格。避免这种情况的最好办法是提前做好生产计划，并根据生产计划制定出相应的采购计划，为生产旺季的提前做好准备。

（5）采购数量。如果采购数量大，采购企业就会享受供应商的数量折扣，从而降低采购的价格。因此大批量、集中采购是降低采购价格的有效途径。

（6）交货条件。交货条件也是影响价格的非常重要的因素，交货条件主要包括运输方式、交货期的缓急等。如果货物由采购方来承运，则供应商就会降低价格，反之就会提高价格。有时为了争取提前获得所需货物，采购方会适当提高价格。

（7）付款条件。在付款条件上，供应商一般都规定有现金折扣、期限折扣，其刺激采购方能提前用现金付款。

2. 采购价格的确定

（1）适当价格的含义。采购适当价格并不是采购最低价格。若采购价格要求最低，可能材料品质会较差、交货期限会延误、配合会不太理想等。因此采购适当价格应为在既定物料品质、交货期限或其他条件下所能得到的最低价格。

通常采购的基本要求是品质第一，服务第二，价格列为最后。因此，采购价格以能达到适当价格为最高要求。尽管价格是采购中一个非常重要的因素，应予以重视，但也不能因此过分重视而忽略其他采购因素。影响采购总成本的因素，不止价格一个，对于这一点，采购人员必须了解。

（2）采购价格确定的基本程序。

①采购价格调查。一个企业所需使用的原材料，少的有八九十种，多的万种以上，要降低采购成本就要做好采购调查。但由于采购物资种类繁多，规范复杂，有关采购价格资料的搜集、调查、登记、分析十分困难，因此根据一些企业的实际操作经验，可以把下列六大项目列为主要的采购调查范围：一是选定主要原材料 20～30 种，其价值占全部总价值百分比的 70%～80%以上；二是常用材料、器材属于大量采购项目的；三是性能比较特殊的材料、零配件，因为一旦供应脱节，可能导致生产中断；四是突发事件紧急采购；五是波动性物资、器材采购；六是计划外资本支出、设备器材的采购，数量巨大，影响经济效益深远的。

上面所列六大项目中，其中一、二、五三项应将其每日行情的变动，记入记录卡，如表 2-3 所示。久而久之，对于相关的项目，它的主要原料一旦涨价，就因此可以预测到哪些成品的价格会上涨。

表 2-3 调查记录卡

原材料名称	今日价格	昨日价格	增减幅度%	上周价格	上月价格

此外企业还应将采购市场调查所得的资料加以整理、分析，并在此基础上提出报告及建议，根据调查结果研究更好的采购方法。

②正确询价。询价是采购人员在作业流程上的一个必要阶段，在接到请购单，了解目前库存状况及采购预算后，通常最直接的工作就是马上联络供应商，并且向供应商提供足够的资料，来方便其报价作业，因此完整、正确的询价文件可帮助供应商在最短的时间提出正确、有效的报价。一个完整的询价文件至少应该考虑下列内容：询价项目的品名与料号、询价项目的数量、询价项目的规格书（规格书是一个描述采购产品品质的工具，应包括工程图、测试规格、材料规格、样品、色板等有助于供应商报价的一切信息）、询价项目的品质要求（表达询价项目品质规范要求的方式有许多种，常可以使用这些方式呈现。如品牌、同级品、商业标准、材料与制造方法规格、性能或功能规格、工程图、市场等级、样品、工作说明书等）、询价项目的报价基础要求、买方的付款条件、询价项目的交期要求、询价项目的包装要求、运送地点与交货方式、询价项目的售后服务与保证期限要求、供应商的报价到期日。

③正确处理报价。一般企业利用征求报价的方式采购，使用十分普遍。采购部门接到供应商报价单，是否适质、适量、及时及适价，应于报价有效期内妥善审查决定。一般来说，在采购部门接到各供应商的报价单后，应立即分析各供应商价格的高低、交货期的长短、付款条件的宽紧、交货地点是否适中等等，以便选择恰当的供应商。

④采购议价。在采购活动中，议价是一个交易过程，采购人员和销售商都以各自的观点和目的参与其中，期望在采购交易各方面包括价格、服务、规格、技术和品质要求及付款条件等达成相互满意的协议。

议价的内容多是采购企业与供应商共同关心但存在一定分歧的问题，如价格的高低、供货期的不一致、运费由谁承担等。议价的目的是消除分歧，达成一致协议，成功有效的议价是在兼顾双方利益的前提下，使事情得以圆满解决。在议价过程中掌握策略与主动并充分运用战术技巧，并且在议价结束后及时进行总结回顾，才能取得良好的议价结果。

3. 采购定价的方法

在传统市场营销行为中，企业对产品营销价格的确定方法主要有成本导向定价法、需求导向定价法和竞争导向定价法。

（1）成本导向定价法。成本导向定价法是指以成本作为定价的基础，根据成本确定商品的营销价格。在实际应用过程中，主要有两种方法，即成本加成定价法和目标成本定价法。

①成本加成定价法。这种定价方法就是在单位产品成本的基础上，加上预期的利润额作为产品的销售价格。售价与成本之间的差额即利润称为“加成”。

其计算公式为：价格=平均成本+预期利润

例题

某企业生产某种产品 10000 件，单位可变成本为 20 元，固定总成本为 200000 元，预期利润率为 15%。可计算如下：

固定总成本 200000 元

单位固定成本 200000/10000=20 元/件

单位可变成本 20 元/件

单位总成本 20+20=40 元

预期利润率 15%

产品售价=40+40×15%=46 元/件

②目标成本定价法。有些产品价格的制定是在缺乏历史成本资料，或者已有的成本资料不能真实反映所销售产品的劳动消耗等条件下进行的。例如，按订货合同组织单件性特种产品生产的场合，价格制定是在订货合同达成时或之前进行的。

单件生产特种产品的生产特征决定了历史成本资料的缺乏性或不适用性。另外，一个大量生产企业在向市场推出新产品时，即使实行成本导向定价，也不能以新产品推向市场初期的成本为计算依据。在这些场合，企业可采用目标成本定价法。

所谓目标成本定价法是以企业期望可达到的成本目标作为制定价格的基础的定价方法。目标成本不同于制定价格时期的实际成本，它是为实现定价目标、谋求长远利益和整体利益而测定的一种“影子成本”。

通常情况下，影子成本所反映的是在企业技术设备日臻完善，内部管理严格有序，整个经营过程处于正常状态下的生产成本。对于新产品来说，影子成本着重反映的是从小批量生产转向大批量生产过程中具有边际递减特征的阶段性成本。

计算目标成本，消除了生产中不正常因素的影响，也排除了成本波动因素，因而比较合理。以目标成本为基础来制定的价格，既可容易地为消费者接受，达到可销的水平，又能实现企业的目标利润。

其计算公式是：价格=目标成本＋目标利润＋税金

或

价格=总目标成本×（1＋成本加成率）/总产量

例题

某洗衣机制造公司向市场推出一种全自动滚筒式洗衣机。由于是新型机，缺乏充分准确的的成本资料，因此公司准备采用目标成本定价法来测定价格。在分析了固定成本、变动成本因素后，公司主管认为洗衣机在推出期的目标成本是 2300 元，考虑到该产品的新颖性和适用性，顾客购买力会较大，将成本加成率定在 30%水平上，于是可计算出该洗衣机的可销价格为：

价格=2300×（1＋30%）=2990 元/台

（2）需求导向定价法。需求导向定价法是依据卖方对产品价值的感受和对商品的需求程度来定价，而不是直接以成本为基础。需求导向定价法主要包括购买者理解价值法和需求差别法。

①购买者理解价值法。购买者理解价值法又称为认知价值法，即根据购买者对产品价值的认识和理解来确定价格。商品的价格并不决定于卖方的成本，是决定于购买者对产品价值的理解和认识。所谓“理解价值”或“认知价值”是指卖方在观念上的价值。因此，卖方可以运用各种营销策略和手段，影响买方的感受，使之形成对卖方有利的价值观念，然后再根据产品

在买方心目中的价值来定价。

顾客对产品价值的理解和感受，主要由产品成本来决定。例如，在市场上，一罐可口可乐零售价不过 2 元多，而在高级饭店要 10 元左右；同一种干红葡萄酒，市场零售价格才 40 元左右，而在三星级以上的高级饭店，价格为 80 多元甚至上百元。

这就是由于环境气氛、服务等因素提高了产品的附加值，使顾客愿意支付那么高的价格，这就是购买者理解价值定价法。理解价值定价法的关键是准确地估计购买者对本企业产品的理解价值，然后据以确定产品的价格。

运用理解定价法的关键，是把自己的产品同竞争者的产品相比较，准确估计消费者对本产品的理解价值。为此在定价前必须做好市场调查，否则定价过高过低都会造成损失。如果定价高于买方的理解价值，顾客就会转移到其他地方，企业销售额就会受到损失；定价低于买方的理解价值，必然使销售额减少，企业也同样会受到损失。

②需求差别法。需求差别定价是根据购买者对产品需求强弱的不同，定出不同的价格。需求较强，价格可定得高些；需求较弱，则价格可定得低一些。需求差别定价可以分为以顾客为基础、以产品为基础、以地域为基础和以时间为基础四种类型。

它主要包括以下几种形式：

第一，对不同的顾客采取不同的价格。如同种产品对购买量大和购买量小的采取不同价格；航空票价对国内、国外乘客分别定价；电影院对老年人、学生和普通观众按不同票价收费等。

第二，根据产品的式样和外观的差别制定不同的价格。对不同样式的同种产品制定不同价格，价差比例往往大于成本差的比例。例如一些名著往往有平装本和精装本之分，其内容完全相同，只是包装不同而已，但价格就有较大差别。

第三，相同的产品在不同的地区销售，其价格可以不同。例如，同样的产品在沿海和内地的价格是有差异的，同样产品在沿海和内地的价格更是迥然不同的。

第四，相同的产品在不同时间销售其价格可以不同。如需求旺季的价格要明显地高出需求淡季的价格，电视广告在黄金时段收费特别高。

需求差异定价的前提条件是：市场可以细分，各细分市场具有不同的需求弹性；价格歧视不会引起顾客反感；低价格细分市场的顾客没有机会将商品转卖给高价格细分市场顾客；竞争者没有可能在企业以较高价格销售产品的市场上以低价竞争。

（3）竞争导向定价法。以同类产品的市场供应竞争状态为依据，根据竞争状况确定本企业产品价格水平的方法。

①随行就市。它也叫现行市价法，即依据本行业通行的价格水平或平均价格水平制定价格的方法。它要求企业制定的产品价格与同类产品的平均价格保持一致。在有许多同行相互竞争的情况下，当企业生产的产品大致相似时（如钢铁、粮食等），如企业产品价格高于别人，会造成产品积压；价格低于别人又会损失应得的利润，并引起同行间竞相降价，两败俱伤。因此，在产品差异很小的行业，往往采取这种定价方法。

另外，对于一些难以核算成本的产品，或者打算与同行和平共处，或者企业难以准确把握竞争对手和顾客反应的，也往往采取这种定价办法。

当然，这种定价法也有一定风险，一旦竞争者由于劳动生产率提高，成本降低，突然降低其产品价格，则往往使追随者陷入困境，长虹彩电几次大幅度降价造成许多彩电小厂倒闭便是一例。

②竞争价格定价法。竞争价格定价法是一种主动定价方法，一般为实力雄厚或独具特色的企业所采用。定价时首先将市场上竞争产品价格与本企业估算价格进行比较，分为高于、低于和一致三个层次。其次将产品的性能、质量、成本、式样、产量与竞争企业进行比较，分析造成价格差异的原因。最后根据以上综合指标确定本企业产品的特色、优势及市场定位，在此基础上，按定价所要达到的目标确定产品价格。

任务3　采购成本的控制

物资采购成本的经济分析与控制是企业产品物资预算的主体，其目的是在满足生产经营要求的同时，实现企业物资的存量控制，达到以最少的投入，发挥最大的供应效益，保证企业产品的优质、高产、低耗、高效益。

1. 采购成本分析

在企业竞争日益激烈的今天，企业必须控制其经营成本，比如过量的采购就会使商品积压而占用大量的资金。因此采购成本的控制不仅是采购管理，也是企业经营管理的重点所在。商品的采购成本不仅仅是指商品本身的价值，还包括因采购而带来的采购管理成本。

（1）材料成本。材料成本是指材料的进价成本，又称购置成本，是指材料本身的价值，等于采购单价与采购数量的乘积。在一定时期进货总量既定的条件下，无论企业采购次数如何变动，材料的进价成本通常是保持相对稳定的，因而属于决策无关成本。

（2）采购管理成本。采购管理成本是指企业向外部的供应商发出采购订单的成本费用，是企业为了实现一次采购而进行的各种活动的费用，如办公费、差旅费、邮资、电话电报费、运输费、检验费、入库搬运费等支出。采购管理成本中有一部分与订货次数无关，如专设采购机构的基本开支等，这类固定性进货费用则属于决策的无关成本。

另一部分与订货次数有关，如差旅费等与进货次数成正比例变动，也就是说采购管理成本包括与下列活动相关的费用，如检查存货水平、编制并提出采购申请、对多个供应商进行调查比较、选择最合适的供应商、填写并发出采购单、填写核对采购单、结算资金并进行付款。

2. 控制和降低采购成本的主要途径

成本控制有绝对成本控制和相对成本控制之分，绝对成本控制是以预定成本限额为目标，相对成本控制是以成本最小化为目标。就采购成本而言，以成本限额为目标的成本控制是由采购制度制约的规范化行为，而实际上企业追求的是成本的最小化，即成本降低。降低采购成本的主要途径有：

（1）付款条件的选择。如果企业资金充裕，或者银行利率较低，可采用现金交易或货到付款的方式，这样往往能带来较大的价格折扣。对于进口材料，应注意外汇币种的选择，并及时掌握汇率走势。

（2）把握价格变动的时机，掌握市场行情。

①市场特点：一是供货市场大、渠道多。要充分利用这一优势，挖掘市场潜力，在降低采购成本上找规律、做文章。二是差价幅度大，变动速度快。必须把握市场脉搏，随机应变，不放过采购物资的有利时机。三是质量良莠不齐，假冒伪劣混杂其中。必须认真鉴别，严把质量关，避免不应有的损失。可见，了解市场，掌握行情，是提高物资采购效益的重要条件。

②监测行情。要随时监测市场的直接行情（包括品名、质量、价格、数量、交货地点与期限、卖方、运输情况等）、间接行情（包括政治、经济、法律、金融、技术、环境的变化等），及同行业之间的动态（包括生产建设、物资需求与库存、资金实力等）。根据本企业的需要进行整理和传递，直到采购。

③测定价格。价格的高低是能否降低采购成本的关键，在市场经济条件下更是如此。企业作为物资的最终消费者，采购成本降低的幅度，取决于进货价格的合理性与各项费用水平的高低，尤其是前者。随着市场经济的发展，企业物资供应越来越关注如何运用市场机制来降低采购成本，抑制产品成本中材料消耗的增长，增强产品的市场竞争潜力。

（3）严格计划管理，加强物资采购的计划性。计划管理是物资工作的龙头，它贯穿于整个物资工作的始终。对物资供应要实行严格的计划管理，即对物资供应全过程、各个环节的计划管理。

①全过程的管理：对编制物资计划和采购计划、考察市场、选择客户、商务谈判、确定价格、支付货款、验收入库等过程有联系的各个部门、各个环节之间建立相互制约、相互监督的内部控制系统，并注意发挥财务、审计部门和使用单位的监督作用。做到职责分明、连锁制衡、减少失误，使有限资金的使用达到最大的经济效果。

首先是科学核定物资储备定额。要既能满足生产需要，又不造成库存积压。并把每种物资定额输入计算机储存，月终计算机根据定额储备与实际储备的差量，自动生成物资采购计划。其次是对难以纳入储备定额管理的物资采购，也要定期编制计划严格审核。物资采购计划一式数份，一份由物资计划部门留存；一份交采购部门或招标小组执行；一份交财务部门作报销依据。

②重点环节的管理。对物资采购过程中的计划、价格、质量等主要环节重点控制。

第一，计划审查。有计划员、保管员、单位领导和财务进行物资计划会审。审查物资计划是否有依据，平衡是否切实，核算是否准确，资金是否落实。以提高计划的质量，确保供应，防止积压，加速周转，节约资金。同时，要加强合同管理。对订货合同签订的内容、形式、审批程序与权限加以规定，避免草率签订合同造成失误与损失。

第二，价格把关。对于价高、占用资金多的进行重点控制，在内部坚持价格公开，集体定价，防止暗吃回扣；对于价格低廉、占用资金少的进行总体控制，领导把关，对价格定期检查比较；对介于上述两者之间的要严格控制，层层把关，经常检查、对比和分析。

第三，严格验收。物资入库前要加强质量验收。凡无合格证、无厂家、无商标、无质量保证书的产品，一律不准入库，堵住假冒伪劣产品的渗透。凡没有计划的采购，仓库不准收货，财务不准付款，杜绝人情货与计划外采购。凡外购物资一律实行验收付款或使用合格后付款，严格控制预付货款，禁止曲线结算。

（4）强化采购业务内部控制。采购业务是企业以支付货币资金或形成负债为代价，换取生产经营所需物资的活动，是企业生产经营的重要组成部分。采购业务往往表现为货币流与物资流、生产与流通、企业内与企业外的相互交织、相互影响，因此，采购业务领域也是经济犯罪的重要滋生地和高发区。近年来，经济领域的犯罪，特别是采购业务领域的犯罪呈上升趋势，其中一个重要的原因就是一些企业的经济业务处理程序、内部控制制度存在较为严重的缺陷，所以，建立、加强、完善采购业务处理程序和内部控制制度的意义极大。

①完善企业采购业务处理程序。采购业务处理程序是指从事采购业务的当事人及相关人

员办理采购业务活动时的顺序、步骤和方法。

②采购业务中的岗位要求。采购业务中的不相容岗位必须实行“三员分开”和“三员见面”。

内部控制制度的一个基本原则就是不相容岗位的工作不能由一人承担。采购业务的不相容岗位基本有三个：一是材料物资采购；二是仓库材料物资保管；三是会计付款记账。这三个岗位的业务人员分别是材料物资的采购人员、仓库材料物资的保管人员和付款记账的会计人员。这“三员”各有不同的工作岗位，在业务上不能互相混淆，在关系上要互相牵制、互相制约，这就是我们常说的“三员分开”。

所谓“三员见面”，是指采购人员采购完材料物资后要办理材料物资入库，采购人员与仓库保管人员见面；采购人员办理完入库手续后拿着保管人员开具的入库单及购货发货票、运输票据等到企业财务部门冲账报销，与会计人员见面；月末，会计人员还必须拿着采购人员给他的有关单据到仓库盘点实物、核对账实，查验采购人员采购的材料物资是否真正安全运抵企业，会计人员还要与保管人员见面。在“三员见面”这一程序中，不能缺少任何一个环节，否则可能危及企业资产的安全。

③严格执行内部监督与控制制度。运用凭证监督、控制，这种“认证不认人”的做法也是进行内部控制的一个有效手段。采购业务的凭证主要有：采购计划、采购合同或协议、请购单、借款单、发票、运单、入库单等，这些凭证在采购业务的不同阶段各自发挥着不同的重要作用。

以入库单为例，采购人员只有在将采购的材料物资办理入库后，仓库保管人员才开具一式三份的入库单，并给采购人员两份。一份由采购人员带给会计人员入账用，一份采购人员自己留下，作为经办此项业务的证明。月末，会计人员拿着入库单，到仓库与保管人员手中的入库单相核对，即会计人员平时所说的“捉对”。

如果核对相符，再与实物核对，凭证与实物也相符，说明采购人员与仓库保管员没有舞弊行为，否则说明采购业务可能出现问题。这种以“捉对”的方式核对凭证的行为，叫作“抽单制”。实践证明这是一种非常有效的内部控制方法。

3. 选择降低成本的采购战略

在许多企业中，采购成本占企业总成本的 60%以上，采购人员无时无刻不面临成本的压力。但它大多可以通过管理控制上的边际改进而降低。如果全国的国有大中型工业企业一年降低采购成本 2%～3%个百分点，即可增加效益 500 亿元，比它们全年的利润总和还要多。

（1）采购成本对利益的影响。企业营运的主要目标是为股东创造最大的财富利益，所以，经营者在审核年度业绩时，投资回报率便成了最好的参考数字。虽然投资回报率有不同的计算方式，但最普通的表示方法为：投资回报率（ROI）=利润率×资产周转率。

利润率代表了企业对成本控制管理的能力，而资产周转率则反映出管理层对企业可用资产有效利用的能力。所以，企业管理层可以通过三个方面来达到增加投资回报率的目的：降低销售成本、利用现有资产来增加销售业绩或综合以上两项。

根据统计资料显示，在制造业中，对原料、零配件、机器设备的采购金额平均占总销售额的 50%。换句话说，任何通过采购所节省的费用都是对利润的直接贡献，这就是采购的杠杆原理，如表 2-4 所示。

表 2-4 采购所节省的费用 单位：百万元

	当前值	销售额	价格	劳务费和工资	一般管理费	采购
		+100%	+5%	−50%	−20%	−8%
销售额	100	200	105	100	100	100
购入商品和劳务	60	120	60	60	60	55
劳务费和工资	10	20	10	5	10	10
一般管理费	25	50	25	25	20	25
利润	5	10	10	10	10	10

由表 2-4 可以看出，企业希望增加 5 万元的利润，其途径可以是增加 100%的销售额，提升 5%的价格，降低 50%的劳务费和工资，降低 20%的一般管理费，或者是通过降低 8%的采购费，相对于其他途径，降低采购费对于企业来说更易行，并对企业的经营管理水平只有增益并无损失。

（2）降低采购成本的方法。成本降低可以从许多方面来实施，但同时必须要了解：成本降低的主要目的是找出并减少不必要的成本部分，并且在不影响产品质量的前提下，将成本作最有效的分配。任何与此原则相违背的做法，都需要深思熟虑。

①集中采购。这是很有效的降低采购成本的方法之一。将各部门的需求集中起来，采购单位便可用较大的采购量作为砝码得到较好的数量折扣价格。规格标准化后，可以取得供应商标准品的优惠价格，库存量也可以相对降低。如此，行政费用的支出也会因采购统一作业而减少，采购部便可以有很多的时间将资源用于开发新的供应商。

②整合采购数量。集中采购有时会给人一种僵化、没有弹性的感觉。此时，可以采用由使用量最多的单位来整合所有采购数量这种比较折中的方法降低采购成本，并主导采购议价。这种方法除了可以拥有与集中采购相同的数量优势之外，还有一个更重要的优点是能促进采购部门与使用部门的紧密合作，充分掌握使用部门的需求状况。另外，其他如由各相关部门代表组成的产品委员会联合采购、长期合约以及期货交易也都是可以交互使用的。

③利用价值分析。利用价值分析也是降低成本的重要方法之一。它是将产品设计简单化，从而降低生产成本，并使用替代性材料和相应的生产程序的方法。另外，采用提供较佳付款条件的供应商，采购二手机器设备，选择具有价格优势的运输公司或考虑改变运输方式等也可达到降低成本的目的。

任何可以节省费用的手段都是采购部门值得考虑的，但必须是合情、合理，同时也是合法的，而且还应有利于维护与供应商的伙伴关系。至于上述何种方法应该优先采用，何种方法更好，则需要采购人员运用自己的专业技能和工作经验加以综合判断和灵活运用。

任务 4　采购战略的确立

企业之间竞争的日趋激烈，不仅体现在参与竞争的企业越来越多，更重要的是竞争的程度越来越深。在这一背景下，企业该如何根据自身特点制定采购战略规划，适时、有效地开展采购工作，已成为企业谋求长远发展的重大课题。

1. 采购战略规划含义

所谓采购战略，是企业在现代采购理念的指导下，根据其战略采购规划，运用现代管理技术，分析并整合企业的内外部资源，求得企业的资源需求与市场变化的平衡，通过强化供应链建设和供应商管理，完善基础设施平台和信息平台，不断压缩采购周期，开发具有竞争能力的、成本较低的，向客户提供增值服务的物流系统，以满足客户要求。

小贴士

战略一般分为三个层次：企业总体战略、经营（事业部）战略和职能战略。采购战略属于职能战略，它为企业总体战略目标的实现提供支持和保障。

采购战略规划是指采购部门为了实现企业的整体战略目标，在充分分析企业所处的外部宏观环境和供应商所处的行业环境以及企业内部微观环境的基础上，确定采购管理目标，制定采购战略并组织实施的一个动态管理过程。

对这一概念需强调两点：一是采购战略是全过程管理，不仅涉及战略的制定与规划，而且要对战略实施过程进行有效管理；二是采购战略的实质是变革，因此它不是静态的、一次性管理，而是根据外部环境的变化和内部条件的改变，不断进行创新的动态管理过程。

2. 采购战略规划的制定过程

企业采购战略制定是一个基于构建采购管理理念，确定采购目标，选择采购策略，最终形成采购战略规划的过程。

（1）制定采购战略的前提。作为企业，只有在了解外部市场环境和内部发展需求的前提下，才能够制定准确的战略。也只有在这个前提下，提高采购的战略管理水平才有意义。制定采购战略的三个前提：

①分清企业处于买方市场还是卖方市场。市场性质的问题是很多采购问题发生的真正原因。在不同的市场环境下，供应商所承诺的价格和服务都是不一样的。在买方市场的条件下，买主倾向于多家采购以获得更优惠的承诺；在卖方市场的条件下，买主则倾向于一家采购以获得规模优势。但买方市场和卖方市场不是绝对的，不仅大环境会变，在一个特定的地域或一个更细分的市场内，小环境也会变。所以采购经理要应特别注意这方面的分析和把握。

②知道什么是对企业至关重要的战略资源。在任何企业，都存在一些对业务至关重要的物料品种，可能一般只占总品种数目的 10%左右，但占采购总成本的 70%以上，如彩电企业的显像管和液晶屏、钢铁企业的铁矿石、制药业的原料药等。在这些采购品上需要花费与其成本量相匹配的精力。

③采购系统与其他部门之间要存在有效的工作接口。这些部门包括财务、生产、技术、研发和销售等。

采购—财务界面的接口一般只体现在付款程序上，而财务的其他职能，如资金的管理、使用和预测在很多企业的采购系统中却没有得到充分的发挥。

国内企业的物料采购信息一般都来自于生产部门，两个部门因立场不同而似乎总是一对冤家。在优秀的跨国公司，物料采购信息是直接来自于销售部门的销售预测。

采购与技术的关系主要体现在质量领域，合作原则应当是采购必须尊重技术对于质量标准的制定权和质量事故的裁决权。

采购与研发的关系主要体现在物流领域，主要涉及包装、器具和运输设施的标准化及方便性等方面。

（2）确立采购管理理念。理念即企业的经营哲学，指企业为其经营活动方式所确立的价值、信念和行为准则。采购管理理念是企业为采购管理工作确立的价值观。一般用一句或若干句话，简洁明了地概括表达采购工作的地位或希望达到的境界等，主要体现在以下三个层面上：

①供应管理的基本立足点——存在的意义。

②组织运作的基本方针——行动的方式。

③采购管理所提供的价值——具备独特的能力。

（3）树立采购战略目标。采购战略目标是采购管理部门的经营管理活动在一定时期内要达到的具体指标，含采购目的、衡量实现采购目的的具体指标、应该实现的采购指标、实现采购目标的时间表四个方面。

企业战略目标是一个体系，采购目标只是其中的一环，所以必须与总体战略协调，同时，还要进一步分为长期目标和具体目标。通常，长期目标主要突出企业采购管理的战略重点和方向性问题，例如开发并优化供应网络体系、以最低的成本采购保质保量的物品、加强供应链管理、提高采购的柔性和建立并保持高水平的采购队伍等。

在现代企业管理方法体系中，标杆法得到越来越多的应用。标杆法又称基准管理，就是将那些出类拔萃的企业作为企业的测定基准或标杆。以它们为学习的对象，迎头赶上，进而超过之。在确定采购战略目标时，可以采取标杆法。通过标杆实施过程，帮助企业辨别最优秀企业及其优秀的管理功能，并将之吸收到企业的采购战略规划中，以此改进采购工作绩效。

采购管理人员通过与优秀企业的比较，找出本企业采购管理中深层次的问题和矛盾，发现过去没有意识到的采购技术或管理上的突破，发挥出更大的创造性，推动采购管理迈上一个新的台阶。世界级企业的采购供应实践活动为我们提供了一系列的管理范式，我们应向这些世界级企业看齐，逐步缩小与他们的差距，制定出较高水准且切实可行的采购战略目标。如表2-5所示，简单地对一般企业和世界级企业做了一些采购战略目标上的比较。

表2-5　一般企业和世界级企业采购战略目标比较

项目	一般企业	世界级企业
每个采购商的供应商数目	34	5
采购成本占采购的百分比（%）	3.3	0.8
采购的交货时间（周）	15	8
订货所花的时间（分钟）	42	15
送货延误的比例（%）	33	2
废弃材料的比例（%）	1.5	0.0001
每年短缺的数目	400	4

（4）制定采购战略策略。企业为实现采购战略目标需制定相应的采购策略，包括采购物品战略定位、自制与外购决策、供应商发展战略、采购成本战略、采购人员发展战略等。在采购战略的制定过程中，以下问题需要采购部门主动去解决：

①采购成本模型和物料结构的优化。

②供应商的选择和管理。

③新物流技术在企业的应用。

④政治环境和商业环境对采购的影响。

⑤跨国采购中的货币和关税的风险管理。

⑥供应链的价值分析（成本、质量、效率和服务的平衡）。

⑦电子商务在供应链管理中的应用。

⑧避免物流活动中的环境污染。

（5）执行采购战略方案。最后所制定的采购策略还要转换成行动计划，即执行方案。该方案一般采取列表的方式，包括工作内容及目标、量化指标、时间进度安排和行动负责人等。

一个完整的采购战略规划体系从理念、目标、策略、方案自上而下，从定性到定量，从抽象到具体。采购管理理论是规划的起点，而执行方案是规划的最终具体落实。采购战略规划体系分为理念、目标、策略、方案四个层次，如图 2-1 所示。

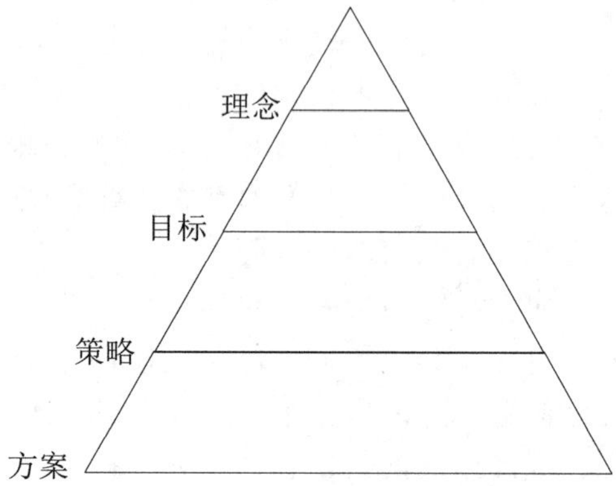

图 2-1　采购战略规划体系

（6）评价采购战略规划方案。从企业的业务环境入手，通过采购数据的整理和分析，找出问题点，结合已经具有高度先进性的优秀企业实践和每个企业独有的内部环境，提出改进建议，然后根据改进项目的优先级、实施的难易程度及项目的效益分析，最终确定采购管理变革的实施建议和进程。

项目二　采购策略的选择

任务 1　集中采购与分散采购

在企业内部，依据采购权限的不同可以将采购分为集中采购与分散采购，这是各家企业从自身的资源、制度和环境角度出发，据管理宽度、成本、效率、组织状况及采购数量所做出的采购方式策略。表 2-6 对比了两种策略的内涵、意义、特点、适用条件、适用范围等。

表 2-6　集中采购与分散采购的对比

标准	集中采购	分散采购
内涵	在核心管理层建立专门采购机构，统一组织企业所需物品的采购进货业务	企业下属各单位实施的满足自身生产经营需要的采购
意义	实现规模效益、降低成本、获取主动权；提高采购效率；稳定与供应商的关系；制止腐败	是集中采购的完善和补充，有利于采购环节与存货、供料等的协调配合；有利于增强责任心；下属部门的工作更有弹性
特点	批量大、过程长、手续多；集中度高，决策层次高；支付条件宽松，优惠条件增多；专业性强，责任大	批量小或单件价值低；过程短、手续简；反馈快，方便灵活；占用资金和库存小，保管方便

续表

标准	集中采购	分散采购
适用条件	价值高或总价多的物品；关键零部件、原材料或其他战略资源，保密程度高，产权约束多的物品；定期采购的物品，而非临时性、急需性的物品	小批量、低价值的物品；分散采购优于集中采购的物品；市场资源有保证、易于传达，较少物流费用；基层有采购与检测能力
适用范围	集团、跨国公司的采购活动；连锁经营、特许经营企业的采购	子公司、分厂、车间；离主厂区或集团供应基地较远，且采购成本低于集中采购的；异国异地的采购；研制期、试验期的少量采购

任务 2　重点采购与一般采购

企业所需采购的物品很多，对于大中型企业来说，可能有成千上万物品。若采取相同的方法来管理，就要考虑最复杂和最困难的情况，从而采取最繁杂的管理方法，进而加大了采购环节的管理成本。为了保证生产经营活动的顺利进行又要尽可能降低采购成本，应依据物品在企业中的重要性和对供应商的依赖性进行战略定位，其分类模型如图 2-2 所示。

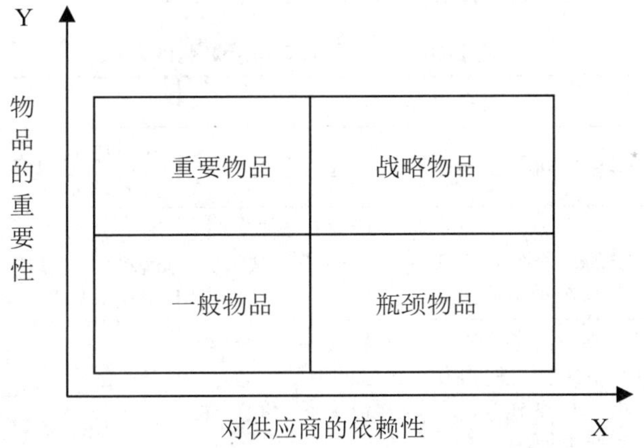

图 2-2　采购物品的定位模型

从图 2-2 中可看到，各种物品根据其重要性和依赖性的高低分成四类：战略物品、重要物品、一般物品和瓶颈物品。第一象限是低风险、复杂、高价值的物资，我们定义它是重要物品，这类物品需要扩大寻源范围，通过招标降低采购成本；第二象限物品是高风险、复杂、高价值的，我们将其定义为战略物品，这类物资需要和少数关键供应商结成战略性合作关系，实现采购的优化；第三象限是高风险、复杂且低价值的物品，我们称其为瓶颈物品，对于瓶颈类物品有两种解决办法，一是不断开发新的供应商，二是修改自己的需求，将这类瓶颈物品转化为其他物品；第四象限是低风险、简单且低价值的一般物品，可以通过标准化和自动化的采购流程简化采购过程，降低采购成本。在以上四类物品中，战略物品是企业采购战略的重点。这四类物品的特点以及供应策略如表 2-7 所示。

表 2-7 各类物品的特点及供应策略

项目	战略物品	重要物品	一般物品	瓶颈物品
物品特点	价值高、质量要求高	价值较高、数量多	价值低、数量较多	价值较低、数量少
物品类型	主机、部件	原材料	零件、办公用品	辅料、配件
采购战略	一体化、联盟	长期合作伙伴	一般交易关系	一般交易关系
管理特点	供应链管理	目标价格管理	管理成本最小化	替代、备用方案
供应商数目	少	较多	很多	极少
采购方式	远期合同	集中竞价	网上采购、间接采购	远期合同
库存水平	中等或零库存	较低	低或零库存	较高

任务 3 直接采购与间接采购

依据采购主体完成采购任务的途径来划分，采购策略可以分为直接采购与间接采购，不同策略便于企业正确把握采购行为，寻找更有利和更便捷的采购方式，使企业自始至终掌握竞争的主动权。表 2-8 对比了两种策略的内涵、优点、适用条件、适用范围和注意事项。

表 2-8 直接采购与间接采购的对比

标准	直接采购	间接采购
内涵	采购主体直接向物品制造厂家采购的方式	通过中间商实施采购的方式，包括委托流通企业采购
优点	环节少，时间短，手续简便，信息反馈快；易于双方交流、合作；便于对供应商资信认证；易于形成战略伙伴关系	充分发挥工商企业各自的核心能力；减少流动资金占用；分散采购风险；减少交易费用和时间，从而降低成本
适用条件	采购量足够大；在没有制度限制及各种特权影响的情况下实施；采购方有相应的采购、储运、渠道、机构与设施等；采购方费用低于间接采购费用情况下使用	有可以信任、合作的流通企业完成采购任务；直接采购费用和时间大于间接采购情况下使用
适用范围	一般限于国内采购；生产性原材料、零配件及其他辅料、低值易耗品的采购	适合于核心业务规模大、盈利水平高的企业；采购企业规模小，缺乏采购能力、资格和渠道进行直接采购；没有符合采购要求部门、人员和仓储设施的企业
注意事项	做好采购前准备工作；搞好计划与决策；正确签约与控制交易主动权；把好验收关	间接采购是通过第三方实现物品交易的方式

任务 4 现货采购与远期合同采购

依据生产企业或其他经济组织对物品的交割时间来划分，可以有现货采购策略和远期合同采购，运用此类策略，在其他方式的支持与合作下完成企业对外部资源的采购。表 2-9 对比了两种策略的内涵、意义、特点、适用条件、适用范围、注意事项等。

表 2-9 现货采购与远期合同采购的对比

标准	现货采购	远期合同采购
内涵	买卖双方协商后，即时交割的采购方式，是最为传统的采购方式	供需双方为实现物品均衡供应而签订的远期合同采购方式。它通过合同规定，实现物品的供应和资金的结算，并通过法律和供需双方信誉与能力来保证约定交割的实现
意义	银货两清，易于管理，适应市场行情的变动	稳定供需关系；质量与数量有保证；易形成战略伙伴关系
特点	即时交割；责任明确；灵活、方便、手续简单，易管理；无信誉风险；对市场依赖性大	时效长；价格稳定；交易成本及物流成本相对低；过程透明，易把握和管理；可采取现代采购方法和其他采购方法来支持
适用条件	企业所需资源或物品充足并能及时送达；需方有充足的现金用于支付货款；现货质量有保证，且采购人员有识货的手段和经验	具有法律保障且经济秩序良好的社会环境；适用大宗或批量采购；供需双方具有交易信誉和能力；具有双方认可的质量标准、验收方法和其他认同的履约条件
适用范围	生产经营临时需要；新品开发或研制需要；设备维护、保养或修理需要；设备更新履行需要；辅料、工具、低值易耗品、通用件、易损品及其他常备资源采购	生产和经营长期的需要，以主料和关键料为主；科研开发与产品进入稳定成长期后；国家战略收购、大宗农副产品收购、国防需要及其储备采购
注意事项	注意验货；搞好市场调查；检查手续完备性	掌握双方资信情况和能力，以免上当；在经济秩序恶化的环境中慎用；注意价格风险和履约能力；条款清晰；技术标准应便于验收，减少分歧；签约人员应具有专业和经济知识

任务 5 招标采购

1. 招标采购概述

（1）概念。招标采购是一种使用越来越广泛的采购方法，已经受到人们越来越多的关注。为此介绍关于招标采购的一些基本做法。所谓标，就是标书，就是任务计划书、任务目标。招标是采购的一种特殊形式，指在一定范围内公开货物、工程或服务采购的条件和要求，邀请众多投标人参加投标，并按照规定程序从中选择交易对象的一种市场交易行为。

（2）招标采购的特点。招标采购是在众多供应商中选择最佳供应商的有效方法。它有很多优越性：

体现公开、公正和公平。它的操作过程全部公开，接受公众的监督，防止暗箱操作。这样做使所有投标者放心，不必走歪门邪道、费心费力用于探听信息，只需专心致志搞好投标业务，提高了投标质量。同时信息公开，也可以防止徇私舞弊、行贿受贿和腐败违法行为，维护了公平和公正，保证了整个招标活动的正常进行。

体现竞争。招标活动是若干投标人的一个公开竞标的过程，是一场实力大比拼。利用竞争机制，才能调动众人的积极性和智慧，造成一种力争上游的局面，使投标活动生气勃勃，提高投标的水平和质量。

体现优化。由于投标竞争比较激烈，众多的投标者通过竞争最后只能有一个中标者，平等竞争、方案优越者才能取胜。所以，每个投标者必然会调动全部的智慧、竭尽全力制定和提供最优的方案参与竞争。所以可以说每个投标者提供的方案都是各自的最优方案。而评标小组又在这些方案的基础上，进一步分析比较选出更优的方案，因此，这就保证了最后的中标方案是在集中了众多投资者集体智慧的基础上所形成的最优方案。

（3）招标采购的适用情况。招标采购一般是一项比较庞大的活动，牵涉面广、费时间、费精力、成本高。因此并不是什么情况都要用招标采购的方法。即使采用，也不应频繁使用，一般只适宜于比较重大的项目中，或者影响比较深远的项目中。例如以下情况：寻找比较长时期供应物资的供应商、寻找一次比较大批量的物资供应商、寻找一项比较大的建设工程的工程建设和物资采购供应商等。对于小批量物资采购或者比较小的建设工程，一般较少采用招标方式，因为这样做成本太高，不合算。

2. 招标投标的方式

（1）公开招标。公开招标，又叫竞争性招标，指由招标人在国家指定的报刊、信息网络或其他媒体上发布招标公告，邀请不特定的企业单位参加投标竞争，招标人从中选择中标单位的招标方式。

按照竞争程度，公开招标又可分为国际竞争性招标和国内竞争性招标。

国际竞争性招标是指在世界范围内进行招标，国内外合格的投标商都可以投标。它要求制作完整的英文标书，在国际上通过各种宣传媒介刊登招标公告。

国内竞争性招标是指在国内进行招标，利用本国语言编写标书，在国内的媒体上刊登广告，公开出售标书，公开开标。

（2）邀请招标。邀请招标也称有限竞争性招标或选择性招标，指由招标单位选择一定数目的企业，向其发出投标邀请书，邀请他们参加投标竞争。一般选择 3～10 个企业参加较为适宜。由于被邀请参加投标的竞争者有限，可以节约招标费用，缩短招标有效期，提高每个投标者的中标机会。

3. 招标采购的基本过程

招标可以分成两种方式：公开招标和邀请招标。公开招标，是指招标人以招标公告的方式邀请不特定的投标者。邀请招标，是指招标人以投标邀请书的方式邀请特定的投标者。二者除邀请方式不同以外，其他步骤都大体相同。

招标采购是一个复杂的系统工程，它涉及各个方面各个环节。一个完整的招标采购过程，基本上可以分为七个阶段：

第一阶段：策划。招标活动，是一次涉及范围很大的大型活动。因此，开展一次招标活动，需要进行很认真的周密策划，招标策划主要应当做以下的工作：①明确招标的内容和目标。②对招标书的标底进行仔细研究确定。③对招标的方案、操作步骤、时间进度等进行研究决定。④对评标方法和评标小组进行讨论研究。⑤把以上讨论形成的方案计划形成文件，交由企业领导层讨论决定。

第二阶段：招标。在招标方案得到公司的同意和支持以后，就要进入实际操作阶段。招标的第一个阶段就是招标阶段。招标阶段的工作主要有：①形成招标书。②对招标书的标底进行仔细研究确定。③招标书发送。

第三阶段：投标。投标人在收到招标书以后，如果愿意投标，就要进入投标程序。其中投标书、投标报价需要经过特别认真的研究、详细地论证完成，投标文件要在规定的时间准备好，一份正本、若干份副本，并且分别封装签章，信封上分别注明“正本”“副本”字样，寄到招标单位。

第四阶段：开标。开标是采购机构在预先规定的时间和地点将投标人的投标文件正式启封揭晓的行为。开标由招标人组织，邀请所有投标人参加。开标时，由投标人或者其推选的代表检查投标文件密封情况，经确认无误后，由工作人员当众拆封，宣读投标人名称、投标价格和投标文件的其他主要内容。开标结束后，由开标组织者编写一份开标纪要，并存档备查。

第五阶段：评标。全体评标人员进行分析评比，最后投票或打分选出中标人。

第六阶段：定标。在全体评标人员投票或打分选出中标人员以后，交给投标方，通知中标方。同时对于没有中标者也要明确通知他们，并表示感谢。

第七阶段：签订合同。签订合同指由招标人将合同授予中标人并由双方签署的行为。在这一阶段双方对标书中的内容进行确认，并依据标书签订正式合同。为保证合同履行，签订合同后，中标的供应商向采购方提交一定形式的担保书或保证金。

4. 招标文件

招标文件是整个招标投标活动的核心文件，是招标方全部活动的依据，也是招标方的智慧与知识的载体。因此，形成一个高水平的招标文件，是搞好招标采购的关键。招标采购企业首先应该认真形成一个高水平的招标文件。

招标文件并没有一个完全严格不变的格式，招标企业可以根据具体情况灵活地组织招标文件的结构。但是一般情况下一个完整的招标文件应当起码有以下五个基本部分组成：

（1）招标邀请书。招标邀请书，有的简称为招标书，其核心内容就是向未定的投标方说明招标的项目名称和简要内容，发出投标邀请，并且说明招标书编号、投标截止时间、投标地点、联系电话、传真、电子邮件地址等。招标投标书应当简短、明确，让读者一目了然，并得到了基本信息。

（2）招标目标任务说明。这一部分应当详细说明招标的目标任务。如果目标任务是单纯的物资采购任务，那么这里就应当需要采购物资的一览表，以及供应商所应当承担的服务项目要求和所提供的物资要求等。

（3）投标须知。投标须知的主要内容是招标投标的一些基本规则、做法标准等。这些东西基本上都可以从招标投标法中找到依据（不可以与招标投标法相抵触）。但是可以根据自己的具体情况具体化、实用化，把它一条条列出来提供给投标方，作为与投标方的一种约定做法。

（4）购销合同。有的招标文件把一部分又叫作商务条款。基本内容就是购销合同、任务内容明细组成、描述方式、货币价格条款、支付方式、运输方式、运费、税费处理等商务内容的约定和说明。

（5）投标文件格式。有的招标文件把一部分叫作“附件”。这一部分很重要，就是要告诉投标者，他们将来的投标文件应该包括一些什么文件，每种文件的格式应当如何。

5. 投标文件

投标文件是投标者投标的全部依据，也是招标者招标所希望获得的成果，是投标者智慧与技术的载体。投标者应当集中集体的智慧，认真准备一份高水平的投标文件参加投标。

投标文件主要是根据招标文件要求提供的内容和格式进行准备。一般应当包括以下基本组成部分：

（1）投标书。投标书是投标者对于招标书的回应。招标书的基本内容，是以投标方授权代表的名义写的明确表明参加对招标方招标项目进行投标的意愿、简要说明项目投标的底价和主要条件。除此以外，要对投标文件的组成及附件清单、正本本数、副本本数做出说明，还要声明愿意遵守哪些招标文件给出的约定、规定和义务，最后要有授权代表的签字和职位。

（2）目标任务的详细技术方案。这是投标文件的主体文件。在这份文件中，要针对招标项目提出自己的技术的和经济的指标参数，并且详细说明达到这些技术经济指标的技术方案和技术路线、保障措施等。在这一份文件中，还要对完成自己的方案所需要的成本费用以及需要购置的设备材料等列出详细的清单。如果项目有多个单位多个人完成的话，还要把项目组织的人员、项目分工等列表说明。

（3）投标资格证明文件。这一部分要列出投标方的资格证明文件，包括投标方企业的全称、历史简介和现状说明，企业的组织结构，企业的营业执照副本复印件、企业组织机构代码证、技术交易许可证等，还要有开户银行名称以及开户银行出具的资格证明书，另外，需要对授权代理人的情况、资格等作说明，并附授权委托证明书。

（4）公司与制造商代理协议和授权书。如果投标方是某些制造商的产品代理，则还要出具和制造商的代理协议复印件以及制造商的委托书，这样做的目的，是为了防止在招标方和投标方将来合作时可能引起的来源于制造商的纠纷。

（5）公司有关技术资料及客户反馈意见。这一部分主要是投标方企业对自己的业务水平、技术能力、市场业绩等提出一些让招标方可信的说明以及证明材料，增加投标方对自己的信任，也是对自己的技术资格的另一种方式的证明。

在这里，可以用实例写出自己令人信服的技术能力、质量保证能力等，列出相关技术资格证书、获奖证书、兼职聘任证书等的复印件。也可以简述几个自己完成的具体实例，说明它们创造的效益，特别是用户的使用证明、主管部门的评价或社会的反应等。并且留下有关证明人的联系电话、地址、邮编等，为招标方证实实际情况提供方便。

以上全部文件构成一份投标文件，封装成一份“正本”，还要根据招标文件的要求的份数分别复印若干份，封装成若干份“副本”。每本封装好后，在封口处签名盖章，交付邮寄。

【相关链接】

招标采购中的灰色行为

在实施招标采购中，串标、围标、陪标、低价抢标、卖标买标、弃标、泄标等不正当竞争领域的“灰色行为”不同程度地存在，直接影响了招投标行业的健康发展，干扰了公平竞争的市场秩序。它们各有不同的表现形式。这种不正当竞争都是通过不正当手段，排挤其他竞争者，以达到使某个利益相关者中标，从而谋取利益的目的。

相关法律不健全，相关部门招标监管不到位，招标程序不规范，一些招标代理机构混乱等都是造成招投标业“灰色行为”屡禁不止的原因。因此，出台更为完善的招投标法规有助于规范我国的招投标市场，各相关招标监督机构如能落实责任，加大对招投标程序以及各级招标代理机构的监督，可以相信招标领域的“灰色行为”一定能得到有效的遏制。

（资料来源：百度百科）

6. 评标体系

（1）评标。评标，是招标方的主权。评标系统是招标方根据自己的利益和客观、公正、公平的原则自主建立的。评标的根本目的，就是选中真正最优的技术方案投标方，为自己带来最大的效益。招标方将根据招标任务的特点组建评标小组（或委员会），评标小组成员5人以上，为表决方便，应取单数。其成员中，要有投标方企业的人员，也要有一定数量的技术、经贸、法律等方面的专家。评标小组根据公正、公平、公开原则对所有投标方的投标文件进行审查、质疑、评估、比较，并把最后的评比结果交给招标方。

（2）评标考核指标体系的确定。确定评标考核指标体系是整个评标的关键，常用的考评指标体系有：投标商品的价格、技术性能、质量水平、交货期、付款条件、售后服务、资信及履约能力、合作精神和其他优惠条件等。根据具体情况可以在其基础上适当增加或减少。

（3）评标方法。评标方法很多，具体评标方法取决于采购企业采购对象的要求，货物采购常用的评标方法分为：

①最低评标方法。在采购技术规格简单的商品原材料、半成品，以及其他性能质量相同，容易进行比较的货物，可以把价格作为评标的唯一尺度。以价格为尺度时，不是指最低报价，而是指最低评标价。最低评标价的价格计算为成本和利润。其中，利润为合理利润，成本有其特定的计算方式。如果采购的货物是从国外进口的，报价包括货款、运费的到岸价；如果采购的货物是国内生产的，报价应以出厂价为基础。

出厂价应包括为生产、供应货物而从国内外购买的原材料和零配件所支付的费用以及各种税款，但不包括货物售出后所征收的销售性和其他类似税款。如果提供的货物是国内投标商早已从国外进口，现已在境内的，应报仓库交货价户或展示价，该价应包括进口货物时所支付的进口关税，但不包括销售性税款。

②综合评标法。它指以价格加其他因素评价，在采购耐用设备、车辆以及其他重要固定资产时，可采用这种评标方法。这种评标方法除考虑报价因素外，还考虑把其他因素加以量化，用货币折成价格，与报价一起计算，然后按照标价高低排列。

除报价外，评标时应考虑的因素一般有内陆运输以及保险费、交货或竣工期、支付条件、购货人在国内获得零部件以及售后服务的可能性、价格调整因素、设备和工厂运转和维护费用、质量和技术性能等。

③以寿命期的成本为依据评标。采购整座工厂、生产线或设备、车辆等，它们在采购后若干年运行期的各项后续费用（零件、油料、燃料、维修等）很大，有时甚至超过采购价。在这种情况下，评标时要考虑后续费用，以产品寿命期内的成本作为评标的依据。

其做法是，将采购时的报价和因为其他因素需要调整的价格，加上一定运行期年限的各项费用，再减去一定年限后设备的残值等，然后进行比较，决定各种评标价。在计算以后运转期内的各项费用时，应按照一定的贴现率计算其净现值，再加入到评标价中。

【相关链接】

实施招标采购，降低采购成本

江苏电信公司加强物资采购集中管理，实行重点采购物资由省公司统一招标确定价格，并统一进行货款支付，有效地降低了通信工程的建设成本。通过对交换设备、电缆、光缆等重点项目进行公开招标，使采购价格平均降低了20%，节约资金达1亿元。

江苏省电信公司强化物资采购的集中管理中，制定了通信设备器材采购集中管理暂行办法。按照设备类别、年投资额和对网络“三性”的影响程度，对通信设备器材分别采取省公司统谈统签、统谈分签、确定采购范围委托市分公司集中采购等不同的方式进行。由于实行了采购集中管理，在统谈中获得了有利的谈判条件，既坚持了同种设备全省同价，规范了厂商在全省各地的报价，也坚持了开放技术、开放市场，形成了竞争，有效降低了工程建设成本。

单元小结

现代企业的生产经营活动日益受到环境的作用和影响，采购管理活动也不例外，既受到外部宏观环境和供应市场的制约，也受到企业内部各部门间协调配合程度的影响，受到采购价格和成本的影响，所以，企业要制定采购战略规划，作出采购策略的选择，企业采购战略制定是一个基于构建采购管理理念，确定采购目标，选择采购策略，最终形成采购战略规划的过程。

案例讨论

某电气集团的汽轮机厂

随着全球经济一体化的加强，国际生产节奏明显加快，生产物资需求巨大。对于尤为火爆的电力行业而言，物资市场则出现资源紧张、原材料价格持续上涨现象，该行业厂家纷纷抢占资源，而该行业生产所必须的铸锻件的采购工作更是面临空前压力。

在这种严峻的市场形势下，怎样有效保证大型铸锻件的及时供应成为某某汽轮机物资采购部门工作的主题。为了做好该项工作，汽轮机厂物资采购处本着“兵马未动，粮草先行，保供应；质优价廉，突出效益降成本；廉洁自律，树立形象育新人”的物资供应工作方针，采取一切有效措施，持续优化物资采购管理体制和运行机制。其具体采取了哪些采购管理措施？

第一，将采购计划管理和供应商管理密切结合。为保证采购计划的顺利进行，该公司致力于与其主力供应商建立长期友好的战略合作伙伴关系，保持与供应商高层次的密切沟通。

第二，加强计划采购管理。他们以生产计划为龙头，严密采购作业计划，密切关注2006年出产项目毛坯准备计划，并在最短的时间内根据生产计划的调整情况做出相应的采购计划和预算的调整。对2006年毛坯准备周期拟定为比机组出产期提前9个月左右，以尽可能避免因交货拖后给生产造成的影响，最大限度地满足该厂计划调整的要求。

第三，加强采购计划的监督实施。对已经签订的采购合同资源保持密切的跟踪和催交，缩短库存周期，减少库存占用，保证资源及时进入生产现场。

第四，加强协调与配合。该厂物资采购处与生产、计划、技术、材料、工艺和用料单位多次召开物资需求协调会议和产品外购配套件成套入库工作协调会，以加强沟通和信息的及时传递，明确成套入库职能、目标和任务，及时开展了一些项目的成套入库工作。

此外，在外部物资资源紧缺、价格上涨及内部生产进程加快，物资需求大和采购周期短等双重压力下，采购处严格坚持对大宗物资的招标比价采购工作，认真执行工厂物资采购的程序制度，通过对供应商进行深入细致的调查摸底和对兄弟单位的走访，继续探索和完善对铸锻件等大件物资的招标采购方法。

加快物流速度，不断地在增收节支、替代利用和提高钢材利用率等方面开展降本增效活动。仅当年3月份就节约钢材193吨，节约金额58万元；招标比价采购降低成本706万元。

（资料来源：中国物流与采购网）

讨论题：

1．本案例中汽轮机采购处根据市场竞争状况，如何制定的采购计划？

2．加强采购管理的意义是什么？

联想的采购战略

联想是一家全球PC领导企业，新联想是一家极富创新性的国际化的科技公司，由联想及原IBM个人电脑事业部组成。作为全球个人电脑市场的领导企业，联想从事开发、制造并销售最可靠的、安全易用的技术产品及优质专业的服务，帮助全球客户和合作伙伴取得成功。联想成功的基础是让客户实现他们的目标：工作高效、生活丰富多彩。

1994年，联想在香港证券交易所成功上市。4年后，联想生产了自有品牌的一百万台个人电脑。2003年，联想将其英文标识从“Legend”更换为“Lenovo”，其中“Le”取自原标识“Legend”，代表着秉承其一贯传统，新增加的“novo”取自拉丁词“新”，代表着联想的核心是创新精神。2004年，联想公司正式从“Legend”更名为“Lenovo”。

在供应商和采购的策略方面，联想根据采购金额和物料的风险确定了四大类策略：战略型、杠杆型、关键型和策略型。针对不同类型的供应商和物料，它采取不同的策略，从而达到采购资源的最优化。在采购策略上，联想希望和供应商之间采取双赢的策略。一方面，采取非常紧密合作的战略；另一方面，引入优胜劣汰的机制，并采取一体化的运作体系。联想是把采购、生产、分销以及物流整合成统一的系统。在公司里，从战略层、执行层执行统一的策略和进行统一的协调。

从联想的供应链来看，有300多家的供应商和5000多家客户要管理。联想有北京、上海和惠阳3个工厂。目前，生产的主要产品除了台式电脑、笔记本、服务器之外，还有MP3等数码产品，联想的供应链是一个非常复杂的供应链体系。

联想的物料主要分为国际采购的物料和国内采购的物料。国际采购的物料基本上都是通过香港，然后分别转到国内的惠阳、上海和北京。国内采购的物料会直接发到各个工厂，然后由各个工厂制作成产品，最后发到代理商和最终的用户手中。通过接收链和交货链很好地协同，来应对供应的变化和满足客户的需求。

在运作模式上，联想目前并不是一个完全按订单生产的企业。联想目前主要的客户60%～70%来自个人和中小型企业。以前，它是以库存驱动模式满足客户需求，这种模式不能很好地满足客户的需求。现在，根据客户的需求来管理整个供应链，协调采购、生产和销售。联想的运作模式是采取安全库存加上按订单生产的方式。它会有1～2天的成品安全库存，而更多的是根据用户的订单来快速地满足客户和市场的需求。

在采购组织上，联想的采购本部在北京。另外，在上海、香港、深圳和台北等供应商比较集中的地方也建立了相应的采购平台，从而加强对供应商的监控。

（资料来源：http://www.chinabuy.ws/read.asp?id=33522）

讨论题：

1．试分析联想集团如何进行的采购战略制定。

2．联想集团如何实行的四大采购策略？

技能训练

一、填空题

1．采购环境分析的内容包括__________、__________、__________三方面的分析。

2．__________是影响价格最根本、最直接的因素。

3．企业对产品营销价格的确定方法主要有__________导向定价法、__________导向定价法和__________导向定价法。

4．降低采购成本的方法有__________、__________、__________。

5．在企业内部，依据采购权限的不同可以将采购分为__________采购与__________采购。

6．依据采购主体完成采购任务的途径来划分，采购策略可以分为__________采购与__________采购。

7．__________是整个招标投标活动的核心文件，是招标方全部活动的依据，也是招标方的智慧与知识的载体。

8．一个完整的招标文件应当由__________、__________、__________、__________以及__________五个基本部分构成。

二、简答题

1．试述采购环境分析的内容。

2．试述采购价格的影响因素。

3．试述控制和降低采购成本的主要途径。

4．招标采购有哪些实施程序？

5．招标书一般包括哪些基本内容？

三、实训

招标采购

▲情景设置

1．某学校通过招标采购的方式向社会公开招标购买一批办公台式电脑。

2．由学生分小组扮演角色：

（1）招标方——学校；

（2）投标方（例如：戴尔、方正、清华同方、神州、IBM、HP、TCL 等）；

（3）评标小组。

▲操作要求：

1．熟悉理论知识。

2．小组分工，查找资料，形成文件，即

招标方——招标书；

投标方——投标书；

评标组——评标标准。

3．课堂模拟，现场开标、评标、宣布中标结果。

单元三　采购的实施

本章导读

通过本单元的学习，学生应能够掌握采购质量管理的依据与标准，掌握采购质量管理的实施办法与提高的途径，理解并能熟练核算采购数量，制定采购预算。了解如何制定科学合理的采购程序，加强采购绩效评估来进一步分析采购管理的内容。

知识点

（1）商品质量管理内涵。
（2）提高采购商品质量的途径。
（3）采购数量的核算。
（4）采购预算的制定。
（5）采购的程序。
（6）采购绩效评估与考核。

技能点

（1）初步具备采购质量管理的实施与控制能力。
（2）能通过采购数量的核算制定采购订单，提升采购预算的准确性。
（3）通过采购绩效评估指标，解决采购考核的问题。

项目一　采购的质量管理

在经济全球一体化和市场竞争日趋激烈的严峻形势下，产品质量竞争已经成为企业之间竞争的重要因素。如果企业不加强质量控制，建立完善的质量管理体系，在市场竞争中就有被淘汰的危险。

除此之外，实现有效的采购管理还有利于减少采购成本的风险。采购质量风险不论源于供应商，还是源于采购企业内部，都可以通过有效的采购质量管理加以控制，以期规避采购成本风险，或将之危害降到最低。

任务 1　采购质量管理的含义

过去相当长的时间里，人们对质量的研究多是狭义的。但是，随着社会的发展，商品的丰富，人们的消费需求呈现多样化趋势，商品的社会质量方面的因素越来越被重视，因此，研究广义的商品质量更具有现实意义。明确采购质量的含义就可以抓住采购质量的本质，为企业更有效地开展采购质量管理打下坚实基础。

1. 商品质量的含义

商品质量的定义可分为广义和狭义两种：

狭义的商品质量是特定使用目的所要求的商品各种特性的总和，即商品的自然属性的综合。

广义的商品质量是商品能适合一定用途要求，满足社会一定需要的各种属性的综合，即商品的符合性和社会适用性相结合。

广义的商品质量概念特点如下：

①质量的基础是商品具有能够满足规定或潜在需要的各种质量特性。

②质量是动态的。

③商品质量是客观的。

④商品质量的评价具有主观性。

2. 商品质量的构成

（1）商品的自然质量。商品的自然质量是商品的各种物质属性的综合，包括商品的实用特性、寿命、可靠性、安全性与卫生性等。例如：电饭煲的材质、容积、电压、额定功率、功能等。

（2）商品的感观质量。商品的感观质量是人们利用感觉器官对商品的色彩、质地、音色、新鲜度等所做出的直观测定。

（3）商品的社会性质量。商品的社会性质量是指商品从生产、流通直到消费及废弃阶段，满足全社会利益所必需的特性，它反映了商品使用价值对社会和社会环境的依赖与适应。如不污染自然环境，节约有限的能源及其他资源等。

（4）商品质量特性。商品的质量特性是指满足人们某种需要所具备的客观要求、属性和特征的总和；能够反映消费者对商品的明确或潜在的要求。而且还要把商品质量特征转化为技术经济语言或衡量尺度，以便实现对商品质量的有效管理和监督。

（5）商品质量指标。根据不同的实用要求和实用目的，商品质量特性通常用各种数量指标来表示，这些数量指标称为质量指标。由于商品的复杂性和多样性，商品质量指标很多，在实践中主要有以下几方面：可靠性指标、卫生安全性指标、工艺性指标、用途指标、结构合理性指标、经济性指标、使用寿命指标、生态环境指标、美观指标等。

任务2 采购商品质量管理的依据

1. 采购商品质量管理的技术标准

技术标准是衡量、评定产品质量的技术依据，是采购主体和采购人员可以获得的直接信息。技术标准可以分为国际标准、国家标准、行业标准和企业标准。

2. 采购商品质量管理的市场标准

商品最终是为满足消费者需求为制造目的的。能否满足采购企业的生产、销售需求是商品采购管理的首要、根本依据和标准。质量不是越高越好。否则单纯追求高质量，不但会提高采购成本还会造成不必要的资源浪费。

3. 采购商品质量管理中的质量认证

质量认证是根据相应标准和有关技术规范对企业的某一产品或服务进行试验或检查，如果该产品符合这些标准或技术规范，则发给该企业有关产品的认证合格证书，允许该产品出厂时使用合格标志，以证明该产品或服务符合相应的标准或技术规范的活动。

任务 3 采购商品质量管理的实施

采购商品管理的首要任务就是在决定采购商品品种前，对预购的产品或商品的质量进行检验，根据检验结果寻找到符合标准的产品或商品。对采购商品检验，先核对品名、规格、型号、等级、交货批数，查看包装标志，检查包装是否安全、完好，然后根据质量标准所规定的要求，对照测量报告，进行验收检验。

1. 工厂直接购进的商品检验方式

①工厂签证，商业免检。工厂生产出的商品，经过工厂检验部门检验签证后，商业部门可以直接收货，免去检验程序。这种情况适用于产品质量稳定，生产技术条件比较好、工厂检验设备比较齐全以及管理制度较健全的企业。

②商业监检。商业部门的检验人员对工厂的半成品、成品，甚至包括原材料等，在生产工艺全过程中进行监督检验，一直到成品包装、装箱后，才算完成监检任务。然后，商业部门可按工厂检验签证验收。此目的在于保证消费者对产品质量的要求。某些高档商品、有关人身安全和健康的商品，检验人员必须下厂监督检验，以确保商品质量，特别对出口商品，要求更要严格。

③工厂签证交货，商业定期抽验。质量较稳定的产品，工厂签证后便可交货，商业部门为确保质量，可定期或不定期地抽查产品质量。

④商业批验。这种检验对工厂的每批产品都要检验，合格者由商业部门收购。这种方法主要是对产品不稳定，检验设备、技术条件不健全的工厂的产品采用的。

⑤行业会检。行业会检又称联检。同行业中，对于多个厂家生产的同一种产品，工商联合举办行业会检，由双方联合组成的质量检查评比小组，定期或不定期地对同行业的产品，按质量标准要求进行全面评定。

⑥报检。生产部门主动向商业部门提出要求检验，商业部门可及时进行检验，这是决定是否要货的一种方式。

⑦库存商品的检验。对储存期间的商品实行定期检验，以防止由于质量的变化而影响商品的使用效能。

2. 进出口商品检验

随着全球经济的一体化，跨国采购成为采购工作中的重要部分。我国进出口商品检验工作由国家质检总局及所属各地质检部门负责统一管理。法定检验的进口商品的收货人应当持合同、发票、装箱单、提单等必要的凭证和相关批准文件，向海关报关地的出入境检验检疫机构报检；法定检验的进口商品未经检验的，不准销售，不准使用。

进口实行验证管理的商品，收货人应当向海关报关地的出入境检验检疫机构申请验证。出入境检验检疫机构按照国家质检总局的规定实施验证。法定检验的进口商品、实行验证管理的进口商品，海关凭出入境检验检疫机构签发的货物通关单办理海关通关手续。

任务 4 提高采购商品质量的途径

如果所采购的原材料的质量有问题，将会直接影响到产成品的质量。因此，要在采购中切实保证采购质量，防患于未然，必须寻求可靠的提高采购质量的途径。

1. 选择合适的供应商

商业企业作为买方，在现代商品质量管理中首要任务是了解供应商的质量政策，选择合适的供应商。作为供货方为确保商品质量，必须提供合格品，并出具必要的合格证明。在某些情况下，卖方是技术上的巨人，把产品销售给没有工程师和实验条件的买主，供应商应责无旁贷地为买方提供技术上的援助。

在业务交往中，供应商应提供控制质量的书面计划及计划已被遵行的证明，并允许买主对供应商的各项活动进行必要的监督。对于买方及时反馈的有关商品质量及相关问题，供应商管理部门应坚持不懈地随时采取纠正性行动。

总之，作为供应商应及时提供有质量保证的商品，且价格合理，能提供优良的服务。作为买方，对于一些较复杂或重要的商品，最好有多种供应源。

2. 正确评审供应商资格

确定合适的供应商之前，必须先进行调查，以判断和核实供应商是否能保证商品质量，如果与其建立供需关系，双方能否在技术、管理、财务等方面互相配合。调查方法一般为函询和访问两种方式。前种方式是给供方函寄一份调查表，查询买主所需了解的情况。后种方式是组成一个由各方代表组成的小组与供应商进行面对面交谈，或到实地参观考察，考察的范围主要是质量控制、工艺制造、质量检验等，甚至包括财务与管理。

调查完后应将结果写成报告，结论力求客观，以判断其经营效率状况。若打算与该供应商签订合同，则需对供应商能否交付满意的产品作出预测。

通过这种调查，可对供应商资格认可与否仅作初步结论，但也有许多不足之处，有一定的局限性，如无法可靠地预测供应商产品的质量性能，故在实际应用中，须结合其他方法，进行综合评定。如果经调查认可了供应商的产品质量，且进货检验数据表明质量水平是可接受的，则该供应商被确定为“合格的供应商”。而一家合格的供应商就是一个已经被批准的具有无限数量产品的供应源。这种认证可以导致减少或取消对供方产品的进货检验。此外，还可对各种产品质量用评分法进行定量化评定。

3. 制定并执行联合质量计划

现代商品不能仅靠进货检验来决定取舍，更重要的是需要供、需双方相互信赖，共同合作，建立良好的关系，以实现商品的使用价值。具体操作中，买、卖双方最终应签订合同，制定详细的联合质量计划。联合质量计划内容主要包括经济、技术和管理三方面。联合经济计划中，重点应着眼于商品的使用价值，并确定最合理的购货总价格。

供、需双方对与质量有关的一系列成本，如货物检验、材料审查、生产误期、额外存货等成本，看法应一致。作为买方，可将上述成本加到购买价格中，但应尽力压缩；作为卖方，也应力求降低有关成本。

4. 做好服务工作，提高服务质量

工商企业的服务工作分为售前服务与售后服务两种。

（1）售前服务。售前服务是向用户提供技术性帮助，如指导用户如何正确使用，组织技术培训等。许多用户都缺乏判断现代产品的工艺优点及质量性能用必需的设备，他们无法解释用技术术语写成的规格和标准，或根据技术规格检验产品。

制造商在产品标记或所附文件中，应提供有关产品的使用说明和注意事项等的详细资料；在有些产品目录和小册子中应对各种型号产品的特征作十分详尽的说明，提供正确使用的方法。

（2）售后服务。内容主要包括：处理用户申诉、供应所需备件、及时排除故障，对一些技术要求复杂的产品，应派专业人员去现场进行设备安装、调试并能及时排除运转中发生的故障，教会用户如何维护、保养等。

随着产品的日趋复杂，服务工作必须及时配套。商业企业有关部门尤其应重视复杂商品的售前技术培训，在产品销售、安装、运行和修理等方面接受制造商的技术帮助和指导，以便能正确指导消费。实践说明，对某些消费品，来自顾客对维修服务的申诉往往超过对所交付的最初产品质量的申诉，这些申诉既包括对缺陷的申诉，也包括对修复时间的申诉。从某种程度上来说，商店可看成是制造部门的一个附加部分，商业企业有关人员必须得到技术上的援助，从根本上提高服务质量。

5. 选择最佳质量成本

20 世纪 60 年代前后，欧美一些国家的企业相继提出了质量成本的概念。由于复杂产品数量增加，对精度、可靠性的要求更高，增加了质量成本；耐用品大幅度增加，结果使现场故障增多，维修量上升，零部件配备件需求增多，从而成本上升。而采购部业绩往往会陷入这样的误区，即以采购价格为主的定位，最终可能导致去买价格最低而不考虑货品的整体质量水平的实际情况。因此不能以牺牲采购商品的质量来降低采购成本。我们知道：成本=价格+返修+保修内维护+行政管理。

例如：MM 公司采购部向 A、B 两个公司寻价某种原材料的报价，A 公司单价为 0.8 元人民币，B 公司为 1.00 元人民币，是否可以决定购买 A 公司的产品为原料呢？

A、B 两公司综合质量成本分析如表 3-1 所示。

表 3-1　综合质量成本分析

项目	A 公司/元	B 公司/元
单价	0.80	1.00
返修	0.20	0.02
保修	0.25	0.00
行政	0.19	0.09
总成本	1.44	1.11

经过以上最佳质量成本分析，不难做出正确的采购选择了降低采购成本可起到提高利润的重要作用。但是如果只注重采购价格，不考虑采购以后的返修、保养、行政管理成本，反而会整体上降低采购质量。提供精确的成本信息才能取得竞争性的价格优势，实现高质量的采购工作。

项目二　采购的数量管理

任务 1　采购数量的核算

1. 决定采购数量的资料基础

（1）生产计划。由销售预测，加上人为的判断，即可确定销售计划或目标。这种销售计划，是表明各种产品在不同时间的预期销售数量；而生产计划即依据销售数量，加上预期的期末存货减去期初存货来拟订。

（2）用料清单。生产计划只列出产品的数量，并无法直接知道某一产品需用哪些物料，以及数量多少，因此必须借助用料清单。用料清单是由研究发展部或产品设计部制成，根据此清单可以精确计算制造某一种产品的用料需求数量，用料清单所列的耗用量（即通称的标准用量）与实际用量相互比较作为用料管制的依据。

（3）存量管制卡。若产品有存货，则生产数量不一定要等于销售数量。同理，若材料有库存数量，则材料采购数量也不一定要等于根据用料清单所计算的材料需用量。因此必须建立物料的存量管制卡，如表 3-2 所示，以表明某一物料目前的库存状况；再依据用料需求数量，并考虑购料的作业时间和安全存量标准，算出正确的采购数量，然后才开具请购单，进行采购活动。

表 3-2　存量管制卡

物料名称		物料编号		存放位置			
物料等级	□A	安全存量		订购点			
	□B	最高存量					
	□C						
日期	入库	出库	结存	日期	入库	出库	结存

2. 采购数量的订购方法

综合前面所述，生产计划、用料清单，以及存量管制卡为决定采购数量的主要依据，因此，本期应购数量为本期生产需用材料数加上本期末预定库存量减去前期已购未入库数量。采购数量只表示某一物料在某时期应予订购的总量，至于某一物料在某时期应如何订购，下面做进一步的说明：

（1）定期订购法。进口的物料以及少数价值很高的国内采购物料，可以选择每季、每月或每周订购一次，这称为定期订购法。这种方法在使用上必须对物料未来的需求数量能做出正确的估计，以避免存货过多，造成资金积压。订购批量计算公式为：

订购批量=订购周期销售量＋备运时间销售量＋保险储备量－现有库存量－已订未交量

=（订购周期天数+平均备运天数）×平均一日需要量＋保险储备量

－现有库存量－已订未交量

（2）定量订购法。对于价格低廉、临时性需求及非直接生产用途的物料，比较适合采用定量订购法，也就是按照订购点来决定采购点。例如复仓制的采购计划，即此类物料首次入库时将其分为两部分，当其中一部分使用完毕时，必须先开出请购单，才准使用所剩余的另一部分物料，采购与使用反复交替进行，此类物料数量的管制，通常由仓储人员负责。

订购点库存量=平均一日销售量×备运天数＋保险储备量

=平均一日销售量×（备运天数＋保险天数）

例题

某生产企业一个月需要消耗某种物料 1350 件，从提出订货到货入库能用的天数为 2 天，保险天数为 3 天，问订购点库存量为多少？

订购点库存量=1350÷30×(2+3)=225（件）

答：订购点库存量为225件。

3. 最适当采购数量的计算

采购量的大小决定生产与销售的顺畅与资金的调度。物料采购量过大造成过高的存货储备成本与资金积压，物料采购量过小，则采购成本提高，因此适当的采购量是非常必要的。

决定最适当的采购数量有以下方法。

（1）经济订购数量法（Economic Ordering Quantity，EOQ）

$$EOQ=\sqrt{\frac{2CD}{K}}=\sqrt{\frac{2CD}{PF}}$$

式中：D——某物品的年需求量；

C——某物品的单位订货成本（元/次）（信息费、谈判费、差旅费、业务手续费、行政管理费等）；

P——单位采购价格（元/件）；

EOQ——每次订货批量（件）；

F——年储存费率（储存物品所占资金的利息、保管费、库内搬运费、仓库管理费、储存物品损耗费）；

K——单位物品年储存费用（元/件·年）

$$K=P\times F$$

（注意：年在这里代表时间单位，也可以用月、周）

例题

1）某企业每年耗用某材料3600千克，单位物品年储存费用2元，一次订货成本25元，问最佳采购数量、每年订货次数、订货周期。

最佳采购数量：$EOQ=\sqrt{\frac{2\times25\times3600}{2}}$=300（千克）

每年订货次数：N=3600/300=12（次）

订货周期：T=365/12=30.4（天）

2）某工厂每年需用物资为1200公斤，物资单价为10元，平均每次订货费用300元，年保管费为20%，问经济定购批量。

经济定购数量：$EOQ=\sqrt{\frac{2\times1200\times300}{10\times20\%}}$=600（公斤）

（2）固定数量法。

①每次发出的数量都相同。

②订购数量是凭过去的经验或直觉来确定的。

③也可能考虑某些设备或产能的限制、模具的寿命、包装或运输方面的限制、储存空间的限制等。

④此法不考虑订购成本和储存成本这两项因素。

如表3-3所示，根据各周的生产计划需求，运用固定数量法作出计划订购数量。

表 3-3　计划订购数量

周	1	2	3	4	5	6	7	8	9	10	11	12	合计
净需求		10	10		14		7	12	30	7	15	5	110
计划订购		40					40		40				120

（3）批对批法。

①发出的订购数量与每一期净需求的数量相同。

②每一期均不留库存数。

③如果订购成本不高，此法最实用。

如表 3-4 所示，根据各周的生产计划需求，运用批对批法作出计划订购数量。

表 3-4　计划订购数量

周	1	2	3	4	5	6	7	8	9	10	11	12	合计
净需求		10	10		14		7	12	30	7	15	5	110
计划订购		10	10		14		7	12	30	7	15	5	110

（4）固定期间法。

①每次订单涵盖的期间固定（每个月的第一周下订单），但是订购数量则变动。

②基于订购成本较高的考虑。

③其间长短的选择，是凭过去的经验或主观来判断。

④采用此法每期会有些剩余存货。

如表 3-5 所示，根据各周的生产计划需求，运用固定期间法作出计划订购数量。

表 3-5　计划订购数量

周	1	2	3	4	5	6	7	8	9	10	11	12	合计
净需求		10	10		14		7	12	30	7	15	5	110
计划订购	25				30				60				115

【相关链接】

宝钢为降低库存而实施的采购管理

近几年来，宝钢股份公司确定了“办世界一流企业，创世界一流水平”，实现全球最具竞争力的钢铁企业的战略目标。在采购供应方面做了大量的实践和创新，取得了很好的经济效益，推进了企业的现代化管理进程。企业的采购供应工作，逐步实现了从经验管理到科学管理，从业务不公开或半公开状态到公开，从成本的被动性控制到有效控制的三个转变。

现代采购理论中有一种观点，即认为库存是万恶之源，应最大限度地降低库存。宝钢的库存管理策略就是实现库存的社会化，对零星物品逐步的超市化。具体操作有：

对于批量大，品种单一，相对稳定使用的物资，实行供应商按生产所需，直接送到用料点。从库存的锯齿形理论来说，是增加频度，减少幅度；

制定最高、最低库存储备定额；

运用经济采购批量（EOQ）管理方法，降低库存量；

加强事先控制，对各种使用信息强化确认，避免“信息放大”而产生库存的积压和浪费。

4. MRP与采购数量

（1）MRP思路的提出。为了解决传统生产及物流过程中的种种问题，人们提出了MRP思路。在20世纪60年代，计算机信息技术逐渐被应用到库存管理领域中，从而标志着制造业的生产管理从此便走进了一个崭新的时代。MRP借助计算机按照产品结构清单展开并计算物料需求计划，实现减少库存、优化库存的管理目标。

MRP系统降低了采购成本，提高采购效率。据统计使用MRP可使采购成本降低5%，通过采购计划法和供应商建立长期稳定的合作关系，大大提高了采购效率。

（2）MRP的程序。根据市场需求预测和客户订单确定主生产计划，主生产计划是MRP系统的主要输入信息。然后对产品进行分解，列出物料清单，按物料独立与相关需求理论对物料清单进行分析，赋予基本零件和原材料不同的需求时间，从而确定物料的采购品种、数量和时间。在这个过程中，要不断地进行信息反馈，适时地做出调整，使整个系统处于动态优化的状态。

任务2　采购预算的制定

1. 预算概述

所谓预算就是一种用数量来表示的计划，是将企业未来一定期间经营决策的目标通过有关数据系统地反映出来，是经营决策的具体化、数量化。传统上编制采购预算是将本期应购数量（订购数量）乘以各该物料的购入单价，或者按照物料需求计划（MRP）的请购数量乘以标准成本，即可获得采购金额（预算），为了使预算对实际的资金调度具有意义，采购预算应以现金基础编制，也就是说，采购预算应以付款的金额来编制，而不以采购的金额来编制。

预算的时间范围要与企业的计划期保持一致，不能过长或过短。长于计划期的预算没有实际意义，徒然浪费人力、财力和物力，而过短的预算则又不能保证计划的顺利执行。

另一方面，为了使预算更具灵活性和适应性以应对意料之外的可能发生的不可控事件，企业在预算过程中应当尽力做到以下几点：采取合理的预算形式；建立趋势模型；用滚动预算的方法，以减少预算的失误以及由此带来的损失。

2. 商品采购预算的编制

企业的预算规划是在战略目标框架之内提出的，在从设置目标到提交预算这一连续的动态过程当中，我们不但要仔细审查影响预算实现的内部不可控因素，还要详细研究外部不可控因素，并进一步识别影响预算实现的关键因素。

（1）商品采购预算编制的要求。

①采取合理的预算形式。如果问一位企业的总经理，利润和现金流哪个更重要，你认为他会怎么回答？每一位明智的决策者都知道，现金流对于企业来说是最重要的，它是企业脉管中流淌的鲜血，时时都有新鲜血液的流动才能使组织充满青春的活力。因此，企业内部各部门所采用的预算形式应把重点放在现金流而不是收入和利润上。当然，最佳的预算形式最终还是取决于组织的具体目标。

②建立趋势模型。预算向我们讲述的是未来，所有的代表期望行为的数字都是估计值，

我们所提供的应是代表收入和支出的最有可能情况的数字预报。为了确保这些数字的最大价值，我们应当建立一个趋势模型，模型的建立可以使我们对组织期望的产出有完善的规划和清晰的文件。模型以直接的数据资料为基础，具有时间敏感性，能够反映服务和产品需求的变化。数学工具的应用将会使我们的报告更加准确，使用这一方法，要求企业内部拥有完备的统计资料，掌握历史数据。

③用滚动预算的方法。企业经营是一个连续不断的过程，只是为了使用方便才在时间上对它们进行了硬性分割。为了能够使预算与实际过程更紧密地联合在一起，采用滚动预算的办法，在制定这一期预算的时候根据实际情况同时对下级期的业务进行预算，能够保证企业活动在预算上的连续性。预算活动的滚动性和对细节的强调，要求各个部门的管理人员投入大量精力，紧密高效地开展工作。

工作过程可以采取分两步走的方式：第一步是整体思考，要求管理者从总体战略出发，规划出预算的框架，制定出必要的行动方案，如果预算结果出现偏差要及时修改；第二步进入细化阶段，管理者为每一部门制定最终预算的细节，并确保其被每一部门所接受。无论是何种类型的预算，只要满足了上面的要求都可以最大程度地发挥其潜能，保障组织计划的顺利实施。

（2）商品采购预算的编制步骤。

采购预算的编制同其他类型的预算编制过程一样，也包含以下几个步骤：

①审查企业以及部门的战略目标。预算的最终目的是保证企业目标的实现，企业在编制部门预算前首先要审视本部门和企业的目标，以确保它们之间的相互协调。

②制定明确的工作计划。管理者必须了解本部门的业务活动，明确它的特性和范围，制定出详细的工作计划表，从而确定部门实施这些活动所带来的产出。

③确定所需的资源。有了详细的工作计划表，管理者可以对支出做出切合实际的估计，从而确定为了实现目标所需要的人力、物力和财力资源。

④提出准确的预算数字。管理者提出的数字应当保证其最大可能性。可以通过以往的经验做出准确判断，也可以借助数学工具和统计资料通过科学分析提出准确方案。

⑤汇总。汇总各部门、各分单元的预算，最初的预算总是来自每个分单元，而后层层提交、汇总，最后形成总预算。

⑥提交预算。预算是关于预计收入和可能支出的动态模型，它反映的是未来的事情，由于外在的环境总是处于不断变化之中，因此必须根据实际情况的变化不断进行修订以确保预算最大程度地贴近现实，反映实际的支出。采购预算也不例外。

3. 预算编制方法与流程

（1）预算的编制方法。编制预算的方法有很多，除了前面提到过的滚动性预算外，还有弹性预算、概率预算和零基预算等，下面就将分别对这四种方法进行简单的介绍。

①弹性预算。弹性预算亦称为变动预算，它是根据计划期间可能发生的多种业务量，分别确定与各种业务量水平相适应的费用预算数额，从而形成适用于不同生产经营活动水平的一种费用预算。编制弹性预算，首先要确定在计划期内业务量的可能变化范围。在具体编制工作中，对一般企业，其变化范围可以确定在企业正常生产能力的 70%～110%，其间隔取为 5%或 10%，也可取计划期内预计的最低业务量和最高业务量为其下限和上限。其次，要根据成本性态，将计划期内的费用划分为变动费用部分和固定费用部分，在编制弹性预算时，对变动部分费用，要按不同的业务量水平分别进行计算，而固定部分费用在相关范围内不随业务量的

变动而变动，因而不需要按业务量的变动来进行调整。

弹性预算一般用于编制弹性成本预算和弹性利润预算。弹性利润预算是对计划期内各种可能的销售收入所能实现的利润所作的预算，它以弹性成本预算为基础，在这里，采购管理者只需要了解一下即可，无须深入。

②概率预算。在编制预算过程中，涉及的变量较多，如业务量、价格、成本等。企业管理者不可能在编制预算时就十分精确地预见到这些因素在将来会发生何种变化以及变化到何种程度。而只能大体上估计出它们发生变化的可能性，从而近似地判断出各种因素的变化趋势、范围和结果，然后，对各种变量进行调整，计算其可能值的大小。这种利用概率（即可能性的大小）来编制的预算，即为概率预算。

概率预算必须根据不同的情况来编制，大体上可分为以下两种情况：一是销售量的变动与成本的变动没有直接联系。这时，只要利用各自的概率分别计算销售收入、变动成本、固定成本的期望值，然后即可直接计算利润的期望值。二是销售量的变动与成本的变动有直接联系。这时，需要用计算联合概率的方法来计算利润的期望值。

③零基预算。零基预算是指在编制预算时，对于所有的预算项目均以零为起点，不考虑以往的实际情况，而完全根据未来一定期间生产经营活动的需要和每项业务的轻重缓急，从根本上来研究、分析每项预算是否有支出的必要和支出数额大小的一种预算编制方法。它是由美国彼得·派尔于20世纪60年代提出的，目前已被西方国家广泛采用。

零基预算的编制方法，大致上可以分为以下三步：

第一，提出预算目标。企业内部各有关部门，根据本企业计划期内的总体目标和本部门应完成的具体工作任务，提出必须安排的预算项目，以及以零为基础而确定的具体经费数据。

第二，开展成本－收益分析。组成由企业的主要负责人、总会计师等人员参加的预算委员会，负责对各部门提出的方案进行成本－收益分析，然后，列出所有项目的先后次序和轻重缓急。

第三，分配资金，落实预算。零基预算不受现行预算框架的限制，以零为基础来观察和分析一切费用和开支项目，确定预算金额，能充分调动企业各级管理人员的积极性和创造性，促进各级管理人员精打细算、量力而行，把有限的资金切实用到最需要的地方，以保证整个企业的良性循环，提高整体的经济效益。但该预算编制方法一切支出均以零为起点来进行分析、研究，因而工作量太大。因此，在实际预算工作中，可以隔若干年进行一次零基预算，以后几年内则略作适当调整。

④滚动预算。滚动预算又称连续预算或永续预算，其主要特点是预算期随着时间的推移而自行延伸，始终保持一定的期限（通常为一年）。当年度预算中某一季度（或月份）预算执行完毕后，就根据新的情况进行调整和修改后几个季度（或月份）的预算，依次往复，不断滚动，使年度预算一直含有四个季度（或12个月份）的预算，其基本特征如图3-1所示。

（2）预算的编制流程。以制造业而言，通常业务部门的行销计划为年度经营计划的起点，然后生产计划才随之制定。而生产计划包括采购预算、直接人工预算及制造费用预算。由此可见，采购预算乃是采购部门为配合年度的销售预测或生产数量，对需求的原料、物料、零件等的数量及成本做翔实的估计，以利整个企业目标的达成，如图3-2所示。

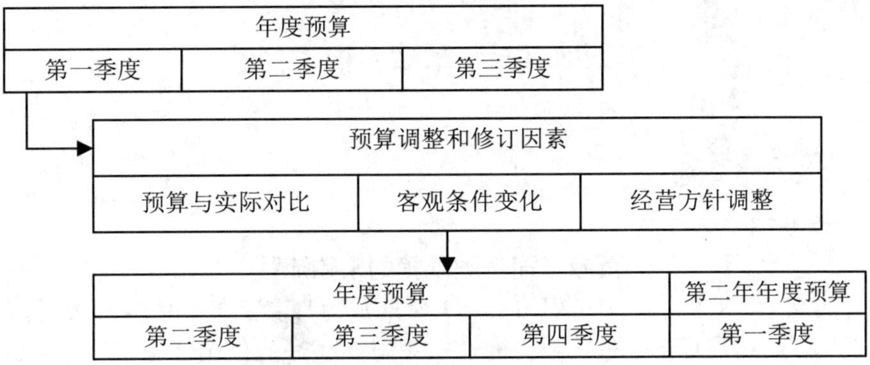

图 3-1　滚动预算的基本特征

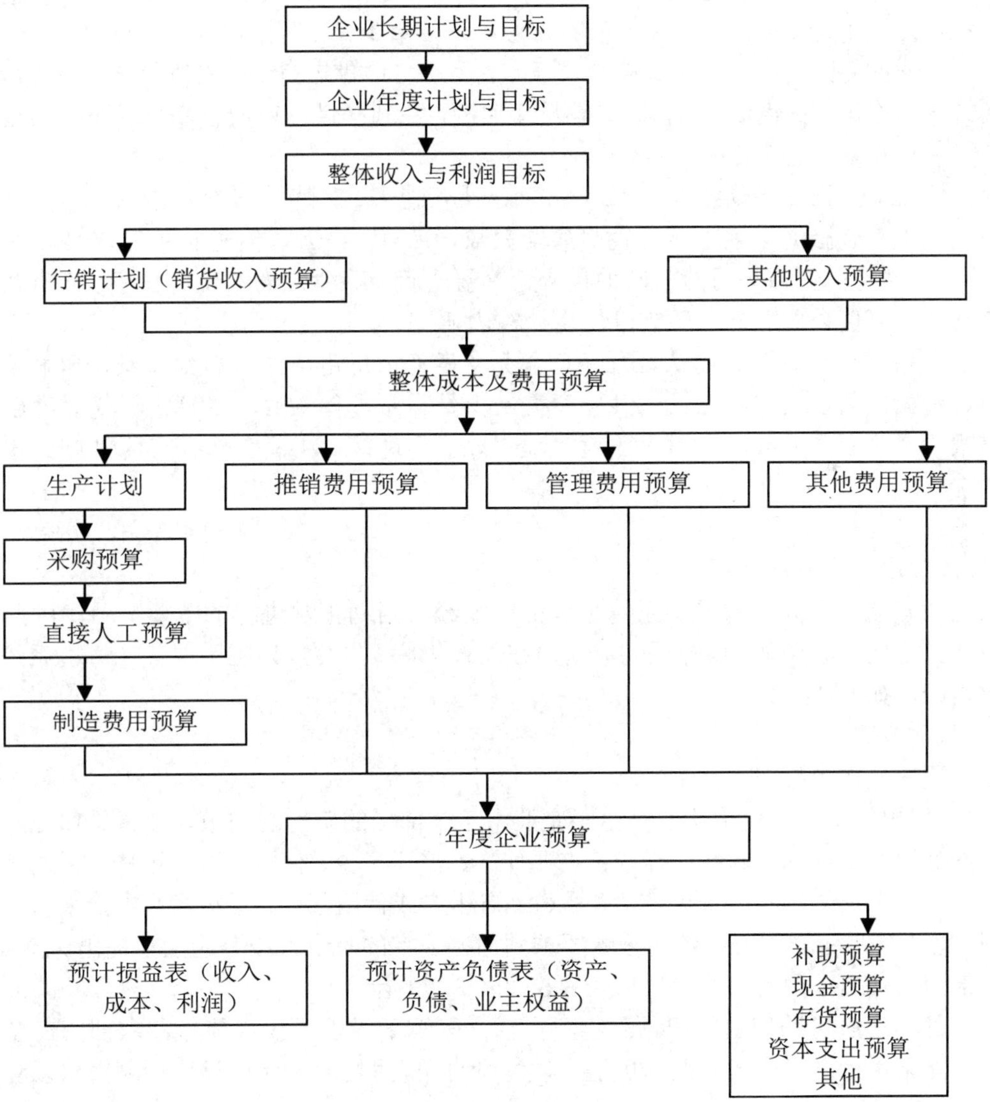

图 3-2　采购预算编订流程

项目三　采购的程序

任务 1　采购流程

【案例点击 3-1】

百威公司啤酒纸箱的采购流程

百威公司成立于 1876 年。该公司自 1957 年起成为世界上最大的啤酒公司，拥有全球最畅销的品牌百威，百威啤酒在全球范围内的成功是与其先进的供应链管理分不开的，其啤酒纸箱的采购流程也是基于百威公司的供应链管理思想。

瓦楞纸箱的采购在啤酒包装中是仅次于啤酒瓶和易拉罐的大宗物质采购，所以也是管理层关注的要点。百威公司瓦楞纸箱的采购分为以下几个步骤：选择合适的供应商；进行初步的价格谈判；进行瓦楞纸箱的潜在供应商认证，成为合格的供应商；供应商参与年度投标；与供应商签订正式合同；下达正式订单；定期质量回顾。在选择供应商的程序中以潜在供应商认证和包装材料认证最有特色。

潜在供应商认证主要包括以下 12 个方面：生产能力、人事、教育和培训、客户反馈和沟通、持续改进、仓储/原材料和成品的保管与领取、品质、统计、购进物品/服务的质量、电子商务、运输、维修。百威公司对于新的供应商都要进行潜在供应商认证的程序，只有认证合格的供应商才有可能进入下一个环节即包装材料认证。

瓦楞纸箱作为包装材料的认证程序，首先备案产品所用的原材料如原纸，印刷油墨、印刷机械、印刷工艺以及印刷方式。供应商提供少量样品进行测试，该步骤测试通过后供应商提供常规产品进行大量在线测试和发运试验，对于通过以上测试全部合格的供应商才能正式供货。

（资料来源：法律学习网）

1. 流程图

在企业建立一个高效的采购系统是保证市场经营活动正常进行的重要环节。因此，采购流程设计一定要科学合理，反映采购活动内在的逻辑联系，并且为应用现代计算机系统进行管理奠定基础，如图 3-3 所示。

2. 操作步骤

采购程序通常包括如下 9 个步骤：

（1）提出需求。任何采购都产生于企业中某个部门的确切的需求。负责具体业务活动的人应该清楚地知道本部门独特的需求：需要什么、需要多少、何时需要。这样，采购部门就会收到这个部门发出的物料需求单。有些采购来自生产或使用部门，有些采购申请来自销售或广告部门，对于各种各样办公设备的采购要求则由办公室的负责人或公司主管提出。通常，不同的采购部门会使用不同的请购单，如表 3-6 及表 3-7 所示。

采购部门还应协助使用部门预测物料需求。采购部经理不仅应要求需求部门在填写请购单时尽可能采用标准化格式以及尽可能少发特殊订单，而且应督促尽早地预测需求以免出现太多的紧急订单。

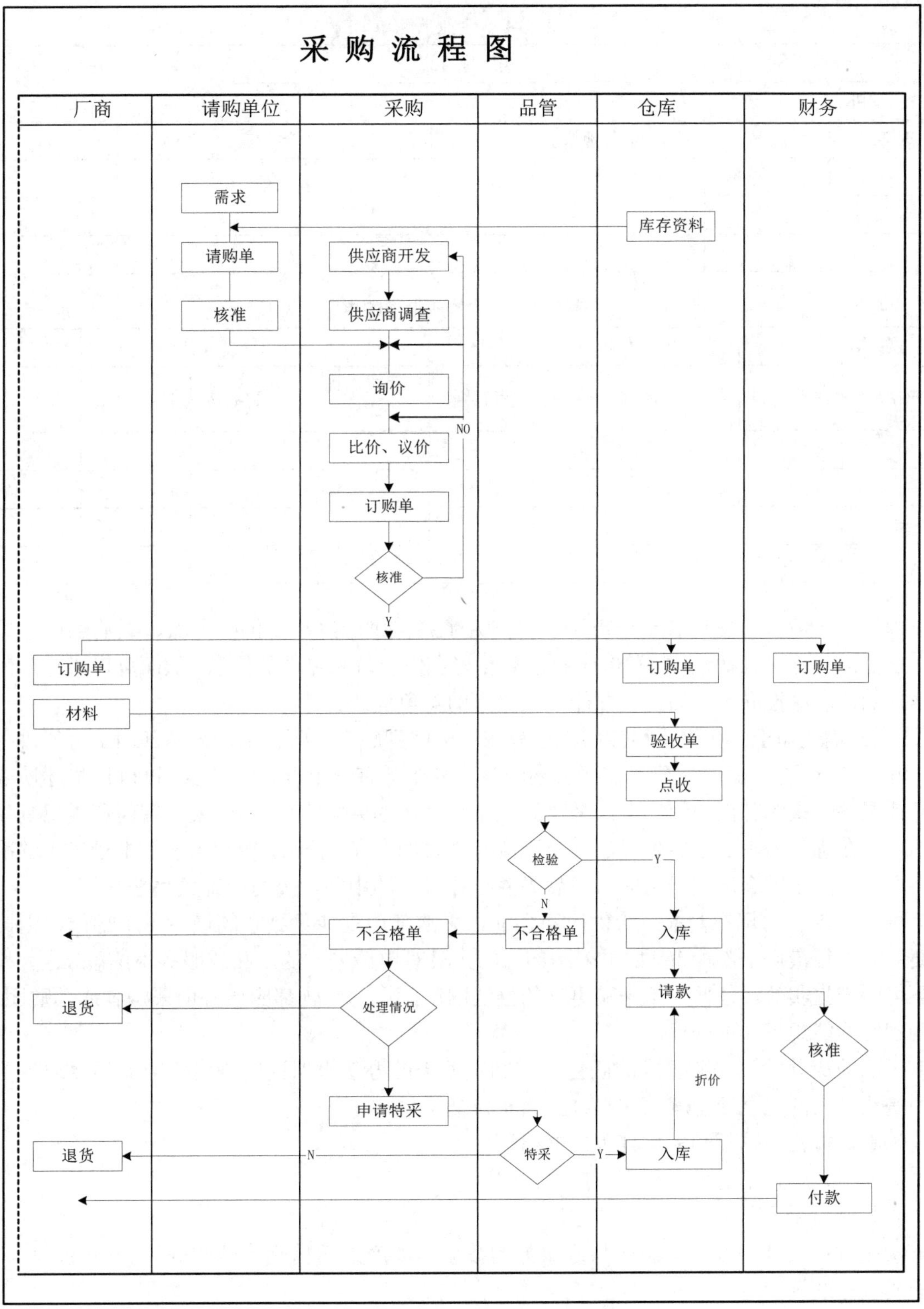

注：Y 指是；N 指否

图 3-3　采购流程图

表 3-6　企业请购单

<table>
<tr><td colspan="2">编号</td><td colspan="3">年 月 日</td><td colspan="2">共 1 页</td></tr>
<tr><td colspan="2">FNJ0202</td><td colspan="3"></td><td colspan="2">第 1 页</td></tr>
<tr><td>项次</td><td>料号</td><td>品名规格</td><td>单位</td><td>单价</td><td>金额</td><td>备注</td></tr>
<tr><td></td><td></td><td></td><td></td><td></td><td></td><td></td></tr>
<tr><td></td><td></td><td></td><td></td><td></td><td></td><td></td></tr>
<tr><td></td><td></td><td></td><td></td><td></td><td></td><td></td></tr>
</table>

表 3-7　企业的成批请购单

<table>
<tr><td>产品名称</td><td></td><td colspan="2">生产数量</td><td colspan="2"></td><td colspan="2">开工日期</td><td></td></tr>
<tr><td>项次</td><td>请购材料</td><td>单位用量</td><td>标准用量</td><td>库存量</td><td>供应本批数量</td><td>请购数量</td><td>核准数量</td><td>备注</td></tr>
<tr><td></td><td></td><td></td><td></td><td></td><td></td><td></td><td></td><td></td></tr>
<tr><td></td><td></td><td></td><td></td><td></td><td></td><td></td><td></td><td></td></tr>
<tr><td></td><td></td><td></td><td></td><td></td><td></td><td></td><td></td><td></td></tr>
<tr><td></td><td></td><td></td><td></td><td></td><td></td><td></td><td></td><td></td></tr>
</table>

由于未了解价格变化和整个市场状况，为了避免供应终端的价格上涨，采购部门必须要发出一些期货订单。采购部门和供应商早期参与合作会带来更多的信息，从而可以避免或削减成本，加速产品推向市场的进度并能带来更大的竞争优势。

（2）描述需求。如果采购部门不了解使用部门到底需要些什么，采购部门不可能进行采购。出于这个目的，就必然要对需要采购的商品或服务有一个准确的描述。准确地描述所需的商品或服务是采购部门和使用者或是跨职能采购团体的共同责任。同时采购部门和提出具体需求的部门在确定需求的早期阶段进行交流就有重要的意义。否则，轻则由于需求描述不够准确而浪费时间，重则会产生严重的财务后果并导致供应的中断，公司内部关系恶化。

由于在具体的规格要求交给供应商之前，采购部门是能见到它的最后一个部门，因此，需要对它进行最后一次检查。如果采购部门的人员对申请采购的产品或服务不熟悉，这种检查就不可能产生实效。任何关于采购事项的描述的准确性的问题都应该咨询采购者或采购团队，采购部门不能想当然地处理。

采购的成功始于采购要求的确定，应制定适当的办法来保证明确对供应品的要求，更重要的是让供应商完全地理解。这些办法通常包括：

①制定规范、图纸和采购订单的书面程序。

②发出采购订单前公司与供应商的协议。

③其他与所采购物品相适应的方法。

④在采购文件中描述所定产品或服务的数据，如产品的精确辨认和等级、检查规程、应用的质量标准等。

⑤所有检查或检验方法和技术要求应指明相应的国家和国家标准。

在很多企业中，物料单是描述需求的最常用的单据，如表 3-8 所示。

表 3-8 物料单

物料单		
日 期		
编号		
金额		
需求描述		
申请部门		
特殊说明		
需求日期		申请人签字

（3）选择、评估供应商。供应商选择是采购职能中重要的一环，它涉及高质量物料或服务的确定和评价，企业应选择信誉好，产品质量、交货期等有保证的供应商，并开始和供应商联系。

（4）确定价格和采购条件。这是采购的关键，表 3-9 展示的是企业产品询价单的样本。价格洽谈的过程是一个反复的讨价还价的过程，并就质量、数量、交货期、货款支付方式、违约责任等进行洽谈，在互利共赢的基础上，签订采购合同，实现成交。

表 3-9 产品询价单

产品询价单　　　　编号

单位　　　　先生：

1. 本公司因业务需要拟向贵公司洽购下列物品（见附件），请速予报价以作进一步联系。
2. 来函或来电请至本公司采购部电话，并请惠示贵公司联络人员及电话。
3. 附件：（含物品名称、数量及品检说明）

××公司采购部

年　月　日

（5）发出采购订单。对报价进行分析并选择好供应商后，就要发出订单，具体格式如表 3-10 所示。

（6）跟单和催货。采购订单发给供应商之后，采购部门应对订单进行跟踪和催货。企业在采购订单发出时，同时会确定相应的跟踪接触日期，在一些企业中，甚至会设有一些专职的跟踪和催货人员。

跟单是对订单所做的例行跟踪，以便确保供应商能够履行其货物发运的承诺。如果产生了问题，例如质量或发运方面的问题，采购方需要对此尽早了解，以便及时采取相应的行动。跟踪需要经常询问供应商的进度，有时甚至有必要到供应商那里去走访。通常，为了及时获得信息并知道结果，跟踪是通过电话进行的；现在，一些公司也使用由计算机生成的简单表格，以查询有关发运日期和在某一时点采购计划完成的百分比。

催货是对供应商施加压力，以便按期履行最初所做出的发运承诺，提前发运货物或是加快已经延误的订单涉及的货物发运。催货应该只是用于采购订单中一小部分，因为如果采购部门对供应商能力已经做过全面分析的话，那被选中的供应商就应该是那些能遵守采购合约的可靠的供应商。而且，如果公司对其物料需求已经作了充分的计划工作，如果不是特殊情况，就不必要求供应商提前发运货。

表 3-10　企业订购单

编号　　　　　　　　订购单　　　　　　　　　　　　　　共 1 页
FNJ0203　　　　　　　　　　　　　　　　　　　　　　　第一页
　　　　　　　　　　　　　　　　　　　　　　　　　　　年　月　日

厂商：　　　　　　　　　　　　　　地址：
电话：　　　　　　　　　　　　　　请购单 NO.

项次	材料编号	品名规格	单位	数量	单价	合计
交货日期						
交货地点						

注意事项：

（7）货物的验收。采购合同上应明确产品验证体系，该验证体系应在采购合同签订之前由供应商和采购方达成协议。下面方法中的任何一种均可用于产品验证：

①采购方信赖供应商的质量保证体系。

②供应商提交检查检验数据和统计的流程控制记录。

③当收到产品时由采购方进行抽样检查或检验。

④在发送前或在规定的流程中由采购方进行检查。

⑤由独立的认证机构进行认证。

采购方必须在采购合同上明确指出最终用户是否在供应商的场地进行验证活动，供应商应提供所有设施和记录来协助检验，如表 3-11 所示。

表 3-11　材料检验报告表

材料编号	收料单编号	品名规格	检验部门	质量规范编号	送验编号
检验项目：					
检验标准：					
检验结果：					
说明：					
采购处理结果	经理批示	厂（处）长意见	资材部门说明		

（8）支付货款。一般主张发票由采购部门来核查，主要原因是采购部门是交易最初发生的地点。如果有什么差错，采购部门可以立即采取行动。

（9）记录。经过以上所有步骤以后，对于一次完整的采购而言，剩下就是更新采购部门的记录。这一步就是把采购部门与订单有关的文件副本进行汇集和归档，并把企业想保存的信息转化为相关的记录，如表 3-12 所示。

表 3-12 进货记录表

编号	料号	品名规格	厂商	数量	消单	备注

任务 2 商品采购实施的说明

1. 采购实施的注意事项

企业规模越大，采购金额越高，管理者对程序的设计就越为重视。这里将一般采购作业流程设计应该注意的要点阐述如下：

（1）注意先后顺序及时效控制。应当注意作业流程的流畅性与一致性，并考虑作业流程所需时限。譬如，避免同一主管对同一采购项目做多次的签核；避免同一采购项目，在不同部门有不同的作业方式；避免一个采购项目会签部门过多，影响作业时效。

（2）注意关键点的设置。为了便于控制，使各项正在处理中的采购作业在各阶段均能被追踪管制，譬如国外采购，从询价、报价、申请输入许可证、开信用证、装船、报关、提货等，均有管制要领或办理时限。

（3）注意划分权责或任务。各项作业手续及查核责任，应有明确权责规定及查核办法。譬如请购、采购、验收、付款等权责应予以区分，并指定主办单位。

（4）避免作业过程发生摩擦、重复与混乱。注意变化性或弹性范围以及偶发事件的因应法则，譬如在遇到“紧急采购”及“外部授权”时应有权宜的办法或流程来特别处理。

（5）价值与程序相适应。程序繁简或被重视的程度，应与所处理业务或采购项目的重要性或价值的大小相适应。凡涉及数量比较大、价值比较高或者容易发生舞弊的作业，应有比较严密的处理监督；反之，则可略微予以放宽，以求提高工作效率。

（6）处理程序应适合现实环境。应当注意程序的及时改进。早期设计的处理程序或流程，经过若干时间段以后，应加以审视，不断改进，以适应组织变更或作业上的实际需要。

（7）配合作业方式的改善。譬如手工的作业方式改变为电脑作业方式，因此流程与表单需要做相当程度的调整或重新设计。

2. 商品采购流程的实例说明

这两个商品采购流程均以商业服务业采购为背景，其一是为连锁超市采购部生鲜组每日 2000 元以下时令蔬菜的采购流程，称为小额应急采购，如图 3-4 所示；其二是某餐饮集团后厨采购中心的日常采购流程，称为日常采购，如图 3-5 所示。

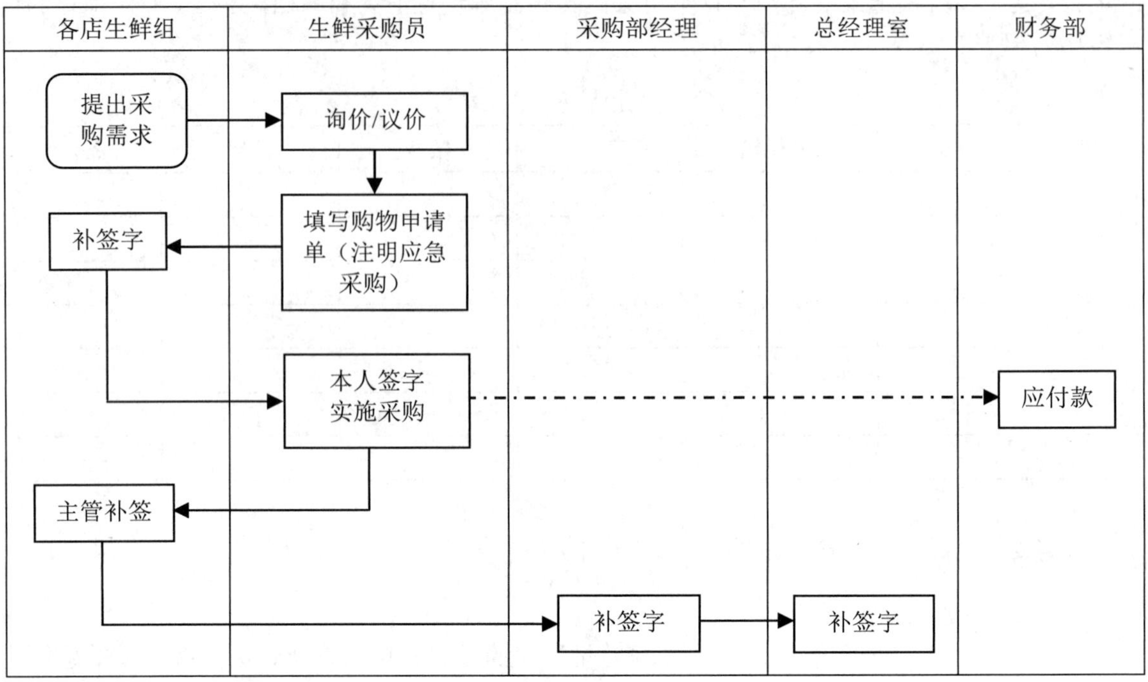

图 3-4　小额应急采购

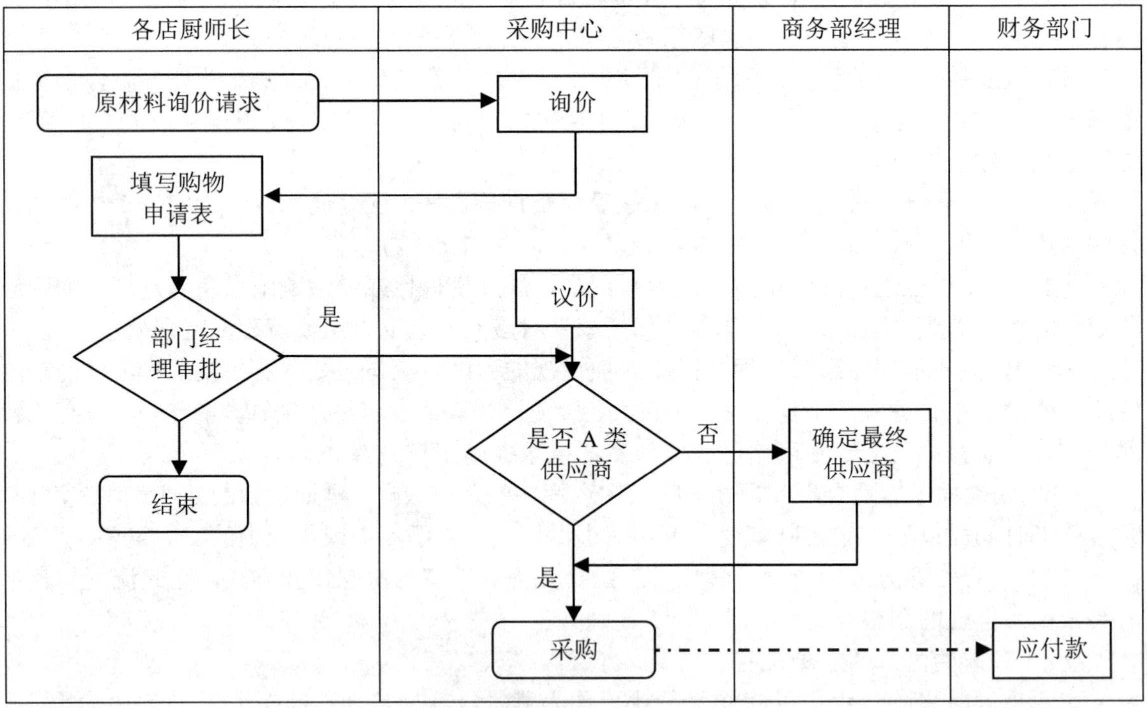

图 3-5　日常采购

项目四　采购绩效评估与考核

任务1　采购绩效评估的概念

1. 定义

所谓采购绩效评估就是根据一定的目的和标准，采取科学的态度和方法，对绩效进行质和量的价值判断。

采购绩效评估是指对采购工作进行全面系统地评价、对比，从而判定采购的整体水平的过程。对采购工作进行绩效评估是为了及时总结经验与教训，以便及时改进以后的采购工作，从而进一步提高工作绩效。

2. 目的

采购部门作为企业的一个重要部门，其工作绩效好坏对整个企业的生产、决策、规划等有着极其重要的影响，因此采购工作绩效的考核既服务于采购部门，也服务于整个企业。

（1）确保采购目标的实现。各个企业往往以其性质和经营目标的不同，采购目标各有侧重，有的侧重质量，有的侧重价格低廉，有的侧重交货时间准确等。因此各个企业需要针对采购单位所追求的主要目标加以评估，以确保采购目标的实现。

（2）提供改进绩效的依据。完善的绩效评估制度，可以提供一个客观标准来衡量采购目标是否已经实现，也可以考核采购部门的工作绩效。科学、准确的绩效评估有利于及时发现和总结采购工作过程中的问题，从而采取有针对性的改进措施，进一步提高工作绩效。

（3）作为部门和个人奖惩的参考。采购工作绩效评估能够清楚地反映采购部门和采购人员的工作表现。一方面可以将采购部门的绩效独立于其他部门体现出来；另一方面可以反映采购人员的个人表现，作为人事考核的参考资料。

（4）协助甄选和培养优秀采购人员。根据绩效评估的结果，可针对现有采购人员工作能力的不足，拟定改进计划，有针对性地进行专业性的教育培训，有的放矢地招募人才，建立一支优秀的采购队伍。

（5）提高采购工作的透明度。企业定期将绩效考核结果公布，可以作为企业的一份宣传资料，使客户了解企业采购部门是如何严把采购关的。

（6）促进部门间的沟通与合作。采购工作的顺利完成要依赖于设计、生产、仓储、财务、销售、售后服务等部门的大力配合，这些部门的配合程度会影响采购部门的工作绩效。采购绩效的衡量和评估信息的共享有利于采购部门与其他部门的沟通与合作。

（7）提高采购人员的士气。公平、有效的绩效评估制度，可以使采购人员的努力得到认可和回报，对其士气的提升大有帮助。

总之，采购绩效的评估有利于采购部门及时发现问题、改进工作，从而节约采购费用，提高采购绩效，提升采购部门在企业中的地位。

任务2　采购绩效考核的指标体系

1. 考核的原则

对于采购体系不太健全的企业，开始可以选择批次、质量合格率、准时交货等指标来控制和衡量供应商的供应表现，用平均降价幅度来衡量采购成本业绩。随着采购管理制度的健全与完善，采购绩效考核指标还要尽量系统化、细致化。此外为满足生产的需求，所选择的供应商的平均质量、交货等综合表现应高于企业内部的生产部门的要求，因为只有这样才不至于因为供应商的问题影响本企业的内部生产与产品质量。

2. 考核指标体系

（1）质量绩效指标。

质量绩效指标主要是指供应商的质量水平以及供应商所提供的产品或服务的质量水平，包括供应商质量体系、来料质量水平等方面。

来料质量包括批次质量合格率、商品抽检缺陷率、来料免检率、物料在线报废率、返工率、退货率、对供应商的投诉率及处理时间等。

质量体系包括通过 ISO 9000 的供应商比例、实行来料免检的供应商比例、来料免检的物料价值比例、供应商参与产品开发的程度等。

（2）数量绩效指标。

①储存费用指标。储存费用，是指存货用资金的利息及保管费用之和。企业应当经常将现有存货占用资金利息及保管费用与正常存货占用资金利息及保管费用进行比较考核。

用公式表示如下：

储存费用指标=现有存货利息及保管费用–正常存货水平利息及保管费用

②呆料、废料处理损失指标。呆料、废料处理损失指标是指处理呆料、废料收入去掉处理呆料、废料的损失。

上述两个指标的数值越大，表示采购人员的数量绩效越差。但是这两个指标有时候会受企业的营业状况、物料管理绩效、生产技术变更或投机采购等因素的影响，所以发生问题不一定完全是采购人员的责任。

（3）时间绩效指标。

时间绩效指标是用来衡量和控制供应商交货时间的。对于企业来讲，对交货时间的控制十分必要。因为如果交货时间延迟，可能导致企业因断料而停工，造成经济损失。衡量供应商交货时间的绩效指标主要有以下两个：

①紧急采购费用指标。这个指标是因供应商未能及时供料，企业为减少损失而紧急采购所增加的采购费用。用公式表示如下：

紧急采购费用指标=紧急运输方式的费用–正常运输方式的费用

②停工断料损失指标。即停工断料期间的所有损失，包括停工期间作业人员的工资损失等。

另外，上述的时间指标都只是衡量供货商交货时间拖延带给企业的损失，并没有考虑交货时间提前给企业带来的额外支出。事实上，如交货时间提前，也可能导致企业负担不必要的存货成本和提前付款的利息支出，也可以将其加到现有的指标体系里考虑。

（4）价格绩效指标。

价格绩效是企业最重视也是最常见的采购绩效衡量指标。通过对价格指标的考评，可以衡量采购人员的议价能力以及供需双方力量的消长情况。

价格绩效指标包括参考性指标和控制性指标。参考性指标主要有：年采购额、年人均采购额、供应商平均采购额等。这些指标一般是作为计算采购相关指标的基础，也是表示采购规模、了解采购人员及供应商负荷的参考依据，是进行采购过程控制的依据和出发点。控制性指标是反映采购改进过程及其结果的指标，包括平均付款周期、采购降价、本地化采购率等。

（5）采购效率指标。

以上的品质、数量、时间和价格绩效都是用来衡来采购人员的工作效果的，而采购效率一般是用来衡量采购人员的工作能力或效率的。采购效率指标具体包括以下内容：

①采购金额。

②采购金额占销货收入的百分比。

③订购单的件数。

④采购人员的数量。

⑤采购部门的费用。

⑥开发新供应商的数目。

⑦采购完成率。这是衡量采购人员工作努力程度的指标，用公式表示如下：

采购完成率=本月累计完成件数/月累计请购件数

该指标数值越大，说明采购人员工作越努力尽职，但是如果采购人员单纯追求采购完成率的完成，有可能会降低议价的努力，对企业不利。所以不能单独以该指标来衡量采购人员的工作能力，要与其他指标配合使用。

⑧错误采购次数。是指采购人员没有按照有关的采购作业程序处理的采购。该指标反映采购部门管理工作质量的好坏，企业应该努力将该指标数值降为零。

⑨订单处理时间。是用来衡量采购人员的工作效率的指标。

以上五大类指标构成采购与供应的绩效评估的指标体系。

任务 3　采购绩效的评估

1. 采购绩效评估的标准

确定了绩效评估的指标之后，必须考虑以何种标准作为与目前实际绩效比较的基础。企业常用的标准有以下 4 种。

（1）历史绩效。历史绩效是通过与以往采购绩效进行比较的，这样可以看出现在的采购绩效是提高了还是下降了，还可以通过比较找出改进的方向。但是这种标准只是在企业采购部门的组织、目标和人员等方面都没有重大变动的情况下使用，否则没有可比性。

（2）标准绩效。如果企业过去没有做过类似的绩效评估，或者历史绩效资料难以获得，或者采购部门的组织、目标、人员发生了重大变动，可以使用标准绩效标准作为衡量的基础。标准绩效的设定应该遵循以下 3 个原则：

第一，标准要固定。标准一旦建立，就不要轻易改变，要保持标准的连续性。

第二，标准要有挑战性。标准的实现要具有一定的难度，采购部门和人员必须经过努力才能完成，这样易于调动员工的工作积极性，使其最大限度的发挥工作潜力。

第三，标准要有可实现性。这是指在现有条件下，企业经过努力确实可以达到的标准，通常依据当前的绩效加以衡量设定。

（3）行业平均绩效。如果其他企业在采购组织、职责以及人员等方面均与本企业相似，则可与其绩效进行比较，以辨别本企业在采购工作成效上的优劣。如果个别企业的绩效资料不容易获得，或者企业之间差异较大，不具备可比性，则可以采用整个同业绩效的平均水准来进行比较。

（4）目标绩效。是指在现有条件下，必须得经过一番特别的努力才能达到的较高的目标。目标绩效代表企业管理层对采购人员追求最佳绩效的“期望值”，通常是以同行业最佳的绩效水平为标准。

2. 采购绩效评估的人员

对评估人员的选择与评估的目标有着密切的联系，要选择最了解采购工作情况的人员，与评估目标实现联系最紧密的部门参与评估。一般选择以下几类部门和人员参与评估：

（1）采购部门主管。采购部门主管是对所管辖的采购人员实施绩效评估的第一人，因为采购主管最熟悉采购人员的工作任务，而且所有采购工作任务的指派或工作绩效的优劣，都在他们的直接监督下，所以由采购主管负责评估，可以更全面、公平、客观地评价每个直接采购人员的工作绩效。

（2）财务会计部门。财务会计部门掌握着企业产销成本的全部数据，全盘管制着企业资金的获得与付出，因此有财务会计部门参与采购的绩效评估，可以衡量采购成本的节约对企业利润的贡献和资金周转的影响等。

（3）销售部门。当采购项目的品质与数量对企业的最终产出影响重大时，有时可有工程或生产部管理部门参加评估采购部门的绩效。

（4）供应商。有些企业通过正式或非正式渠道，向供应商征求其对本企业采购部门或采购人员的意见，以间接了解采购作业绩效和采购人员素质。

（5）外界专家或管理顾问。为避免企业内各部门之间的本位主义，可以聘请外界的专家或管理顾问，对本企业的采购制度、组织形式、人员及工作绩效等方面做出分析建议。与企业内部各部门的人员相比，外界专家的采购绩效评估更加客观、公正。

3. 采购绩效评估方式

对采购人员工作绩效的评估方式主要分为定期评估和不定期评估两种。

（1）定期评估。定期绩效评估一般以目标管理的方式进行，即从各种绩效指标当中，选择年度计划中比较重要的项目确定为绩效目标，年终按实际达到的程度加以评估，这样有利于提升个人或部门的采购绩效。这种方法以工作业绩为评估重点，剔出了人的主观因素，比较客观公正。

（2）不定期评估。不定期评估一般以特定专案的方式进行，特别是用于新产品的开发计划、资本支出预算、成本降低的专案等，比如企业要求某项特定产品的采购成本降低 5%，以此作为对采购人员评估与奖惩的依据。这种评估方法对提升采购人员的士气有很大的作用。

单元小结

根据采购商品质量管理的依据，实施采购商品质量管理。提高采购商品质量的途径包括选择合适的供应商、正确评审供应商资格等方面。采购量的大小决定生产与销售的顺畅与资金的调度。物料采购量过大造成过高的存货储备成本与资金积压，物料采购量过小，则采购成本提高，因此适当的采购量是非常必要的。掌握决定最适当的采购数量有几种方法，其中最基本的是经济订购数量法。采购预算是采购部门为配合年度的销售预测或者生产数量，对所需的原料、物料、零件等之数量及成本作翔实的计划，以利整个企业目标之达成。

采购流程设计一定要科学合理，反映采购活动内在的逻辑联系，并且为应用现代计算机系统进行管理奠定基础。采购绩效评估就是根据一定的目的和标准，采取科学的态度和方法，对绩效进行质和量的价值判断，采购人员工作绩效的评估方式主要分为定期和不定期两种。

案例讨论

昌河天海：从采购开始！

一、手工制定采购计划与系统生成采购计划

手工制定采购计划曾让昌河天海付出过高昂的代价！一位采购人员，因为在做采购计划时出现差错，导致采购回来价值50多万的原材料只能堆积仓库，无法转换成产品。而这种损失，只要是人工制定采购计划，就永远不能避免。

鉴于这一情况，用友结合制造业的行业特点，针对汽配行业的特性，为昌河天海提供了MRP（物资需求计划）系统。该系统让昌河天海的计划人员与采购人员感触很深。昌河天海不仅实现了生产计划到采购计划的系统自动生成，甚至连主机厂的订单到生产计划的产生都无须生产计划部门手工完成。

以前，一张主机厂的订单流转到昌河天海，昌河天海最少也需要2～3天的时间，才能完成将订单消化成生产计划，再由生产计划转变为采购计划这两个流程。应用该系统之后，这一消化时间转变成为系统MRP运算2个小时的时间。

二、在库与在途的管理

管理好一个企业的库存并不容易，何况像昌河天海这样一个要采购接近3000种原材料的企业。昌河天海以往一直离不开一位熟练的仓库管理员，这位管理员对昌河天海上千种原材料非常熟悉，生产部门领料员到仓库领料时，面对一片汪洋的原材料，常常丈二和尚摸不着头脑，全凭这位仓库管理员为其领料。

有一次，甚至因为这位仓库管理员家中有事请假，导致领料员无法领出原材料，造成一道工序无法正常运转。手工完成生产计划、采购计划与进出库领料时，除了人为出错因素之外，还有一个因素很难控制——在库和在途的问题。

对于昌河天海来说，上用友系统之前，原材料是在库还是在途更是只有天知道！而对于原材料成本占企业总成本 80%左右的昌河天海，管理好在库与在途的原材料，无疑意味着有效降低其成本周转压力，优化企业成本结构。

以往，昌河天海手工做的采购计划，一般都是一个采购人员对应一个生产计划，采购人员直接根据生产部门给出的生产计划来制定对应采购计划。这就导致企业无法从整体上来控制采购。采购人员一般根据在库原材料的有无，直接下达采购指令。但是仓库内没有原材料不代表企业真的没有这部分原材料。因为有许多原材料可能已经在采购途中，或在生产车间的生产途中。无法有效掌控在途原材料情况，将仍然无法规避错误的采购指令产生，导致企业因此承担大量非有效成本的库存压力。

使用该系统后，昌河天海实现了对在库与在途原材料的统一管理，当系统生成生产计划与采购计划时，系统直接过滤在库、在途两种原材料拥有状况，制定出实际需求的采购计划，为企业有效降低库存压力，提升库存运转效率。

（资料来源：中国物流与采购网）

讨论题：

1．昌河天海在没有运用 MRP 系统前，其采购计划有哪些问题？

2．MRP 系统是如何解决制定采购计划的问题的？

对采购员的绩效考核

“我明明知道采购员们收取好处费，可是我既没有办法查，也没法管。因为这一切都是在私下进行的，而且普遍存在。”很多国内企业管理者对因人为所造成的采购中的腐败行为痛恨而束手无策。采购中的腐败行为不仅侵蚀着企业的利益，而且对整个企业文化会造成破坏性的影响。

在跨国公司，考核制度、企业文化和采购制度建设是限制采购人员腐败的 3 种主要手段，这些做法值得国内企业借鉴。在采购管理中好的绩效考核可以达到这样的效果：采购人员主观上必须为公司的利益着想，客观上必须为公司的利益服务，没有为个人谋利的空间。

如何对采购人员进行绩效考核？跨国公司有许多很成熟的经验可以借鉴，其中的精髓是量化业务目标和等级评价。在考核中，跨国公司交替运用两套指标体系，即业务指标体系和个人素质指标体系。

业务指标体系主要包括：采购成本是否降低；卖方市场的条件下是否维持了原有的成本水平；采购质量是否提高；质量事故造成的损失是否得到有效地控制；供应商的服务是否增值；采购是否有效地支持了其他部门，尤其是生产部门；采购管理水平和技能是否得到提高。当然，这些指标还可以进一步细化，如采购成本可以细化为：购买费用、运输成本、废弃成本、订货成本、期限成本、仓储成本等。

把这些指标一一量化，并同上一个半年的相同指标进行对比所得到的综合评价，就是业务绩效。应该说，这些指标都是硬的，很难加以伪饰，所以这种评价有时显得很“残酷”，那些只会搞人际关系而没有业绩的采购人员这时就会 “原形毕露”，评估的结果当然就不会如其所愿。在评估完成之后，跨国公司会把员工划分成若干个等级，或给以晋升、奖励，或维持现状，或给以警告或辞退。可以说，这半年一次的绩效考核与员工的切身利益是紧密联系在一起的。

对个人素质的评价相对就会灵活一些，因为它不仅包括现有的能力评价，还要包括进步的幅度和潜力。主要内容则可能包括：谈判技巧、沟通技巧、合作能力、创新能力、决策能力等等。这些能力评价都是与业绩的评价联系在一起的，主要是针对业绩中表现不尽如人意的方面，如何进一步在个人能力上提高。

国内企业也进行绩效考核，但是，这些考核有些流于形式。其缺陷就是没有量化的指标和能力评价，考核时也不够严肃，绩效考核是减少采购腐败主观因素的法宝。

讨论题：

1．为什么国内管理者对采购中出现的腐败现象很痛恨？

2．如何通过采购绩效考核杜绝或减缓采购贿赂现象呢？

技能训练

一、计算题

1．某商品每月订购量 2000 件，单价 40 元，年储存费率为 12%，每次订购费为 256 元，求该种商品的经济订购批量。

提示：时间单位统一到月，则该单位商品平均月库存保管费为40×（12%÷12）。

2．某企业某种均衡销售的商品预测全年需要21600件，该种商品一个月向供应商订购一次，保险储备天数5天，备运时间8天，提出订购时盘存量为640件，原订购在下月到货的远期合同有1000件，求下个月的订购量。

提示：适合使用定期订购批量计算法；每月按30天，每年按360天计算，先求出平均每日需要量。

二、简答题

1．简述采购质量管理的含义。

2．简述提高采购质量管理的途径。

三、论述题

1．试述选择最佳质量成本应注意的问题。

2．试分析小额应急采购流程适用条件和范围。

四、实训

（一）采购量的核算

▲情景设置

“点点利”是一家中型超市，四、五月份受到天气影响（忽冷忽热），矿泉水的销量可能不平稳，直接影响到库存费用、订货费用、缺货费用，进而影响到企业的利润。

▲操作要求：1．随机确定市场销售量。

2．结合下列步骤完成订货与库存记录单，见表3-13（以箱为单位）。

3．总结规律。

第一步：收货。

第二步：记录库存。期初库存=上周结余库存+本周收货

第三步：售出。本周售出=本周销售量

第四步：记录期末库存。期末库存=期初库存量–本周售出量

第五步：订货。

备注：1．订货周期是2周；

2．期末库存如果缺货就记录负数，如“–9”

表3-13　订货与库存记录单

名称	收货	期初库存量	售出量	期末库存量	订货
1周	0	20	12	8	12
2	0	8	2	6	14
3	12	18	20	–2	
4					
5					
6					

续表

名称	收货	期初库存量	售出量	期末库存量	订货
7					
8					
9					
10					
合计	——	——	——		——

总结经验与教训：根据期末库存量的合计，分析成功控制库存的经验或造成库存量加大的教训。

（二）采购预算表

▲情景设置

江苏风动工具厂本月收到广西某客户的订单，购买该厂生产的手动凿岩机 2500 台，风动工具厂开始采购原材料和零部件。

根据 MRP，其中每台需耗钢材 2 公斤，废品率为 15%，且依技术部门统计废品回收利用率可达 20%，预计钢材在运输保管中会损耗 1 公斤，编计划时实际库存还有 1000 公斤，计划期末库存有 500 公斤。

2500 台凿岩机需要配件甲 2500 个，运输中的损失丢失率在 1%，编计划时实际库存为 0 个，计划期末库存留有 50 个。

2500 台凿岩机需要零部件乙 2500 个，运输中的损失丢失率在 1%，目前库存中可以再利用的乙还有 40 个，计划期末库存 241 个。

2500 台凿岩机大约需要耗用机油 40 吨，编计划时实际库存量为 40 吨，计划期在途 6 吨，计划期末库存为 7 吨。

根据市场行情，钢材每公斤 78 元，配件甲 102 元，零件乙 111 元，机油每吨 26 元。

▲操作要求：

1．根据以上资料，为本企业制定采购预算表，如表 3-14 所示。

2．制表运用 Excel，同时利用 Excel 计算。

表 3-14 采购预算表

编报单位：（姓名、学号）											
采购项目名称	采购数量 1	需求量 2	生产耗用量 3	运输保管耗用量 4	可利用废料 5	计划期末库存量 6	计划期初库存量 7	单价 8	预算合计 1×8	2=3+4−5	1=2+6−7
采购预算总额											

（三）卷烟的采购流程

▲情景设置

1. 原来省外卷烟的采购流程

（1）签订合同。某公司业务部门根据市场变动情况、结合历史销售业绩和上级公司下达的购销指标，做出一年两次销售预测，在每年的5月和10月和全国主要供应商进行业务洽谈，形成购销意向并与供应商签订合同。

（2）供应商通知发货并开出发票。省外供应商在发货之前与业务部门协商，确定是否执行合同，一般是按合同执行，但也有不执行、变更合同和推迟执行等情况。确定执行合同后，省外烟厂根据合同安排发货。同时该供应商开出销售发票递交到业务部门。

（3）验收入库。货到达仓库以后，仓库保管员根据随货同行联验收入库，填写卷烟入库验收单，一式四联，其中第一联存根、第二联业务部门、第三联财务、第四联统计。第三联送交财务科作账，第二联送交业务部门，以便业务员根据库存情况开展销售业务。同时，仓库保管员在送货回单上签字交给送货人。

（4）申请付款业务员收到供应商转来的发票，核实无误后填写付款申请单，经业务主管签字后将发票和付款申请单一并交财务部门。

（5）财务付款财务部门收到业务部门转来的付款申请单、采购发票以及库管部门转来的入库验收单，审核无误后付款，或者根据预付款申请单审核付款。付款方式有汇票和托收承付两种。

2. 原来采购流程存在的问题

由于烟草行业是一个半市场半计划的行业，其业务流程不太规范，管理也有待加强。

（1）存在代签的情况：有些县级公司没有与某些省外烟草公司签合同的许可权，所以由其上一级分公司代签合同。

（2）县级公司或分公司向其上级公司购进卷烟：由于市场行情好，县级公司可能出现某种品牌短缺，这时可以向其上级分公司要货，如果分公司同意则成交，但没有正式的采购合同。分公司同样存在向省公司要烟的情况，但也没有正式的采购合同。这给以后的营销资讯系统的录入采购订单造成麻烦。

（3）向省外烟草公司购进卷烟：省公司或分公司可以从省外烟草公司购进卷烟，但必须在国家烟草交易中心签合同，这势必造成公司的开支增大。

（4）目前，在采购的过程中存在一些违规行为，上级公司规定下面不执行。如从平级公司购进。

（5）单据不统一，这样不利于统计和日后此营销系统的实施。例如：仓库验收入库的单据在有些地方称为入库验收单，有些称为商品验收单，这些内部单据建议应在名称、格式和联数上做到统一规范。

（6）缺少明确的采购订单，采购合同严肃性差。

（7）对地方烟厂缺乏管理，对其限区销售执行不严，这样，有些公司从不允许购进的地方烟厂购进卷烟。

（8）计划衔接书没有明确品牌和相应的数量，只有总数控制，给采购工作带来很大不确定性。同时也给以后的营销系统的采购订单的录入带来困难。

（9）烟厂调拨站给市县公司开的随货同行联不是发票的随货同行联，这样给财务计账和处理带来麻烦。

3. 对采购流程的改进

在某省烟草公司现有流程基础之上，结合 IT 技术的最新发展，提出改进的采购流程。出发点是依托信息技术，最大程度实现信息的共享。

（1）供应商管理。收集整理当前市场信息，了解市场上供应商的信息，如规模、实力、市场分额、产品品种、价格（进价和销售价）、付款条件、供货能力等等，从中筛选出候选的供应商以便进一步联系。如果该供应商已经实现网上资讯发布或电子商务，则业务员根据系统储存的供应商主页地址登录到供应商的主页了解其最新信息。

（2）询价和交易。有了候选的供应商后，业务员输入必要的信息，如采购数量、品种、批次等，由系统自动生成询价单。业务员将询价单以传真或电子邮件形式发往供应商处以了解其供货意向，进行业务交易。

（3）采购计划管理。将询价结果处理后可以由系统自动生成或手工录入生成采购计划。采购计划通过工作流方式传递到本级公司主管做初步审核，并汇总采购计划报上级公司平衡。然后根据上级公司确定的总量指标调整、确定采购计划。

（4）签订合同。业务员根据批准的采购计划在每年两次的全国定货会或省内衔接会上和供应商签署合同或计划衔接书（为简便起见，本书以后把合同和计划衔接书统称为合同）。

（5）合同管理。对省外购进业务，签完合同后，业务员将一张或多张合同直接输入到系统中；对省内购进业务，需要按供应商分解的计划安排表作为合同输入到系统中。然后由系统自动汇总所有合同的合计数，判断是否超过采购计划指标。如果超过系统给予提示或禁止进一步处理。在合同管理中，可以对合同进行更新、暂挂和终止等处理，如货物入库后系统自动根据验收入库单上的实收数（应收数–差异数）核减合同数量和金额。

（6）生成采购订单。供应商发货前通知业务员发货计划，业务员如果同意执行，则在系统中根据合同自动生成采购订单。对于有些购进业务可以从手工输入采购订单开始采购流程处理。

（7）订单审核。确认采购订单审核确认后，自动生成入库通知单和电子发票。其中，入库通知单和电子发票存储在中央资料库中，以便仓库调用入库通知单和财务部门调用电子发票。

（8）匹配发票。业务员收到供应商转来的实物发票后，将该发票的票号补入到系统生成的电子发票有关栏位中。

（9）仓库验收入库。库管员根据供应商转来的随货同行联的合同号（或订单号）从系统中调入对应的入库通知单，审核无误后由系统根据入库通知单自动生成（也可以手工录入）验收入库单。如入库数量和随货同行联上的数量有差异，可由库管部门会同业务部门判明原因，如果是供应商的责任，则可以由验收入库单上“差异”栏反映出来，同时按实收数核减合同数量和金额，由供应商下次补发或做其他处理。

（10）财务做相应处理。财务部门可以在系统内根据合同号调出相应的验收入库单、电子发票，结合供应商的实物发票进行财务处理。如根据电子发票票号栏位判断是做正常财务处理（有票号资讯）还是做暂估处理（无票号资讯）。然后经过主管审批后向供应商付款。

▲操作要求

1．分小组讨论为什么烟草企业要变革采购流程。

2．分别画出变革前与变革后的采购流程图，并用文字辅助说明。

单元四　供应商管理

本章导读

通过本单元的学习，学生应能够理解供应商管理的内涵和意义，掌握供应商选择的途径和方法。

知识点

（1）供应商管理的概念与目标。
（2）供应商选择的一般步骤。
（3）供应商的审核与考评的方法与指标。
（4）供应商关系管理。

技能点

（1）初步具备供应商管理的能力。
（2）能熟练进行供应商选择。
（3）能够依据供应商的审核与考评的方法与指标，在实践中合理运用。

项目一　供应商管理的认知

供应商的选择和管理是采购管理中最重要、最关键的工作之一。本章讨论供应商选择和管理的若干问题，目的是帮助企业建立起一个稳定可靠的供应商队伍，为企业生产提供可靠的物资供应。

任务 1　供应商管理的概念

【案例点击 4-1】

由麻省理工学院（MIT）在 20 世纪 90 年代早期进行的一项著名的研究表明，日本汽车公司和其他的汽车制造商在竞争力方面存在较大差距。日本制造商不仅能够以较低的成本生产汽车，而且开发交付周期也要短得多！受这一研究的结果的影响，欧洲和美国的汽车公司着手改善它们的生产过程。如克莱斯勒发起了一个新的供应商关系计划。

美国的克莱斯勒和本田等公司的经历表明，供应商对于一个有效果和有效率的供应链是至关紧要的。供应商应该被直接或间接地纳入制造商的计划中以削减市场进入时间和与原料有关的成本。克莱斯勒在其“Viper”型车的开发过程使用了日本式的与供应商合作的方法，其结果说明了这一点。

"Viper"型车从开始开发到首次批量生产用了三年时间，而不是通常所需的五年，预算大约是7亿美元(为马自达的"Miata"型车预算的45%)。克莱斯勒是如何实现这一目标的呢？方法之一就是将大多数生产任务交由供应商完成，将开发和工程工作的大部分和90%的部件外包给了供应商。因此，正确的供应商管理将为企业带来巨大的价值。

供应商是指可以为企业生产提供原材料、设备、工具及其他资源的企业。企业要维持正常生产，就必须要有一批可靠的供应商为企业提供各种各样的物资供应。因此，供应商对企业的物资供应起着非常重要的作用，采购管理就是直接和供应商打交道而从供应商那里获得各种物资，因此采购管理的一个重要工作是要搞好供应商管理。

1. 定义

所谓供应商管理，是对供应商的了解、选择、开发、使用和控制等综合性的管理工作的总称。其中，了解是基础，选择、开发、控制是手段，使用是目的。供应商管理的目的，就是要建立起一个稳定可靠的供应商队伍，为企业生产提供可靠的物资供应。

早在20世纪40年代供应商管理就受到发达国家的重视，在近几十年间，随着经济环境的变化，不断出现新的内容。从传统的供应商管理发展到现代供应商管理，企业在供应商管理方面有了很大的创新。在对物流管理越来越重视的今天，优秀的企业将供应商管理提高到战略的高度，并且在实践中不断地寻求更好的方法。

两者的比较，如表4-1所示。

表4-1 传统供应商管理与现代供应商管理的比较

比较内容	传统的供应商管理	现代供应商管理
供应商数目	多数	少数
供应商关系	短期的买卖关系	长期合作的伙伴关系
企业与供应商的沟通	仅限于采购部与销售部之间	双方多部门沟通
信息交流	仅限于订货、收货信息	共享众多信息
价格谈判	尽可能低的价格	适宜的价格，更多的选择标准
供应商选择	凭采购员经验	完善的程序和战略标准
供应商对企业的支持	基本没有	有
企业对供应商的支持	基本没有	有

2. 供应商管理的内容

（1）供应商初选。依据供应商的一些基本信息，如市场信誉度、合作的意愿、财务状况、地理位置等基本因素，对已有的和潜在的供应商进行分析并分类，以识别关键供应商。

（2）供应商审核。在初选的基础上，依据一定的审核标准对选定的供应商做进一步的认定审核。

（3）供应商考评。供应商考评是一项很重要的工作。它分布在各个阶段：在供应商的选择过程中需要考评，在供应商的使用阶段也需要考评，不过每个阶段考评的内容和形式并不完全相同。

（4）供应商关系管理。建立起不同层次的供应商网络，通过减少供应商的数量，致力于与关键供应商建立合作伙伴关系。

任务2 供应商管理的目标及战略

1. 供应商管理的目标

企业通过有效的供应商管理，要达到以下管理目标：

（1）获得符合企业质量和数量要求的产品或服务。

（2）以最低的成本获得产品或服务。

（3）确保供应商提供最优的服务和及时的送货。

（4）发展和维持良好的供应商关系。

（5）开发潜在的供应商。

2. 供应商管理的战略

（1）设计一种能最大限度地降低风险的合理的供应结构。

（2）采用一种能使采购成本最小的采购方法。

（3）与供应商建立一种能促使供应商不断降低成本、提高质量的长期合作关系。

3. 供应商管理的意义

供应商作为企业的外部环境的组成部分，它必然间接或直接地对企业造成影响。因为任何供应商，不管是不是已经与企业有直接关系，都是资源市场的组成部分。而企业的采购，都只能从这个资源市场中获取物资。所以我们采购物资的质量水平、价格水平都必然受到资源市场每个成员的共同影响。

对供应商加强管理的重要意义可从以下几个方面来考虑：

（1）提升企业核心能力。随着企业越来越注重于核心能力的培养和核心业务的开拓，从外部获取供应资源，有助于企业集中精力来提升自身的核心竞争能力。

（2）利于新产品的开发。据美国采购经理们预测，未来五年，新产品上市时间将缩短40%～60%，仅仅依靠制造商或核心企业的能力是远远不行的，让供应商早期参与研发可缩短产品开发周期，并有效降低开发成本。

（3）降低商品采购成本。由于采购成本在企业总成本中占据着相当大的比重，且该比例将随着核心能力的集中和业务外包比例的增加而增加，制造商只有与供应商联合，形成长期稳定的采购关系，才能实现产品采购成本的进一步降低。

（4）提高产品质量。原材料的质量直接影响到产成品的质量状况。研究表明，30%的产品质量问题是由供应商引起的。因此提高原材料、零配件的质量是改进产品质量的有效手段。

（5）降低库存水平。有效的供应商管理可以帮助企业建立一支可靠的供应商队伍，为企业生产提供稳定可靠的物资供应保障。从而有助于制造商降低库存水平，减少库存的压力。

（6）缩短交货期。据统计，80%的产品交货期延长是由供应商引起的，缩短产品交货期应从源头做起。

（7）集成制造资源。制造业面临的是全球性的市场、资源、技术和人员的竞争，制造资源市场已成为一个开放型的大市场。制造资源应被集成起来发挥作用早已是人们在制造生产中得到的共识，有效的供应商管理可实现制造企业与供应商（另一类制造商）的有效集成。

【相关链接】

本田同供应商的“金钱”关系

本田在全球的供应商超过上千家，在中国就有上百家。为了降低成本，本田尽可能采用当地的供应商。与其他的大多数汽车制造商一样，本田也有类似于供应商奖励或激励计划，但其差别是本田将多少金钱和时间精力投入到建立和维护与供应商的关系上。

在与供应商长期合作的基础前提下，对供应商所付出的金钱和时间决定着供应商的奖励或激励计划是否成功的关键。

本田汽车在与一个供应商关系中，运用商业伙伴的程序，帮助该供应商重新设计了某零件的工艺过程，这是一种前后门之间连接车顶和底盘的金属部件。本田建议使用固定位置的焊接台，只需简单的捡起放下式机器人在工作台之间进行移动部件操作即可，而无须让精密的焊接机器人围绕部件转。这个新工艺的改进使产量翻番，从每小时生产63个部件增加到每小时生产125个。同时，由于焊枪的固定，降低了损耗，减少了焊接点的撕裂，因此它们的使用寿命也从50000个焊接点上升到250000个。

与供应商的关系改善是一个不断完善和发展的过程，是需要投入一定的金钱和精力的。但在投入时，首先不要想回报。例如，一个资信很好的供应商意外出现了质量和交付问题，本田就会派遣公司内部的专家去了解情况，研究问题究竟出在什么地方。

为了满足本田的要求，供应商只好在短时间里增加了一倍的劳动力。有一次本田曾安排自己的4名员工到供应商的公司生活工作了10个月，来协助重新组建和改进供应商的能力，使之达到本田的要求。本田对供应商的服务是不收取任何费用，这是一种自我服务，以确保长期保持与供应商的关系，这对双方都有好处，也增加了供应商投资本田的意愿，使双方的合作更加具有长期性。

（资料来源：百度文库）

项目二　供应商选择

在市场经济条件下，企业采购的外部环境发生了重大变化，主要体现在进货渠道多、价格差异大、质量难以控制、采购风险大等方面，这对企业采购工作提出了新的要求。合理地选择供应商直接影响到采购的品质，是搞好供应商管理的前提和关键环节。

任务1　供应商选择的意义与影响因素

无论对于公司、企业还是其他机构，如果供应商选择不慎重，将直接影响到产品的品质，进一步威胁到机构的声誉。因而对于采购工作来说，合理选择供应商是首要的、关键的一步，它关系到采购目标能否实现，具有十分重要的意义。

1. 选择供应商的意义

（1）使采购物品数量与质量得以保证。良好的供应商，有较好的信誉，稳定的生产能力和技术水平能供应适当的数量且质量稳定的物品，以满足客户的需要，使企业的生产经营活动能连续稳定地进行，从而保持供应与需求量和结构上的一致性。

（2）实现准时交货。准时交货是指所采购的物品在需要时，供应商应及时交货。太早交货，一方面占用资金，另一方面占用库存；太晚交货，易造成供应脱节，影响经营的连续性。

良好的供应商应能与企业较好地配合，使供应与需要在时间上相吻合。另外，还需保证供应的品种规格与企业所需要的品种规格相一致。

（3）有利于提高企业的经济效益。选择合适的供应商，能提高企业的经济效益，因为一方面供应商提供较合理的价格，使企业不会因少数供应商的漫天要价而遭受蒙骗；另一方面与信誉好的供应商合作，可减少一些诸如考查供应商、催货等工作环节，从而减少相关的订购费用。

总之，合理选择供应商，不仅可以有可靠的货源，减少存货，减少流动资金占用，而且可减少一些不必要的麻烦，如退货等，以降低采购风险，使采购工作得到有力的保障。

2. 选择供应商需考虑的因素

在实施供应链合作关系的过程中，市场需求将不断变化，必要时还需要根据实际情况的变化及时修改供应商的选择评价标准，或重新开始供应商的评价选择。因此，选择供应商是一个动态的过程，它不是一成不变的，情况发生了变化，选择的标准亦要随之改变。从供应链的角度看，对供应商选择机制主要考虑的因素大概有以下几个方面：

（1）价格因素。供应商的产品价格决定了消费品的价格和整条供应链的投入产出比，对生产商和销售商的利润率产生一定程度的影响。供应商应该能够提供有竞争力的价格，这并不意味着必须是最低的价格。这个价格是考虑了要求供应商按照所需的时间，所需数量、质量和服务后确定的。

（2）质量因素。供应商提供的产品质量直接决定了最终产成品的质量，决定着产品的使用价值，是一个很重要的指标。供应商必须有一个良好的质量控制体系，其提供的产品必须能够持续稳定地达到产品说明书的要求。对供应商提供的产品除了在工厂内做质量检验以外，还要考察实际使用效果，即检查在实际环境中使用的质量情况。

（3）交货提前期因素。对于企业或供应链来说，市场是外在系统，它的变化或波动都会引起企业或供应链的变化或波动，市场的不稳定性会导致供应链各级库存的波动。由于交货提前期的存在，必然造成供应链各级库存变化的滞后性和库存的逐级放大效应。交货提前期越小，库存量的波动越小，企业对市场的反应速度越快，对市场反应的灵敏度越高。由此可见，交货提前期也是重要因素之一。

（4）交货准时性因素。交货准时性是指按照订货方所要求的时间和地点，供应商将订购产品准时送到指定地点。如果供应商的交货准时性较差，就会影响生产商的生产计划和销售商的销售计划和时机，这样一来，就会引起大量的浪费和供应链的解体。

为了降低库存，许多企业都尽量实行准时生产（JIT），在这种形势下，供应商交货的准时性就显得更为重要。因此，交货准时性也是重要的影响供应商选择的因素。

（5）地理位置。供应商的地理位置对库存量有相当大的影响，如果物品单价较高，需求量又大，距离近的供应商有利于管理。购买方总是期望供应商离自己近一些，或至少要求供应商在当地建立库存。地理位置越近，送货时间就越短，意味着紧急缺货时，可以快速送到。

（6）生产供应能力。供应能力即供应商的生产能力，企业需要确定供应商是否具备相当的生产规模与发展潜力，这意味着供应商的制造设备必须能够在数量上达到一定的规模，能够保证供应所需产品的数量。

（7）品种柔性因素。在全球竞争加剧、产品需求日新月异的环境下，消费者的个性化需求越来越明显，许多企业为了适应消费者各种各样的需求，实行个性化的定制生产。只有生产的产品多样化，才能适应消费者需求的个性化，实现占有市场和获取利润的目的。

为了提高企业产品的市场竞争力，企业应提高柔性生产能力，而企业的柔性生产能力是以供应商的品种柔性为基础的，供应商的品种柔性决定了消费品的种类。

（8）设计能力因素。集成化供应链是供应链的未来发展方向，产品的更新是企业的市场动力。产品的研发和设计不仅仅是生产商分内之事，集成化供应链要求供应商也应承担部分的研发和设计工作，提高供应的灵活性。因此，供应商的设计能力属于供应商选择机制的考虑范畴。

（9）特殊工艺能力因素。每种产品都具有其独特性，没有独特性的产品的市场生存力较差，产品的独特性要求特殊的生产工艺。所以，供应商的特殊工艺能力也是影响因素之一。

（10）供应商的信誉。守合同、讲信誉的供应商是企业选择时考虑的重要因素。在选择供应商时，应该选择一家声誉较高、经营稳定以及财务状况良好的供应商。同时，双方应该相互信任，讲究信誉，并能把这种关系保持下去。

（11）其他影响因素。除以上的影响因素之外，有时还有一些其他因素，如供应商的项目管理能力、售后服务水平、库存水平等。

任务2 供应商的认证及选择的程序

1. 供应商的认证

（1）认证程序。

对供应商的认证是发展供应商的第一步。它包括以下步骤：

①对供应商进行初步的调查。这是指以书面调查或现场参观的方式对供应商的整体状况作初步的了解，如公司的成立时间、投资规模、市场占有率、客户分布、年营业额、利润、管理系统、质量系统、生产技术特点等。通过对供应商的初步了解，可以确定是否有必要继续与供应商进行进一步的接触和认证。

②对供应商的样品进行测试。这是指确定其能否在性能、质量方面满足供货的要求。

③对供应商质量体系的认证。这是指供应商认证过程中相当重要的一步，它通过对供应商的现场审核，对供应商的质量体系的建立以及执行的有效性做充分的考察。

（2）认证内容。

①对供应商进行初步的调查。

②对供应商的样品的测试认证。

③对供应商的质量管理体系的认证。

（3）认证方法。

①确定供应商资格审定要素。传统观念是把品质、价格、交货及服务作为选择供应商的一般标准。但是，为了全面、合理地审定供应商资格，必须把下列要素列入审核范围：品质、价格、交货及服务、供应能力、信用、运费、付款方式、合作性等。

②确定审定要素的权数。审定质量、价格、服务、交货期等各评估要素的重要程度，根据市场信息等具体情况，列出并赋予各因素一定的权数。例如采购机电产品或技术附加值高的产品时，供应商提供的产品的质量、服务的权数就高。总之，各方面的权数之和为1，权数的确定是一项需要经验和技术的工作。

③供应商资格审定。根据采购市场调查资料，按照综合评分法，对供应商逐个进行审定，

评出哪些供应商资格可以接受，哪些供应商应该避免与之交往，并编制拒绝与之交往供应商或不合格供应商的目录。

例如，B 需求方按如下分数分配比例来评价本地的各供应商：产品质量占 40 分，价格占 35 分，合同完成率占 25 分。根据上期统计资料，如表 4-2 所示，从中选择出下期最合适的供应商。

表 4-2 上期供应商统计资料

供应商	收到的商品量/件	验收合格量/件	单价/元	合同完成/%
甲	2000	1920	89	98
乙	2400	2200	86	92
丙	600	480	93	95
丁	1000	900	90	100

根据上表数据，按以下计算可得出各供应商的综合分数如下：

甲：(1920÷2000)×40+(86÷89)×35+0.98×25=96.7

乙：(2200÷2400)×40+(86÷86)×35+0.92×25=94.7

丙：(480÷600)×40+(86÷93)×35+0.95×25=88.1

丁：(900÷1000)×40+(86÷90)×35+1×25=94.4

得分最高者是甲，因此甲供应商是最终选定的合适供应商。

2. 供应商选择的程序

大型的公司、企业或其他机构一般都有自己长期合作的供应商群体，在进行新一轮采购时，一般会优先考虑已有的供应商群体。但由于市场需求瞬息万变，不能够完全依赖已有的供应商群体，一旦他们不能满足新的采购需求，就必须到社会上重新进行选择。

供应商的选择是一项复杂、涉及面较广的工作，要做好这项工作，企业的决策者需因地制宜，对企业所处的内外环境进行详细的分析，根据企业的长期发展战略和核心竞争力，做出对供应商的选择，其实施步骤如图 4-1 所示。

（1）分析市场竞争环境以及企业自身规模等客观条件。建立基于信任、合作、开放性交流的供应链长期合作关系，必须首先分析市场竞争环境，必须知道现在的产品需求是什么、产品的类型和特征是什么，找到针对哪些产品市场开发供应链合作关系才有效，以确认用户的需求，确定是否有建立供应链合作关系的必要，从而确认供应商选择的必要性。

企业的自身规模也是需要考虑的一个客观条件，根据企业的现状及规模的不同，来选择不同类型的供应商。

（2）明确选择供应商的目标。企业必须确定供应商的评价程序，必须建立实质性的、实际的目标。其中，降低企业的采购成本是主要目标之一。评价和选择供应商不仅仅是一个简单的评价、选择过程，它本身也是企业自身和企业与企业之间的一次业务流程的重构过程，如果实施好的话，它可以带来显著的经济效益。

企业可以从供应商手中获得并开发创新能力，企业需要重要供应商的大力支持，因为他们拥有至关重要的能力来帮助企业实现其发展战略。

（3）建立对供应商的评价标准。供应商综合评价的指标体系是企业对供应商进行综合评价的依据和标准。不同行业、企业的产品需求和不同环境下的供应商的评价侧重点是不一样的，这些具体标准见表 4-3。

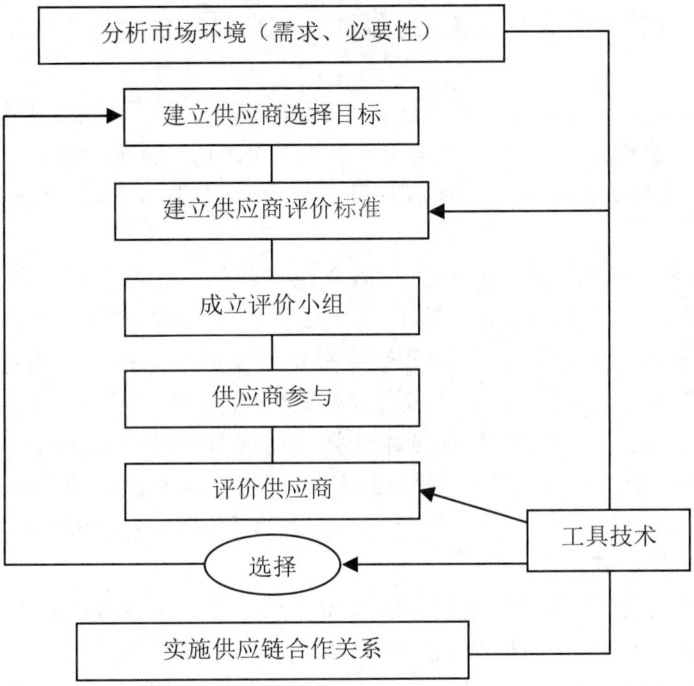

图 4-1　供应商评价、选择步骤图

表 4-3　供应商的评价标准

要素	标准
交货时间	按时供应
质量	满足企业的质量体系
价格	等于或低于采购价格
服务	以企业的满意度为标准
柔性	能按企业的要求改变和调整供应
信誉	以上标准执行的合格情况

表 4-3 各种要素中，质量仍被看作是第一位的。几乎所有的公司都认为质量是最重要的因素。如果价格低但产品质量有问题，用户会要求退款或不再采购该供应商的产品。除了质量、信誉、准时交货之外，供应商的规模和可持续发展能力也是选择供应商的重要标准。因为这是决定其能否不断提供新技术和降低成本的重要依据。

此外，选择供应商时，要注意和供应商达成明确的共识，与供应商保持良好的关系，让他们理解企业的使命，加强与供应商决策人员的沟通，明确双方合作的目标。积极主动地与供应商进行沟通，这主要表现在双方的经营理念要相一致，认可对方的企业目标。只有如此，合作双方才能把握短期利益和长期利益的平衡区域，达到“双赢”。而当一方有暂时的困难时，作为战略合作伙伴的另一方才能从长期利益出发，给困难一方以支持，双方才能共同前进。

总之，在建立供应商的评价标准时，不外乎涉及供应商的业绩、设备管理、质量控制、人力资源开发、成本控制、技术开发、用户满意度、交货协议等各个方面。这是一个选择供应商问题的核心环节。不同的企业要根据上述确立的选择目标，来构建供应商的评价标准，并按此标准来选择供应商。

（4）建立供应商选择和实施的团队组织。供应商选择是企业发展过程中重要的功能之一。供应商的选择绝不是采购员个人的事，而是一个集体的决策，涉及企业的生产、技术、计划、财务、物流、市场等部门。因此企业特别需要设立跨职能部门的团队组织来控制与实施供应商的选择。

（5）市场调研和数据的采集。尽可能地收集供应商的名单和资料，包括已有的供应商及从各种展销会、媒体、政府有关统计调查报告、网络、招标等渠道收集的新的供应商资料，以便从较大范围内找出较好的供应商。调研和数据采集是供应链选择机制的起始环节，市场调研和数据采集的正确与否是供应商选择的有效和准确实施的关键。

（6）在现有的供应商和潜在的供应商中选择。在现有的供应商和潜在的供应商中选择符合企业要求的供应商，是供应商选择机制的最后环节，根据现有的供应商和潜在的供应商的供应能力，利用所得到的调研数据，按照选择标准，对现有的供应商和潜在的供应商进行排序，从中选择最为有利的供应商。

（7）建立供应链合作关系。建立供应链合作关系也是不可忽视的重要环节。企业的决策者应该根据企业的具体状况和市场竞争态势，选择有效的供应链合作关系。在建立供应链合作关系的过程中，市场需求和市场竞争状态将不断变化，可以根据实际情况改变供应链合作关系或重新开始供应商选择。

任务 3　选择供应商的策略与对策

1. 供应商选择的策略

通过对供应商科学的评价，选择合理的供应商。具体策略如下：

（1）稳定策略。选择综合素质较好的供应商作为合作伙伴，并不断加强两者间的关系，以便长期合作。采用这种策略可使企业货源稳定，产品质量、数量、交货期等得以保证，使企业能稳定地经营。

（2）动态选择策略。企业面临的经营环境总是在不断变化，面对以下两种情况，企业要重新选择开发新的供应商。

①市场的需求多变，为了满足市场的需要，企业的产品组合要不断地调整，导致企业采购的物品结构也要不断地调整，当原来供应商的经营范围与企业的需要不适应时，需调换供应商。

②与供应商建立长期稳定的关系固然重要，但一些长期合作的供应商的信誉会发生变化。为使企业不上当吃亏，应淘汰一些不合格的供应商，选择开发更好的供应商，与之建立合作关系，也促进老供应商不断调整自己，提高信用。

（3）对应策略。针对不同的产品、不同的市场态势，应分别采取对应的策略。

①科技含量较高的产品，在评价和选择供应商时，质量、服务因素权数大，而价格权数小，对一般大宗商品在质量一定时，价格权数较大。

②市场有三种态势，针对不同态势，在选择供应商时要采取不同的对应策略：

一是供小于求的紧俏产品，因该种产品较紧俏，不及时购买就会买不到，影响企业的经营。因此，在选择评价供应商时，质量的权数适当放小，否则采购不到，会因小失大。

二是供大于求的滞销产品，可选择的余地大，要货比多家，价格的权数适当放大。

三是供求平衡的平稳产品，质量是主要的，其次才是价格因素。

2. 供应商选择过程中常见的问题与对策

供应商选择过程中常见的问题与对策，参见表 4-4。

表 4-4　供应商选择过程中常见的问题与对策

问题点	对策
缺乏系统的、有计划的制度	宜先建立一套开发供应商的标准作业办法、流程及计划
选择供应商时间过长	建立或落实开发供应商的时限或家数
缺乏有组织性的开发供应商	宜设立专责人员推动组织，并由主办单位召集相关各方共同协办与参与
“多头马车”或缺乏客观的开发供应标准	指定主办单位并制定供应商的评选标准
缺乏开发供应商的正确观念	宜规划教育训练，进行全员共识建设
开发供应商的人员专业性不足	加强专业的访查技能训练
供应商的情报不足	建立供应商情报收集及管理系统，定期检查及更新
采购人员不会自动开发供应商，只求工作轻松，抱着“多做多错，少做少错，不做不错”的心态	灌输“多做不错，不做大错”观念，并设定开发供应商的目标
对供应商开发的产品，觉得不适用，需学习说“不”的艺术	建立公开、公平、公正的原则和奖惩办法

【相关链接】

波导对供应商的选择

波导股份有限公司一直致力于选择最好的供应商。比如某供应商是给 MOTO、诺基亚长期供货的，波导尽量与它接触，使其能够为波导供货。但要选择一家完全符合波导心意的供应商，其过程也是艰辛的。

“我们一直在寻找行业里面前三名的供应商来供货，这是波导的一个硬性指标。”有了硬性指标，才有产品质量。选好一家供应商后，波导并不马上与其签订协议，而是要了解该供应商以往与别的手机厂家合作时的商业信誉，以及其自身的资质，这里面包括质量体系、供货能力等方面的因素，然后才进行评估考核。

在初步符合波导的要求后，供应商会给波导递交样本，进入到小规模试用期，合格以后再进入批量试用期。在完全符合这些环节之后，双方才会确立长期的合作项目。

“我们在选择供应商，给它们提要求的同时，反过来也给它们一定的承诺。”如果双方合作得好，就会形成长期的战略合作关系。特别是一些主要的供应商，波导会把很大的采购业务交给它们。这样就避免了竞争对手要采购同样的产品时供应商优先满足他们，从而给波导造成损失。

一般情况下，波导会把采购总量的 60%～70%交给主要的长期供货商。一般情况下，波导会把所有符合其标准的元器件供应商集中到一起进行选择，选择标准包括手机功能、产品的质量保证体系、系统稳定、供货能力等。

（资料来源：新浪网）

项目三　供应商的审核与考评

供应商的审核与考评是完善企业采购管理、提高采购乃至供应链绩效的关键。通过有效的审核与考评体系，可以帮助企业正确评价供应商的绩效，奖优惩劣，推陈出新，不断优化供应商队伍。

任务 1　供应商的审核

定期审核供应商是供应商管理中的重要一步，也是采购管理之中非常重要的环节，是每一个采购单位都必须做的工作。实践表明供应商经常会在管理方式、质量保证、物料管理、设计程序、过程改进政策、纠正措施与后续措施等方面出现问题。针对这些问题，在进行供应商审核时要有相应的审核措施。

1. 审核分类

在不同的供应商管理阶段，供应商审核相应有供应商论证前必须进行的供应商评审、对现有供应商进行的定期审核以及在现有重要供应商中选择开展的质量体系审核。供应商审核的控制层次既可局限在产品层次、工艺过程层次，也可以深入到质量保证体系层次甚至供应商的公司整体经营管理体系层次。具体如下所示：

（1）产品层次。该层次的审核主要目的是确认供应商的产品质量，必要时还可要求供应商改进产品质量以符合企业的要求。实施办法包括正式供应前的产品标准件试制检验，以及供货过程中的来料质量检验。

（2）工艺过程层次。一般说来，该层次的审核主要针对那些质量水平对生产工艺有很强依赖性的产品。采购方往往必须深入到供应商的生产现场了解其工艺过程，确认其工艺水平、质量控制体系以及相应的设备设施能力是否能够满足产品的质量要求。

（3）质量保证体系层次。该层次审核是针对供应商整个质量体系和过程而进行的。通常选择 ISO 9000 标准或其他适合的质量体系标准作为参考标准。

（4）公司层次。该层次审核是对供应商进行审核的最高层次，它不仅要考察供应商的质量体系，还要审核供应商经营管理水平、财务与成本控制、计划制造系统、信息系统和设计工程能力等企业各主要管理过程。

一般情况下，对于普通型的供应商，采购方只限于审核产品层次和工艺过程层次。但是，如果采购方要挑选合作伙伴，特别是那些管理严格、技术先进的国际大公司，它们通常都会大量采用质量保证体系和公司层次的审核来控制供应链管理体系。

2. 审核方法

供应商审核方法往往分为主观和客观两种。主观法就是采购方根据个人的印象和以往的经验对供应商进行评判，评判的依据较为笼统，都是一些质化指标。而客观法则是依据采购方事先制定的标准或原则对供应商相应的情况进行量化的考核和审定。客观法又可分为调查表法、现场打分评比法、供应商绩效考评法、供应商综合审核以及总成本法等。

（1）调查表法。此种方法是将事先准备好的标准格式的调查问卷发给不同的供应商填写，而后收回进行比较的方法，常用于招标、询价以及初步了解供应商的情况。但由于有些供应商为了突出自己或获得订单，并不如实回答问卷，从而使获得的信息失真。因此这种方法并不完善。

（2）现场打分评比法。指预先准备好一些问题并格式化，而后组织有关人员到现场进行核查、确认。同调查问卷相比，这种方法获得的信息更加真实有效。

（3）供应商绩效考评法。指对已经供货的现有供应商供货的及时性、质量、价格等进行跟踪、考核和评比。

（4）供应商综合审核。针对供应商公司层次而组织的全面审核，它通常需要质量、工程、企划、采购等专业人员参与，并将问卷调查与现场打分结合起来进行。

（5）总体成本法。总体成本法耗资巨大但却十分有效。该方法着眼于降低供应商的总体成本从而达到降低采购价格的目的。它需要供应商的通力合作，由采购商组织强有力的综合专家团队对供应商的财务及成本进行全面、细致的分析，找出可以降低采购成本的方法并要求供应商付诸实施与改进，改进后的受益则由双方共享。少数跨国公司曾使用这种方法来降低成本并借此提升供应商的综合管理水平。

任务2　供应商的考评

这里的考评是指对现有供应商（签订正式合同之后）的日常表现进行定期监控和考核，这种考核应当比试运作期间更全面。传统对供应商的考评工作，一般只停留在对重要供应商的来货质量进行定期检查，没有一整套的规范和程式。

随着企业供应商管理水平的提升，原有的考评方法已不再适应企业管理需求。下面就供应商考评范围与考评指标进行阐述。

1. 供应商考评范围

（1）考评对象。供应商考评的对象是已经通过认证的，正为企业提供服务的供应商。目的是了解供应商的表现，促进供应商提升供应水平，并为供应商奖惩提供依据。为了节约企业资源，避免不必要的浪费，考评时，针对不同的供应商，考核的力度也不同。

为了提升供应商绩效，保证企业供应的稳定，我们必须把考评结果通知考评对象，以督促他们改进。

（2）考评准备。供应商考评的过程十分烦琐，但必须尽量公正、完备，否则就会引发供应商的不满，结果适得其反。因此必须制定供应商考评的一整套严格完整的工作程序，严格依照文件要求，对供应商的表现进行监测记录，为考评提供量化依据。一般认为供应商考评的准备工作主要有以下几步：

①设定考评准则，考评准则应体现跨功能原则。

②设定考评指标，考评指标要明确、合理，与公司的大目标保持一致。

③确定考评的具体步骤并文件化。

④选择要进行考评的供应商，将考评做法、标准及要求与其进行充分沟通。

⑤成立考评小组，小组成员要包括采购员、品质员、企划员、仓管员等。

（3）考评范围。不同的企业生产范围不同，供应商供应的商品也就不同，因此针对供应商表现的考评要求也不相同。一般来讲，最简单的做法就是衡量供应商的交货质量和及时性，只需在每次进货时做好记录即可。

较先进的供应商考评系统则要进一步扩展到供应商的支持与服务、供应商参与本公司产品开发的表现等。下面介绍的是大型跨国公司对供应商进行考评时常考虑的因素：

①确定供应商考评范围。

②制定考评文件，文件内容应包括考评什么、何时考评、怎样考评、由谁考评等。

③根据事先确定的考评指标和收集的数据通过信息系统自动计算考评结果。

④组织供应商会议跟进相应的改善行动。

⑤设定明确的改进目标。

2. 供应商考评的指标

一般来说，供应商的考评主要依据以下几个指标：

（1）质量指标。产品质量是用来衡量供应商的最基本的指标。每一采购方在这方面都有自己的标准，要求供应商遵从。产品质量的检查可采用全检或抽检的方式。供应商质量指标主要包括来料批次合格率、来料抽检缺陷率、来料在线报废率、供应商来料免检率等，现分别叙述如下。

来料批次合格率=（合格来料批次/来料总批次）×100%

来料抽检缺陷率=（抽检缺陷总数/抽检样品总数）×100%

来料在线报废率=[来料总报废数（含在线生产时发现的）/来料总数]×100%

来料免检率=（来料免检的种类数/该供应商供应的产品总种类数）×100%

其中以来料批次合格率最为常用。此外，也有一些公司将供应商质量体系纳入考核。例如，如果供应商通过了 ISO 9000 质量体系认证或供应商的质量体系审核达到某一水平则为其加分，否则不加分。

还有一些公司要求供应商在提供产品的同时也要提供相应的质量文件，如过程质量检验报告、出货质量检验报告、产品成分性能测试报告等，并按照供应商提供信息完整、及时与否给予考评。

（2）供应指标。供应商的供应指标是评价供应商的交货表现及其管理水平的指标，其中最主要的是准时交货率、交货周期、订单变化接受率等。

①准时交货率。准时交货率=（按时按量交货的实际批次/订单确认的交货总批次）×100%

②交货周期。交货周期是指自订单开出之日到收货之时的时间长度，一般以天为单位来计算。

③订单变化接受率。订单变化接受率是衡量供应商对订单变化反应灵敏度的一个指标，是指在双方确认的交货周期中供应商可接受的订单增加或减少的比率。

订单变化接受率=（订单增加或减少的交货数量/订单原定的交货数量）×100%

值得注意的是，供应商能够接受的订单增加接受率取决于供应商生产能力的弹性、生产计划安排与反应快慢、库存大小与状态（原材料、半成品或成品）等；而订单减少接受率主要取决于供应商的反应、库存（包括原材料与在制品）大小以及因减少订单带来可能损失的承受力。

此外，有些公司还将本公司必须保持的供应商供应的原材料或零部件的最低库存量、供应商所采用的信息系统，以及供应商是否同意实施“即时供应”等也纳入考核。

（3）经济指标。供应商考核的经济指标主要是考虑采购价格与成本。同质量与供应指标不同的是，经济指标往往都是定性的，难以量化，而前两者则是量化的指标。下面介绍经济指标的具体考核点：

①价格水平。企业可以将自己的采购价格同本企业所掌握的市场行情比较或根据供应商的实际成本进行判断。

②报价行为。主要包括报价是否及时，报价单是否客观、具体、透明。

③降低成本的态度与行动。供应商是否自觉自愿地配合本公司或主动地开展降低成本活动，制定成本改进计划、实施改进行动，是否定期与本公司审查价格等。

④付款。供应商是否积极配合、响应本公司提出的付款条件、付款要求以及付款办法，供应商开出付款发票是否准确、及时，是否符合有关财税要求。有些单位还将供应商的财务管理水平与手段、财务状况以及对整体成本的认识也纳入考核范围。

（4）配合度指标。同经济类指标一样，考核供应商在配合度方面的表现通常也都是定性的考核，一般来说可以每个季度一次，而质量与供应指标往往每月考核一次。配合度指标考核的内容主要有反应与沟通、合作态度、参与本公司的改进与开发项目、售后服务等。

①投诉灵敏度。供应商对订单、交货、质量投诉等反应是否及时、迅速，答复是否完整，对退货、挑选等要求是否及时处理。

②沟通。供应商是否派出合适的人员与本公司定期进行沟通，沟通手段是否符合本公司的要求。

③合作态度。供应商是否将本公司看成是重要客户，供应商高层领导或关键人物是否重视本公司的要求，是否经常走访本公司，供应商内部沟通协作（如市场、生产、计划、工程、质量等部门）是否能整体理解并满足本公司的要求。

④共同改进。供应商是否积极参与或主动提出与本公司相关的质量、供应、成本等改进项目或活动，是否经常采用新的管理做法，是否积极组织参与本公司共同召开的供应商改进会议、配合本公司开展的质量体系审核等。

⑤售后服务。供应商是否主动征询顾客意见，是否主动走访本公司，是否主动解决或预防问题发生，是否及时安排技术人员对发生的问题进行处理。

⑥参与开发。供应商是否主动参与本公司的各种相关开发项目，参与本公司的产品或业务开发过程中表现如何。

⑦其他支持。供应商是否积极接纳本公司提出的有关参观、访问、实地调查等事宜，是否积极提供本公司要求的新产品报价与送样，是否妥善保存与本公司相关的机密文件等以免泄露，是否保证不与影响到本公司切身利益的相关公司或单位进行合作等。

【相关案例】

TCL公司科学考评供应商

TCL王牌电子（深圳）有限公司于1992年介入彩电业。刚开始的供应商考评工作是由其供应方惠州长城公司负责。1996年，TCL具备了生产条件后，才开始自行开展供应商的考评工作。

目前TCL已经建立了一整套的供应商考评体系，其考评原则已逐步成为其企业文化的一个重要的有机组成部分。供应商考评工作在企业实施稳定的供应链合作关系、保证产品质量、降低生产成本、提高经济效益等方面发挥了巨大的作用。建立供应商考评体系，通常要确定考评的项目、标准及要达到的具体量化指标目标。这些问题明确后，还要建立相应的考评小组，TCL 目前的供应商考评小组有 10 位工作人员。

由于 TCL 是行业内较领先的企业，其供应商在行业内也是比较优秀的。

TCL 的供应商主要包括零部件、生产设备、检测设备、动力设备等各种不同种类的供应商。针对每一类供应商，TCL 都制订了相应的管理办法。

TCL 主要考评的供应商有两类：①现有供应商；②新的潜在的供应商。

对于现有的供应商，TCL 每月都要做一次调查，着重就价格、交期、进货合格率、质量事故等各个方面都进行量化考评，并有一年两次的现场考评。

对新的潜在供应商，供应绩效考评的过程要复杂一些，具体操作过程如下：

在 TCL 公司新产品开发时，就提出对新材料的需求，要求潜在的目标供应商提供其基本情况，内容包括：公司简介、生产规模或能力、曾给哪些企业供过货、是否通过了 ISO 9002 的认证和生产安全的认证，还要求提供样品、最低的报价等。

在实施供应链合作关系的过程中，市场的需求和供应都在变化，TCL 在保持供应商相对稳定的前提下，会根据实际情况及时地修改供应商的考评标准。

目前，TCL 的供应商基本上能做到 100%的产品合格率，因此，价格就成了考评的主要因素。TCL 会要求新的潜在供应商提出一个成本分析表，包括如下两部分内容：

①生产某一元器件由哪些原材料组成（即 MRP 结构图）；

②生产成本是如何构成的。

通过成本分析表来分析其中存在的价格空间，如果有不合理的价格因素，TCL 就会及时要求供应商进行供应价格的合理调整。

TCL 有一个基本的思路：合格的供应商队伍不应总是静态的，而应是动态的，这样才能引进竞争机制。

TCL 坚持的理念：不管处在怎样的环境中，都希望能与供应商共同发展壮大。

（资料来源：胡松评，企业采购与供应商管理七大实战技能）

项目四　供应商关系管理

在供应商管理过程中，供应商或许会与采购方建立新的业务联系，并且收集到更多的关于如何使自己对采购方更有益的信息，而采购方也会提升洞察供应商能否胜任的能力。然而，有些供应商关系刚刚停止发展就成为一方或双方进一步选择利益的阻碍。例如供应商对于采购方合作不再感兴趣，这可能因为在过去的数年内，采购方占据了其大量的服务和利润，相对于投资数量和承担的风险而言，该客户产生的利润微乎其微甚至使供应商在承受损失。

所以，供应商关系并非总是朝着更为密切的方向发展，也可能退步，甚至自我破坏。所谓的供应商关系其实是一种双向选择，双方彼此的客户关系，无论是供应商还是采购方，都处于挑选和被挑选的地位。企业只具有有限的能力去建立并维持同供应商的密切关系，供应商也是如此。两者都要决定与谁的关系需要密切、维持或者中断。

任务 1 供应商关系的分类与演变

1. 供应商关系的分类

由于企业的资源是有限的，必须将供应商关系分为不同的类别，根据供应商对本公司企业经营影响的大小设定优先次序，区别对待，以利于集中精力重点改进、发展对企业最重要的供应商。供应商关系管理的基础是供应商分类，企业与供应商之间的关系大致可以分为五种，即短期目标型、长期目标型、渗透型、联盟型、纵向集成型。

（1）短期目标型。短期目标型的主要特征是双方之间的关系是交易关系，虽然彼此希望能保持比较长期的买卖关系，但双方所做的努力只停留在短期的交易合同上，各自关注的是如何谈判，如何提高谈判技巧，不使自己吃亏，而不是如何改善自己的工作，使双方都获利。供应方能提供标准化的产品或服务，保证每一笔交易的信誉。当买卖完成时，双方关系也终止了。对于双方而言，只有业务人员和采购人员有联系，其他部门人员一般不参与。

（2）长期目标型。长期目标型的特征是建立一种长期合作伙伴关系，双方的工作重点是从长远利益出发，相互配合，不断改进各自的工作，提高产品质量与服务质量，并在此基础上建立起超越买卖关系的合作。例如，由于是长期合作，可以对供应商提出新的技术要求，而如果供应商目前还没有这种能力，采购商的技术创新和发展也会促进企业产品改进，所以这样做有利于企业长远利益。

（3）渗透型。渗透型是在长期目标型基础上发展起来的。其管理思想是把对方公司看成自己公司的一部分。有时甚至会通过互相投资、参股等措施，以保证双方派员加入对方的有关业务活动，以便更好地了解对方的情况。

在这种形式下，供应商可以了解自己的产品在对方是怎样起作用的，因而容易发现改进的方向；而采购方也可以知道供应商是如何制造的，对此可以提出相应的改进要求。

（4）联盟型。联盟型是从供应链角度提出的。它的特点是从更长的纵向链条上管理成员之间的关系。在难度提高的前提下，要求也相应提高。另外，由于成员增加，往往需要一个处于供应链上核心地位的企业出面协调成员之间的关系，这个企业常常被称为“盟王”。

（5）纵向集成型。纵向集成型是把供应链上的成员整合起来，像一个企业一样，但各成员是完全独立的企业，决策权属于自己。这种形式被认为是最复杂的关系类型，要求每个企业充分了解供应链的目标、要求，以便在充分掌握信息的条件下，自觉做出有利于供应链整体利益的决策。

为了保证企业的运营，企业需要对原材料、零部件、设备、办公用品以及其他产品或服务进行采购。由于采购内容的不同，供应商也相应的有不同的种类，对不同种类的供应商采取不同的管理策略才能做到有的放矢。因此，供应商分类管理策略具有重要的实践意义。

2. 供应商关系的演变与比较

（1）供应商关系的演变。传统的采购商和供应商之间是一种纯粹的竞争关系。在最近几十年，“双赢”的观念开始在企业中处于上风，而供应伙伴关系的观念也随之出现。表 4-5 所示描绘了供应商关系的演变阶段。

（2）供应商关系的模式。从供应商关系的演变过程可以看到，随着经济环境的变化，企业在供应商管理方面有了很大的创新。在过去的几十年中，合作联盟、组织网络和供应链管理作为企业取得竞争优势的手段而受到越来越多的关注和重视。

表 4-5　供应商关系的演变

关系	竞争对手 20 世纪 60～70 年代	合作伙伴 20 世纪 80 年代	探索/全球平衡 20 世纪 90 年代
市场特点	许多货源，大量存货买卖双方是竞争对手	合作的货源，少量存货，买卖双方互为伙伴，实现“双赢”	市场国际化，不断调整双方的伙伴关系，在全球经济中寻找平衡与发展
采购运作	以最低的价格买到所需产品	• 采购总成本最低 • 供应商关系管理 • 整体供应链管理 • 供应商参与产品开发	• 供应商策略管理 •“上游”控制与管理 • 共同开发与发展 • 供应商优化 • 信息、网络化管理 • 全球“共同采购”

有一个不容忽视的事实是，传统的工业企业将其销售收入的一半以上都用在原材料采购和库存、物流成本上了，且这个比例还将随着产品个性化定制、规模小型化和外源供应趋向的发展而逐渐提高。因此，供应链管理和采购业务绩效就越来越成为提高企业核心竞争力的一个重要砝码。管理供应商和提高绩效目前主要有两种模式，一种是正常交易模式，另一种是伙伴模式。

供应商管理的正常交易模式是比较传统的，它主张要把对供应商的依赖降到最低水平，而把企业与供应商的讨价还价能力最大化地提高。这种竞争关系是价格驱动的，其采购策略表现为：

①买方同时向多处供应商购货，通过供应商之间的价格竞争获得价格好处。

②买方通过在供应商之间分配采购数量对供应商加以控制。

③买方与供应商保持的是一种短期合同关系。

正常交易模式一度被美国企业看成最有效的供应商管理模式，但后来在世界经济舞台上叱咤风云的日本企业并没有采用这一模式，但同样取得了巨大的成功，这就使得企业界对正常交易模式开始进行重新审视和思考。

日本企业的成功运作在相当大的程度上归功于建立了亲密的供应商关系，即供应商管理的伙伴模式。这是一种与正常交易模式截然相反的模式，它强调与供应商合作，最终实现双赢。这种关系模式的采购策略表现为：

①制造商协助供应商降低成本、改进质量、加快产品开发进度。

②双方较多的信息交流，以提高效率，降低交易，管理成本。

③长期的信任合作关系取代短期的合同。

（3）供应商关系的比较。现实中，客户与供应商的关系是多种多样的。各方面的研究表明：与松散、临时的正常交易模式相比，和供应商建立长期、密切的伙伴关系更能获得最佳的绩效。例如，伙伴关系在采购中能使供需双方达到双赢的效果。其作用具体体现在：

①通过利益共享，增加双方对整个供应链业务活动的共同责任感。

②通过信息共享，长期的合同关系，增加对未来需求的可预见性和可控能力。

③成功的客户有助于提高供应商的竞争力。

④高质量的产品增加了供应商的竞争力。

⑤通过长期的、有信任保证的订货合同，增加对采购业务的控制能力。

⑥减少和消除了不必要的对购进产品的检查活动，加快了进货速度。

可见，通过互惠互利的伙伴关系保证了双方的承诺、信任和持久性。信守诺言，是商业活动成功的一个重要原则，是建立长期合作关系的基础。持久性是保持合作关系的保证，没有长期的合作，双方就没有诚意做出更多改进和付出。机会主义和短期行为对供需合作关系将产生极大的破坏作用。

任务2 供应商关系的管理

如上所述，和供应商建立长期、密切的伙伴关系更能获得最佳的绩效，关系的密切程度取决于企业的特征和相应的管理理念。建立企业与供应商的战略伙伴关系，是指存在于客户及其供应商之间的、双方合作的、长期的产品交易关系。

这是一种基于相互信任，通过彼此间的信息沟通，实现风险共担和利润共享的一种企业合作关系，双方通过精诚合作所产生的利润比各自独立运作所产生的利润大，因而，这是一种双赢的企业营运策略。

1. 建立与供应商战略伙伴关系的积极意义

（1）有利于企业提高生产效率。从理论角度出发，一个成功的企业与供应商的战略伙伴关系，对企业产生的影响，与企业间的纵向整合类似。也就是说，通过上、下游企业间的合作或合并使企业在生产、销售、采购、控制和各个领域里，都获得经济效益，或节约成本。显然，两个具有战略供应关系的企业间的合作，使得不同技术的生产作业联合起来，有利于企业提高生产效率。

（2）有利于提高经济效益。战略伙伴关系通过把完全的市场交易行为，转变为两个企业组成的统一体系的内部交易，有助于双方通过内部控制和内部协调，提高企业运营的经济效益。从企业出发，所需的产品在供货的及时性和质量方面具有了一定的保证；从供应商出发，其产品销售也具备了相当的稳定性；从整个供应链的角度，降低了生产过程中的不确定性。

（3）有利于降低交易成本。通过联盟，双方可以分摊收集、分析信息的成本，能够减少双方在销售、定价、谈判以及市场交易等方面的部分成本。此外，稳定的关系使得双方可以集中精力发展各自的核心技术，提高产品质量，促使企业获得更高的效益。

（4）有利于实现准时化采购。供应商与制造商的伙伴关系对于准时化采购的实施是非常重要的，只有建立良好的供需合作关系，准时化采购策略才能得以彻底贯彻落实，并取得预期的效果。对制造商来说，通过实施准时化采购有助于加强对制造过程与产品质量的控制并有效地降低库存量（甚至实现零库存）。

从供应商的角度来说，实施准时化采购，把制造商的JIT（准时制生产方式）思想扩展到供应商，有助于供应商提高管理水平，准确把握客户需求，提高供应商对市场的响应能力。

2. 建立与供应商战略伙伴关系的负面影响

尽管战略伙伴关系有着如上所述的积极作用，但是也有可能会带来一定的负面影响。

（1）关系交易容易产生机会主义行为。关系双方必须通过关系的专用性投资，才可能建立起战略伙伴关系。一般而言，专用性投资都有同样的后果：契约各方现在知道他们将从相互交易中有所得，供方和买方事先都在竞争性的许多备选企业中选择对方，形成事后的双边垄断，使得它们有积极性彼此交易，而不是与其他方交易。

由于战略伙伴关系是个连续博奕的过程，企业进行专用性投资就会面临得不到由此产生的全部成本节约（或者说价值的增值）；而另一方则在事后用不交易进行威胁，以得到该企业的成本节约中的部分利润。

（2）关系交易容易产生道德风险。长期的合作关系，使得企业还要面临被敲竹杠、套牢以及道德风险等问题。例如，长期的供应关系中，客户容易认为他们的供应商太无变化，或者是与他们自身的想法相一致，而不再使他们增值等。

企业作为一个追求利润最大化的经济人，在面对是否采用战略伙伴关系的策略时，必然会考虑到合作前后企业效益的差异。显然，只有当双方合作产生的效益大于双方独立运作产生的效益时，两个企业才会有合作的意愿。因此，在考虑是否建立与供应商的战略伙伴关系时，企业必须慎重权衡自身的条件和环境。

3. 供应商关系管理的内容

我们在前面分析了企业与供应商建立伙伴关系的价值和负面影响，但是在当今的经济活动中，企业与供应商的关系已经远远突破了交易的层面。众多企业把供应商作为企业资源的一部分进行管理，以实现供应链整体的成本最低、收益最大。成功地与供应商进行协作是对企业能力的一种支持，并使二者由于优势互补产生“1+1＞2”的效果，从而提高整个供应链的整体效率。

例如，到目前为止，快餐大王麦当劳已在美国以外的 89 个国家开设了 750 个分店。为了维持规模和利润增长，麦当劳准备加大在发展供应商方面的投资。

其典型例子是：墨西哥的芝麻被采购用来做世界各地的小圆面包的原料；波兰已成为麦当劳最大的肉、土豆、面包的供应基地之一；向巴西投资 50 亿美元，它联系了很多原料供应商，合作建立被称作“食品城”的生产基地，麦当劳的这些措施的作用是相当大的，原料供应成本通常占总成本的 40%，麦当劳实施供应商发展战略，使供应成本降低到 30%。

企业要建立与供应商的关系，这也是关系营销的必然趋势。在与供应商的关系上，企业应做好以下几方面工作：

（1）在生产上帮助供应商。企业对供应商给予协助和指导，帮助供应商改进生产技术和工艺，降低成本，提高质量，以达到企业的柔性标准。

（2）与供应商保持信息的沟通。在企业与供应商之间经常进行有关成本、作业计划和质量控制信息的交流与沟通，保持信息的一致性和准确性。

（3）让供应商参与产品设计。在产品设计的初级阶段让供应商参与进来，这样供应商可以在原材料和零部件的性能和功能方面提供有关的信息，把用户的价值需求及时转化为对供应商的原材料和零部件的质量与功能的要求。

（4）建立联合的任务小组解决共同关心的问题。在供应商和企业之间应建立一种基于团队的工作小组，双方的有关人员共同解决供应过程以及流通过程中遇到的各种问题。

（5）对供应商实施有效的激励措施。没有有效的激励机制，就不可能维持良好的供应关系。常用的激励措施比如给予供应商价格折扣和赠送股权等，让供应商来分享企业的成功，并且对供应商的业绩进行评估，促使供应商不断改进供应。

在供应链环境下，企业与供应商的关系是一种战略性的合作关系，提倡“双赢”。合作与竞争并存是当今企业关系发展的一个趋势，它将有效地促进企业与供应商的共同发展。在实际过程中，供应商管理的两种模式都有成功的案例，那么对于企业的采购管理者而言便会面临这样的两难选择：本企业究竟采用哪种模式是最为有效的呢？在进行供应商管理工作时，许多企业往往会把这个问题简单化，采用一种“非此即彼”的极端做法，要么只选择正常交易模式，或者只选择伙伴模式。两者只具其一。

实际上，这是有失偏颇的。企业应该学会对供应商管理进行更具战略意义的思考，对每个进入本公司业务视野的供应商作出战略分析，以便确定某个供应商的产品对采购企业的核心能力和竞争优势作出贡献的程度。这样，企业可以兼获正常交易模式和伙伴模式两者的优势，这是供应商管理中未来竞争优势的关键所在。

单元小结

1．供应商管理，就是对供应商的了解、选择、开发、使用和控制等综合性的管理工作的总称。供应商管理的意义可以从技术层面和战略层面考虑。

2．供应商管理应抓好初选、审核、考评及供应商关系管理等环节的工作。

3．供应商选择的主要步骤有：成立供应商评选小组、确定全部的供应商名单、决定评审的项目、设定评审项目的权重、逐项评估每个供应商的履行能力、综合评分并确定供应商。

4．供应商审核既有主观法又有客观法，客观法又可以具体分为调查表法、现场打分评比法、供应商绩效考评法、供应商综合审核以及总体成本法。

5．供应商考评的指标很多，但是归纳起来也不过四大类。分别是供应商质量考评指标、供应商价格考评指标、供应商经济考评指标以及供应商支持与服务考评指标。

6．企业与供应商的关系大致可以分为五种，即短期目标型、长期目标型、渗透型、联盟型、纵向集成型。而传统的供应商关系管理与供应链环境下的双赢模式有着本质的区别。

案例讨论

供应链管理铸就“不可复制”的成功

近年来，在全球电脑市场不景气的大环境下，戴尔却始终保持着较高的收益，不断增加市场份额，并经常以200%以上的年均增长速度飞速发展。

论及戴尔的成功之道，几乎是众口一词地归结为“直销模式”。事实上，戴尔的成功源于其效率超乎寻常的供应链管理。该公司分管物流配送的副总裁迪克·亨特一语道破天机：“我们只保存可供5天生产的存货，而我们的竞争对手则保存30天、45天，甚至90天的存货。这就是区别。”

亨特无疑是物流配送时代浪尖上的弄潮者。亨特在分析戴尔成功的时候说：“戴尔总支出的74%用在材料配件购买方面，2000年这方面的总开支高达210亿美元，如果我们能在物流配送方面降低0.1%，就等于我们的生产效率提高了10%。物流配送对企业的影响之大由此可见一斑。”

戴尔公司之所以能围绕直销实现JIT（just in time）生产，就是因为它有一个组织严密的供应商网络。戴尔公司95%的物料来自这个供应网络，其中75%来自30家最大的供应商，另外20%来自20家规模略小的供应商。

戴尔公司几乎每天都要与这50家主要供应商分别交互一次或多次。在生产运营中，如果生产线上某一部件由于需求量突然增大导致原料不足，主管人员就会立刻联系供应商，确认对方是否可能增加下一次发货的数量。如果问题涉及硬盘之类的通用部件，主管人员就会立即与后备供应商协商。如果穷尽了可供选择的所有供应渠道后，仍然没有收获，主管人员就会与公司内部的销售和营销人员磋商，通过他们的“直线订购渠道”与客户联系，争取把客户对于某些短缺部件的需求转向那些备货充足的部件。所有这些操作，都能在几个小时内完成。

戴尔有一整套的供应商遴选与认证制度。考核的标准主要是看供应商能否源源不断地提供没有瑕疵的产品。考核的对象不仅包括产品，而且涵盖了产品生产的过程，也就是说，要求供应商具有符合标准的质量控制体系。要想成为戴尔的供应商，企业必须证明其在成本、技术、服务和持续供应能力等四个方面具有综合的优势，特别是供应能力必须长期稳定——由于戴尔库存控制极严，如果供应不稳定，就有可能影响戴尔对最终用户的承诺。

考核是一个循序渐进的过程。戴尔采取了“安全量产投放”的办法，根据对供应商考核的结果，分阶段地逐步扩大采购其产品的规模，以降低新入选企业供应能力不稳定的风险。

由于戴尔与供应商之间没有中间商的阻隔，所有来自于客户的最新信息都被以最快的速度及时反馈给供应商，以便后者据此调整供应策略。与此同时，戴尔致力于同供应商建立长期的合作伙伴关系，特别是在一些流程和管理工具的开发上，充分考虑了与供应商的配合。

风险控制也是戴尔处理供应商关系时重点考虑的因素。供应商有可能无法及时调整供应能力，从而难以满足戴尔高速扩张的采购需求；供应商也可能无法适应产品的升级与技术的换代而导致供应中断；此外，政治、经济和环境因素的变化，乃至出现短缺时供应商的忠诚度等因素，都有可能影响供应链的稳定，对此，戴尔都加以充分考虑，并制定了相应的预案。

库存管理——物料的低库存与成品的零库存。在库存的数量管理上，戴尔以物料的低库存与成品的零库存而声名远播，其平均物料库存只有约 5 天。在 IT 业界，与戴尔最接近的竞争对手也有 10 天以上的库存，业内的其他企业平均库存更是达到了 50 天左右。由于材料成本每周就会有 1%的贬值，因此库存天数对产品的成本影响很大，仅低库存一项就使戴尔的产品比许多竞争对手拥有了 8%左右的价格优势。

而高效率的物流配送使戴尔的过期零部件比例保持在材料开支总额的 0.05%～0.1%之间，2000 年戴尔全年在这方面的损失为 2100 万美元。而这一比例在戴尔的对手企业都高达 2%～3%，在其他工业部门更是高达 4%～5%。

当然，戴尔的库存管理并不仅仅着眼于“低”，通过双向管理其供应链，通盘考虑用户的需求与供应商的供应能力，使二者的配合达到最佳平衡点，实现“永久性库存平衡”，这才是戴尔库存管理的最终目的。

需要注意的是，当我们为戴尔“物料的低库存与成品的零库存”给予喝彩和掌声的同时，应该看到：戴尔没有仓库，但是供应商在它周围有仓库。

事实上，戴尔的工厂外边有很多配套厂家。戴尔在网上或电话里接到订单，收了钱之后会告诉你要多长时间货可以到。在这段时间里它就有时间去对订单进行整合，对既有的原材料进行分拣，需要什么原材料就下订单给供应商，下单之后，货到了生产线上才进行产权交易，之前的库存都是供应商的。

毋庸讳言，戴尔把库存的压力转移给了供应商。这是加入戴尔供应链的代价，也是件两厢情愿的事情。因为戴尔需要货物的量很大，加入戴尔的供应链就意味着拥有不断增长的市场和随之而来的利润。

库存物料的品质如何，直接决定了成品的质量。为了确保库存的物料没有瑕疵，戴尔把监督的视点延伸到了对源头的控制和对供应商生产过程的监督。首先，戴尔会同供应商进行深入、充分的交流，共同探讨技术、设计、生产过程等多方面的细节，使供应商与戴尔就库存品质的预期及实现途径达成共识；在此后的合作中，戴尔还会及时将最终用户的应用体验反馈给供应商，并通过定期业务分析等方式，帮助供应商总结经验、吸取教训，努力实现库存品质的稳定与提高。

采用符合行业标准的、模块化的产品，是戴尔库存管理的另一个重要内容。戴尔很少在一个新技术或新产品刚刚出现时把它“推”向市场，而是要等到技术已经标准化、产品已经成熟时，才大规模进入市场，并力争在进入后马上成为市场的领导者。正因为如此，戴尔大量采用符合行业标准的、开放的技术，而不是独家、封闭的技术。这一点反映在库存物料的管理上，就使得戴尔特别强调库存本身的标准化，要求它们符合行业的标准，并尽可能地实现模块化与可互换，以最大限度地降低重复开发的成本。

流程管理——电子化贯穿始终。电子工具的广泛应用是戴尔供应链管理的一个显著特征，戴尔电子化的供应链系统为处于链条两端的用户和供应商分别提供了网上交易的虚拟平台。戴尔有 90%以上的采购程序通过互联网完成。有了与供货商的紧密沟通渠道，工厂只需要保持 2 小时的库存即可应付生产。

除此之外，戴尔还推出一个名为 valuechain.dell.com 的企业内联网，此网站堪称供货商的入门网站，供货商可以在上面看到专属其公司的材料报告，随时掌握材料品质、绩效评估、成本预算以及制造流程变更等信息。

不仅如此，“电子化”还贯穿了从供应商管理、产品开发、物料采购一直到生产、销售乃至客户关系管理的全过程。以销售管理为例，强大的管理信息系统不仅使戴尔能够实现成品的零库存，而且还可以大大提高物流与运输的效率。

戴尔公司实施电子商务化物流后取得的物流效果是：①1998 年成品库存为零；②零部件仅有 2.5 亿美元的库存量（其盈利为 168 亿美元）；③年库存周转次数为 50 次；④库存期平均为 7 天；⑤增长速度 4 倍于市场成长速度；⑥增长速度 2 倍于竞争对手。

尤为难得的是，在大力开展电子化的同时，戴尔特别强调要分清主次，以避免不当的电子化措施而形成本末倒置的局面。戴尔认为，商业模式及其所构建的供应流程是“本”，而电子工具是“末”，应用电子工具的目的是为了加强供应流程的效率，而不是替代供应流程本身，不能舍本逐末，为了电子工具应用的方便而破坏供应流程自身的合理性。

（资料来源：王成，刘慧，赵媛媛.《供应商管理精要》. 北京：机械工业出版社，2002）

讨论：

1．你认为戴尔公司成功的主要因素有哪些？

2．戴尔公司的供应商遴选与认证制度有何特点？

技能训练

一、填空题

1．供应商考评的指标分为供应商质量考评指标、供应商__________考评指标、供应商经济考评指标以及供应商__________考评指标。

2．企业与供应商之间的关系大致可以分为__________、长期目标型、__________、联盟型和__________。

3．供应商的供应指标是评价供应商的交货表现及其管理水平的指标，其中最主要的是__________、__________、__________。

4．配合度指标考核的内容主要有反应与沟通、__________、参与本公司的改进与开发项目、__________等。

5．选择供应商的策略主要有__________、__________和对应策略。

二、简答题

1．简述供应商管理的意义。

2．选择供应商需考虑哪些因素？

3．审核供应商有哪些方法？

4．企业应如何选择供应商管理的模式？

三、论述题

1．传统的供应商关系管理与供应链环境下的供应商关系管理有什么本质的区别？

2．分析与供应商建立战略伙伴关系的积极意义和负面影响。

3．如何改进企业和供应商的关系？

四、实训

（一）供应商调查

▲情景设置

假设我院拟开设一日用品、食品超市，作为采购部成员首先需要对供应商调查，并制作供应商管理卡片。

▲操作要求

1．对供应商的基本情况、产品、价格进行实地调查。

2．根据调查结果，制作供应商卡片。（见供应商调查表）

3．学生分组如下：

第一组 对乳制品、面包类供应商的调查；

第二组 对饮料、饼干类供应商的调查；

第三组 对洗化类供应商的调查；

第四组 对糖果、烟酒供应商的调查；

第五组 对米面、调味品类供应商的调查；

第六组 对保健品、休闲食品类供应商的调查。

供应商调查表

供应商名称：

供应商编码：

<table>
<tr><td colspan="3">所属国家和地区：</td><td colspan="4">厂址：</td></tr>
<tr><td colspan="2">邮编：</td><td colspan="2">电话：</td><td colspan="3">电子信箱：</td></tr>
<tr><td>产品种类</td><td>价格</td><td>业内口碑</td><td>售后服务</td><td>市场占有率</td><td>消费者认可度</td><td>供货能力</td></tr>
<tr><td></td><td></td><td></td><td></td><td></td><td></td><td></td></tr>
<tr><td></td><td></td><td></td><td></td><td></td><td></td><td></td></tr>
<tr><td></td><td></td><td></td><td></td><td></td><td></td><td></td></tr>
<tr><td colspan="7">考察结果：A 类供应商　B 类供应商　C 类供应商　不能成为供应商</td></tr>
</table>

等级指标：好、较好、一般、差

（二）某公司对供应商考评的操作程序

▲情景设置

某公司是一家生产制造型公司，在工作中，公司逐渐意识到材料的价格已不再是决定供应商或评价供应商的唯一因素。许多非价格因素如售后服务、质量、技术等也影响着整体成本和效率，于是企业采购部重新制定对供应商的考评方案，具体如下：

1．考核项目及分值比例（满分 100 分）

品质：40 分。

交期：25 分。

价格：10 分。

服务：10 分。

退货交换：10 分。

其他：5 分。

2．评分办法

（1）品质考评。根据进料验收的批次合格率评分，每个月进行一次。

进料批次合格率=（检验合格批数 /总交验批数）×100%

评分：得分 ＝40×进料批次合格率

（2）交期考评。由采购部依订单规定的交货日期进行评分，方式如下：

如期交货得分 25 分。

延迟 1～2 日每批次扣 2 分。

延迟 3～4 日每批次扣 5 分。

延迟 5～6 日每批次扣 10 分。

延迟 7 日以上不得分。

本项得分以 0 分为最低分。采购部每月将同一供应商当月各批订单交货评分进行平均，得出该月的交期考评得分。

（3）价格考评。由采购部根据供应商的价格水准评分，方式如下：

价格公平合理，报价迅速：10 分。

价格尚属公平，报价缓慢：8 分。

价格稍微偏高，报价迅速：6 分。

价格稍微偏高，报价缓慢：3 分。

价格很不合理或报价十分低效：0 分。

（4）服务考评。

诚意改善：8 分。

尚能诚意改善：5 分。

改善诚意不足：2 分。

置之不理：0 分。

（5）退货交换行动评分。由采购部对不良退货交换行动评分：

按期更换：7 分。

偶尔拖延：5 分。

经常拖延：2 分。

置之不理：0 分。

（6）其他评鉴。满分 5 分。

3．考评办法

供应商之考评每月进行一次。

将各项得分汇入“供应商考评表”，并合计总得分。

每半年平均一次厂商得分，计算方式为

半年平均得分=每月得分总和/考评月数

4．考评分等

供应商考评等级划分如下：

平均得分 90.1～100 分者为 A 等。

平均得分 80.1～90 分者为 B 等。

平均得分 70.1～80 分者为 C 等。

平均得分 60.1～70 分者为 D 等。

平均得分 60 分以下者为 E 等。

5．考评处理

A 等厂商为优秀厂商，予以付款、订单、检验之优惠奖励。

B 等厂商为良好厂商，由采购部提请厂商改善不足。

C 等厂商为合格厂商，由品管、采购等部门予以必要之辅导。

D 等厂商为辅导厂商，由采购等部门予以辅导，三个月内未能达到 C 等以上予以淘汰。

E 等厂商为不合格厂商，予以淘汰。

被淘汰厂商如欲再向本公司供货，需再经过供应商调查评估。

供应商考评表

厂商名称				厂商编号			
地址				采购材料			
考评项目	品质考评	交期考评	价格考评	服务考评	退货考评	其他	合计得分
月							
月							
月							
月							
月							
月							
得分总和		平均得分		考评等级			
处理意见：							

主管：　　　　　　　　采购：

▲操作要求

1．在实训一的基础上，由每组同学给出供应商的供货数据。

2．再由同学根据数据参照上面供应商考评指标对每个供应商做出客观的考评。

3．由同学讨论供应商考评结果，分出等级。

单元五　采购谈判与采购合同

本章导读

本章重点介绍采购谈判的策略与技巧以及应用说明，并将所学的知识运用于采购实际，熟练运用采购谈判中议价的技巧。此外，采购谈判中，采购合同是最重要文件之一，所以需要掌握合同的内容与签订。

知识点

（1）采购谈判的原则与特点。
（2）采购谈判的程序、采购谈判的策略与技巧。
（3）采购合同的签订流程。
（4）采购合同的内容。

技能点

（1）初步具备运用相关知识进行采购谈判的能力。
（2）能运用谈判技巧解决谈判冲突等有关问题。
（3）具有团队合作精神和协调人际关系的能力。

项目一　采购谈判的内容与程序

任务 1　采购谈判的概念

【案例点击 5-1】

一场没有硝烟的交战

日商举办的农业加工机械展销会上，展出的正是我国国内几家工厂急需的关键性设备。于是某公司代表与日方代表开始谈判。

按惯例，卖方首先报价：1000 万日元，我方马上判断出其价格的“水分”并且对这类产品的性能、成本及在国际市场上销售行情了如指掌，暗示生产厂家并非你独此一家。最终中方主动提出休会，给对方一个台阶。当双方重又坐在谈判桌旁时，日方主动削价 10%，我方据该产品近期在其他国家行情，认为 750 万日元较合适，日商不同意，最后我方根据掌握的信息及准备的一些资料，让对方清楚，除他外还有其他一些合作伙伴，在我方坦诚、有理有据的说服下，双方最终握手成交。

（资料来源：百度文库）

1. 谈判在采购中的应用

采购谈判是指企业为采购商品作为买方，与卖方厂商对购销业务有关事项，如商品的品种、规格、技术标准、质量保证、订购数量、包装要求、售后服务、价格、交货日期与地点、运输方式、付款条件等进行反复磋商，谋求达成协议，建立双方都满意的购销关系。

采购谈判的目的，一是希望获得供应商质量好、价格低的产品；二是希望获得供应商比较好的服务；三是希望在发生物资差错、事故、损失时获得合适的赔偿；四是当发生纠纷时能够妥善解决，不影响双方的关系。

采购谈判在采购活动中的重要性如下：

（1）可以争取降低采购成本。通过采购谈判，可以以比较低的价格获取供应商的产品，降低购买费用；可以以比较低的进货费用获得供应商送货，降低采购进货的费用；这样就可以降低采购成本。

（2）可以争取保证产品质量。在进行采购谈判时，产品质量肯定是一个重要的内容，通过谈判可以让供应商对产品提供质量保证，使购买方能够获得质量可靠的产品。

（3）可以争取采购物资及时送货。通过谈判，可以促使供应商保证交货期、按时送货、及时满足采购方物资需要，并且因此可以降低采购方的库存量、提高其经济效益。

（4）可以争取获得比较优惠的服务项目。伴随产品购买有一系列的服务内容，例如，准时交货、提供送货服务、提供技术咨询服务、售后安装、调试、使用指导、运行维护以及售后保障等。这些服务项目，供应商都需要花费成本，供应商希望越少越好，而购买方希望越多越好，这就需要谈判。

（5）可以争取降低采购风险。采购进货过程风险大，途中可能发生事故，造成货损、货差，甚至人身、车辆、货物的重大损失，通过谈判，可以让供应商分担更多风险、承担更多风险损失。这样，采购方就可以减少甚至避免采购风险，减少或者消除风险损失。

（6）可以妥善处理纠纷，维护双方的效益。总之，通过谈判，可以争取降低采购成本和采购风险、及时满足企业物资需要、保证物资质量、获取优惠服务、降低库存水平、提高采购的效益。如果能够谈判成功，则对企业是非常有利的。

2. 采购谈判的内容

在采购谈判中，谈判双方主要就以下几项交易条件进行磋商：①商品的品质条件；②商品的价格条件；③商品的数量条件；④商品的包装条件；⑤交货条件；⑥货款的支付条件；⑦货物保险条件；⑧商品的检验与索赔条件；⑨不可抗力条件；⑩仲裁。

商品的品质、价格、数量和包装条件是谈判双方磋商的主要交易条件。只有明确了商品的品质条件，谈判双方才有谈判的基础。也就是说谈判双方首先应当明确双方希望交易的是什么商品。在规定商品品质时，可以用规格、等级、标准、产地、型号和商标、产品说明书和图样等方式来表达，也可以用一方向另一方提供商品实样的方式表明己方对交易商品的品质要求。

在磋商数量条件时，谈判双方应明确计量单位和成交数量，在必要时订立数量的机动幅度条款。在货物买卖中，大部分货物都需要包装。因此，谈判双方有必要就包装方式、包装材料、包装费用等问题进行洽谈。

商品的交货条件是指谈判双方就商品的运输方式、交货时间和地点等进行的磋商。而货运的保险条件的确定则需要买卖双方明确由谁向保险公司投保，投保何种险别，保险金额如何确定，以及依据何种保险条款办理保险等。

货款的支付问题主要涉及支付货币和支付方式的选择。在国际货物买卖中使用的支付方式主要有汇付、托收、信用证等。不同的支付方式，买卖双方可能面临的风险大小不同，在进行谈判时，应根据情况慎重选择。

检验、索赔、不可抗力和仲裁条件，有利于买卖双方预防和解决争议，保证合同的顺利履行，维护交易双方的权利，是国际货物买卖谈判中必然要商议的交易条件。

3. 采购谈判的特点

采购谈判属于商务谈判的范畴，它具有商务谈判的基本特点，但同时也具有自己的特殊性。

（1）采购谈判是为了最终获取本单位或部门所需物资，保障本单位或部门及时持续的外部供应。

（2）采购谈判讲求经济效益。在谈判中，买卖双方争议最激烈的问题往往是商品的价格问题。对采购者来说，当然是希望以最低的价格或者最经济地获得所需商品。

（3）采购谈判是一个买卖双方通过不断调整各自的需要和利益而相互接近，最终争取在某些方面达成共识的过程。

（4）采购谈判蕴含了买卖双方“合作”与“冲突”的对立统一关系。双方都希望最终能够达成协议，这是合作的一面；但各方同时又希望通过协议能够获得尽可能多的利益，这是冲突的一面。正是由于买卖双方的这种对立统一关系，才体现出了采购谈判的重要性，以及在谈判中选用适当策略和技巧的必要性。

（5）在采购谈判中，最终达成的协议所体现的利益主要取决于买卖双方的实力和当时的客观形势。另外，谈判结果还在一定程度上受主观条件的制约，例如，谈判人员的素质、能力、经验和心理状态，以及在谈判中双方所运用的谈判策略技巧。

（6）采购谈判既是一门科学，又是一门艺术。掌握谈判的基本知识和一些常用策略技巧能使谈判者有效地驾驭谈判的全过程，为己方赢得最大的利益。

在采购谈判的实际组织实施中，要综合考虑采购谈判的上述特点，并结合实际情况，制定合适的谈判计划、方案和策略等。

4. 采购谈判的指导思想

采购谈判最基本的思想就是谋求买卖双方的“皆大欢喜”。这个指导思想被一些学者和企业家称之为“双赢”的原则。其含义是采购谈判应兼顾买卖双方的利益，将谈判成功的希望放置于双方需要的基础上，并在此基础上追求对各方都有利的结果。贯彻“双赢”的指导思想，就要在谈判过程中努力去寻求满足共同利益的谈判选择方案。

在制定谈判目标、计划、策略时，应当从双方的需要出发考虑问题。以这样的思想去指导谈判活动，才能提高成功率。反之，如果在谈判中只顾自身利益，不顾对方利益，最后就很可能以谈判失败告终。

此外，在采购谈判中，买卖双方还要以诚实守信、平等互惠、心胸宽广等思想来指导自己的言行。诚实守信就是在谈判中买卖双方互相信任，以诚待人，各方认真遵守和履行自己在谈判过程中所做的承诺，不失信于人。平等互惠是指不论买卖双方企业的大小、社会知名度等客观因素如何，在谈判中双方都应平等对待，遵循在平等的基础上相互实现其经济利益原则，这是谈判最终能达成交易的前提条件，同时也是市场经济的规律所决定的。

心胸宽广是指在谈判中买卖双方要有较强的忍耐性，豁达大度，心胸宽阔，相互包容，能进能退。由于各种因素的制约，谈判并不能按照各方预料的那样发展下去，这就要求双方要根据谈判的实际情况决定下一步的做法，善于把谈判问题的原则性与灵活性有机结合起来，以便能使谈判获得最终的成功。

任务2　采购谈判的程序

一场谈判是否能够取得圆满的结果，要依赖多方面的因素。但企业采购部门是否对谈判组织周密严谨，谈判前是否做了充分的准备，谈判中是否能够灵活运用有关策略、技巧等，对谈判有着重要的决定作用。图5-1所示为采购谈判的基本过程。

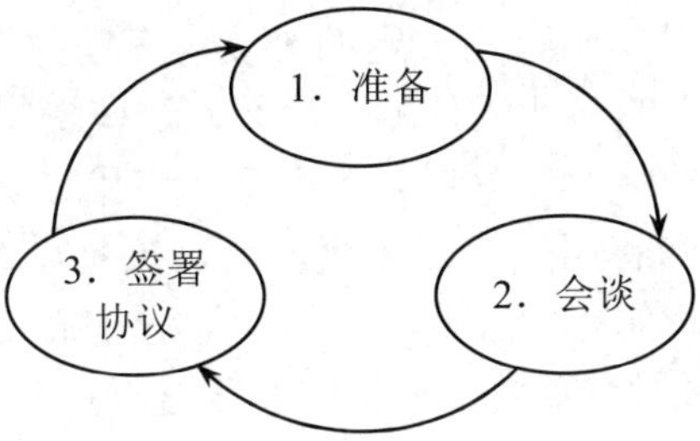

图5-1　采购谈判过程

1．采购谈判的准备阶段

“凡事预则立，不预则废”，采购谈判也是如此。准备工作做得如何在很大程度上决定着谈判的进程及其结果。有经验的谈判者都十分重视谈判前的准备工作。一些规模较大的重要谈判，往往提前几个月甚至更长的时间就开始着手进行精心的准备。

总体上说，前期的准备工作主要从谈判有关资料的收集、谈判方案的制定、谈判队伍的组选等方面展开。

（1）采购谈判资料的收集。

通过对谈判有关资料信息的收集、整理、分析和研究，谈判人员就会有较为充分的心理思想准备，明确谈判的主客观环境，以及在谈判中可能会出现的问题。

①采购需求分析。采购需求分析就是要在采购谈判之前弄清楚企业需求什么、需求多少、需求时间，最好能够列出企业物料需求分析清单。这一部分主要通过前面几章的介绍的方法来完成。

②资源市场调查。在做出采购需求分析之后，就要对资源市场进行一番调查分析，获得市场上有关物资的供给、需求等信息资料，为采购谈判的下一步决策提供依据。具体包括产品供应与需求情况、产品销售情况、产品竞争情况、产品分销渠道等。

③对方情报收集。

第一，资信情况。调查供应商的资信情况，既要调查对方是否具有签订合同的合法资格，还要调查对方的资本、信用和履约能力。在对对方的合法资格进行调查时，我们可以要求对方提供有关的证明文件，如成立地注册证明、法人资格等，也可以通过其他的途径进行了解和验证。

对对方的资产、信用和履约能力的调查，资料的来源可以是公共会计组织对该企业的年度审计报告，也可以是银行、资信征询机构出具的证明文件或其他渠道提供的资料。

第二，对方的谈判作风和特点。谈判作风是实质谈判者在多次谈判中表现出来的一贯风格。了解谈判对手的谈判作风，对预测谈判的发展趋势和对方可能采取的策略以及制定己方的谈判策略可提供重要的依据。

此外，还可以收集供应商要求的货款支付方式、谈判最后期限等方面的资料。

④资料的整理与分析。在通过各种渠道搜集到以上有关信息资料以后，还必须对它们进行整理和分析。这里主要做两方面的工作：

第一，鉴别资料的真实性和可靠性。即去伪存真，这是一个整理的过程。在实际工作中，由于各种各样的原因和限制因素，在收集到的资料中往往存在着某些资料比较片面、不完全，有的甚至是虚假的、伪造的，因而必须对这些初步收集到的资料做进一步的整理和甄别。

例如，由于在资料收集的过程中存在一定的难度，有些收集到的资料就有可能不是第一手的资料，或者是收集人员做出的估计或预测，那么，这些资料的可靠性就值得怀疑，因此，也就必须对这些资料进行整理与鉴别，做到去伪存真，为我方谈判所用。

第二，鉴别资料的相关性和有用性。即去粗取精，这是一个分析的过程。在资料具备真实性和可靠性的基础上，结合谈判项目的具体内容与实际情况，分析各种因素与该谈判项目的关系，并根据它们对谈判的相关性、重要性和影响程度进行比较分析，并依此制定出具体的切实可行的谈判方案与对策。

（2）采购谈判方案的制定。

谈判方案是指在谈判开始前对谈判目标、谈判议程、谈判对策等预先所做的安排。谈判方案是指导谈判人员行动的纲领，在整个谈判过程中起着重要的作用。

①采购谈判目标的选择。谈判目标指参加谈判的目的。一般可以把谈判目标分为三个层次：必须达到的目标；中等目标；最高目标。对于采购谈判来讲，首先是为了获得原材料、零部件或产品，所以，谈判就以能满足本企业（地区、行业或单位）对原材料、零部件或产品的需求数量、质量和规格等作为谈判追求的目标，也就是谈判必须达到的目标；其次，采购谈判还要以价格水平、经济效益水平等作为谈判的目标，这可以作为中等目标；最后，采购谈判还要考虑供应商的售后服务情况，例如，供应商的送货、安装、质量保证、技术服务活动等，这是采购谈判追求的最高目标。

②采购谈判议程的安排。谈判议程及谈判的议事日程。它主要是说明谈判时间的安排和双方就哪些内容进行磋商。

一是采购谈判主题的确定。要进行一次谈判，首先就要确定谈判的主题，不能漫无边际地进行谈判。一般地说，凡是与本次谈判相关的、需要双方展开讨论的问题，都可以作为谈判的议题。可以把它们一一罗列出来，然后根据实际情况，确定应重点解决哪些问题。对于采购谈判来讲，最重要的也就是采购产品的质量、数量、价格水平、运输等方面，所以，应把这些问题作为谈判议题重点加以讨论。

二是采购谈判时间的安排。谈判时间的安排，就是要确定谈判在何时举行，为期多久。若是一系列的谈判需要分阶段进行的话，还应对各个阶段的谈判时间做出安排。

一般来说，我们在选择谈判时间时，要考虑以下几个方面的因素：①准备的充分程度，要注意给谈判人员留有充分的准备时间，以防仓促上阵；②要考虑对方的情况，不要把谈判安排在对对方明显不利的时间进行；③谈判人员的身体和情绪状况，要避免在身体不适、情绪不佳时进行谈判。

③谈判备选方案的制定。通常情况下，在谈判过程中难免会出现意外的事情，令谈判人员始料不及，影响谈判的进程。为了预防这种情况的发生，在接到一个谈判任务时，应对整个谈判过程中双方可能做出的一切行动做正确的估计，并依此设计出几个可行性的备选方案。在制定谈判备选方案时，可以注明在出现何种情况下，使用此备选方案，以及备选方案的详细内容、操作说明等。

当然，任何一种估计都可能是错误的，这就要求我们不仅在分析、讨论问题时，必须要以事实为依据，按照正确的逻辑思维来进行，而且在谈判过程中，也要注意对谈判对手的观察、核对谈判形势的分析判断，对原定的方案进行不断的修正，并结合具体情况灵活运用。

（3）采购谈判队伍的组选。

采购谈判能否取得预期的效果，取决于谈判人员能否审时度势，正确合理地运用谈判策略。采购谈判队伍的组选就是指在对谈判对手情况以及谈判环境诸因素进行充分分析研究的基础上，根据谈判的内容、难易程度选择谈判人员，组织高效精悍的谈判队伍。

一般来说为了保证谈判达到预期的目标，提高谈判的成功率，应根据以下几项原则来选择不同的人员组成队伍。一是根据谈判的内容、重要性和难易程度组织谈判队伍，小型的谈判，谈判人员可由2～3人组成，有时甚至由一人全权负责。而对于内容较为复杂且较重要的大型谈判，配备的人员数要比小型谈判多得多。二是根据谈判对手的具体情况组织谈判队伍。一般可以遵循“对等原则”，即己方谈判队伍的整体实力与对方谈判队伍的整体实力相同或对等。

在组织谈判队伍时，关键的一步就是谈判人员的选择。对谈判人员的素质要求有：具有良好的自控与应变能力、观察与思考能力、迅速的反应能力、敏锐的洞察力，甚至有时是经过多次采购谈判而于无形之中形成的知觉。此外采购人员还应具有平和的心态、沉稳的心理素质，以及大方的言谈举止。

谈判小组的组成规模除了一名具有丰富的谈判实践经验、高明的组织协调能力的组长之外，还需要财务、法律、技术等各个方面的专家。在性格和谈判风格上，小组成员应该是进攻型和防御型两类人员优势互补，以使谈判能够取得最佳效果。

（4）采购谈判的其他准备工作。

①谈判地点的选择。一般而言，谈判地点的选择无外乎有三种情况：己方所在地、对方所在地、双方之外的第三地。对于最后一种情况往往是双方在参加产品展销会时进行的谈判。三种地点选择有利有弊：

在己方所在地进行谈判，其主要优点是：以逸待劳，无须熟悉环境或适应环境这一过程；随机应变，可以根据谈判形式的发展随时调整谈判计划、人员、目标等；创造气氛，可以利用地利之便，通过热心接待对方，关心其谈判期间生活等问题，显示己方的谈判诚意，创造融洽的谈判氛围，促使谈判成功。其缺点主要是：要承担烦琐的接待工作；谈判可能常常受己方领导的制约，不能使谈判小组独立地进行工作。

在对方所在地进行谈判，其主要优点是：不必承担接待工作，可以全心全意地投入谈判中去；可以顺便实地考察对方的生产经营状况，取得第一手的资料；在遇到敏感性的问题时，可以推说资料不全而委婉地拒绝答复。其缺点主要是：要有一个熟悉和适应对方环境的过程；谈判中遇到困难时，难于调整自己，容易产生不稳定的情绪，进而影响谈判结果。

在双方之外的第三地进行谈判，对于双方来说在心理上都会感到较为公平合理，有利于缓和双方的关系。但由于双方都远离自己的所在地，因此，在谈判准备上会有所欠缺，谈判中难免会产生争论，影响谈判的成功率。

②模拟谈判。为了提高谈判工作的效率，使谈判方案、计划等各项准备工作更加周密，更有针对性，在谈判准备工作基本完成以后，应对此项工作进行检查。在实践中行之有效的方法就是进行模拟谈判。谈判双方可以由己方谈判人员与己方非谈判人员组成，也可以将己方谈判小组内部成员分为两方进行。

有效的模拟谈判可以预先暴露己方谈判方案、计划的不足之处及薄弱环节，检验己方谈判人员的总体素质，提高他们的应变能力，达到减少失误，实现谈判目标的目的。

2. 采购谈判的进行

采购谈判正式开始以后，又可以将谈判分为如图 5-2 所示的四个阶段。

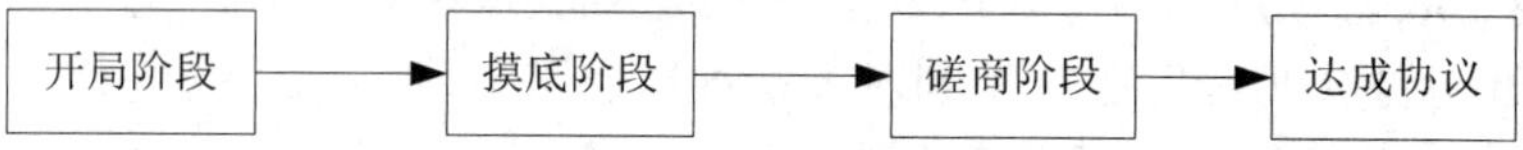

图 5-2　采购谈判的阶段划分

（1）开局阶段。

一般先彼此熟悉一下双方，然后就会谈的目标、计划、进度和参加人员等问题进行讨论，尽量取得一致意见以及在此基础上就本次谈判的内容分别发表陈述。它是在双方已做好充分准备的基础上进行的。通过这种商谈，可为以后具体议题的商谈奠定基础。

在这一阶段，要注意营造良好的谈判气氛，并为正式谈判做好预备工作。双方应对本次谈判的议题、议程、进度和期限等进行交谈，以谋求谈判双方对谈判进程的意见一致。

一方主谈人员可以以协商的口气对对方主谈人员提出有关谈判进程方面的一些问题，例如：“××先生，在正式谈判之前，我们想就时间安排问题征求您的意见。”或者“××先生，我想先与您谈谈本次谈判的议程问题，您看如何？”

（2）摸底阶段。

①征询对方意见，这是谈判之初最常见的一种启示对方发表观点的方法。

②诱导对方发言，这是一种开渠引水，启示对方发言的方法。

③使用激将的方法。

在摸底阶段，不仅要注意观察对方发言的语义、声调、轻重缓急，还要注意对方行为语言，如眼神、手势、脸部表情，这些都是传递某种信息的符号。优秀的谈判者都会从谈判对手的一举一动中，体察对方的虚实。

（3）磋商阶段。

双方各自提出自己的交易条件，并且尽量提出有说服性的理由进行磋商，争取达到一致。当然，双方的意见可能会存在某些分歧和矛盾。因此，谈判可能要经过多轮。双方为了解决分歧和矛盾，就必须进行讨价还价，反复进行磋商。磋商的结果要么是己方放弃某些利益，要么就是对方放弃某些利益，也可以双方进行利益交换。

总之，谈判过程中，双方都是力求维护本企业的利益，想方设法让对方让步。如果双方都不让步，谈判就进行不下去，致使谈判破裂、失败。如果双方能够逐步让步、协调，最后大体利益均等，谈判双方意见达成一致，谈判就获得成功，谈判就可以结束了。

（4）签署协议阶段。

这是较为轻松、活跃的阶段，原先谈判桌上的对手一下变成了亲密的朋友。谈判结束阶段的主要任务是尽快达成交易、签订书面协议或合同、谈判资料的回收和整理等。

谈判过程，是一个双方维护各自利益的较量过程。对采购方来说，谈判是否成功，就看谈判结果能为企业带来多大的效益。因此，谈判人员应该认真、冷静、顽强、巧妙、灵活地应对各种情况和问题。

项目二　采购谈判的策略与技巧

在采购谈判中，为了使谈判能够顺利进行和取得成功，谈判者应善于灵活运用一些谈判策略和技巧。谈判策略是指谈判人员通过何种方法达到预期的谈判目标，而谈判技巧则是指谈判人员采用什么具体行动执行谈判策略。在实际工作中，应根据不同的谈判内容、谈判目标和谈判对手等具体情况，选用不同的谈判策略和技巧。

任务 1　采购谈判的策略与技巧

1. 采购谈判的策略

（1）投石问路。所谓投石问路策略，就是在采购谈判中，当买方对卖方的商业习惯或有关诸如产品成本、价格等方面不太了解时，买方主动地摆出各种问题，并引导对方去做较为全面的回答，然后从中得到有用的信息资料。这种策略一方面可以达到尊重对方的目的，使对方感觉到自己是谈判的主角和中心；另一方面，自己又可以摸清对方底细，争得主动。

运用该策略时，关键在于买方应给予卖方足够的时间并设法引导买方对所提出的问题做尽可能详细的正面回答。为此，买方在提问时应注意：问题简明扼要、有针对性；尽量避免暴露提问的真实目的或意图。在一般情况下，买方可以提出以下问题：如果我们订货的数量增加或者减少，如果我们让你方作为我们固定的供应商，如果我们有临时采购需求，如果我们分期付款，等等。

当然，这种策略也有不适用的情况。比如，在谈判双方出现意见分歧时，买方使用此策略则会让对方感到你是故意给他出难题，这样，对方就会觉得你没有谈判诚意，谈判也许就不能成功。

（2）避免争论。谈判人员在开谈之前，要明确自己的谈判意图，在思想上进行必要的准备，以创造融洽、活跃的谈判气氛。然而，谈判双方为了谋求各自的利益，必然会在一些问题上发生分歧。此时，双方都要保持冷静、防止感情冲动，尽可能地避免争论。因为，争论不仅于事无补，而只能使事情变得更糟。最好的方法是采取下列态度进行协商。

①冷静地倾听对方的意见。在谈判中，听往往比说更重要，它不仅表现了谈判者良好的素质和修养，也表现出对对方的尊重。多听少讲可以把握材料，探测对方的动机和行动意向，因为真正赢得优势，取得胜利的方法决不是争论。所以，最好的方法是让对方陈述完毕之后，首先表示同意对方的意见，承认自己在某方面的疏忽，然后提出对对方的意见进行重新讨论。这样，在重新讨论问题时，双方就会心平气和地进行，从而使谈判达成双方都比较满意的结果。

②婉转地提出不同意见。在谈判中，当你不同意对方的意见时，切忌直接提出自己的否定意见。这样做会使对方在心理上产生抵触情绪，反而千方百计地维护自己的观点。如果有不同意见，最好的方法是先同意对方的意见，然后再做探索性的提议。

③分歧产生适时休会。分歧产生之后谈判无法进行，应立即休会。如果在洽谈中某个问题成了绊脚石，使洽谈无法顺利进行下去，双方为了捍卫自己的原则和利益，就会各抒己见，互不相让，使谈判陷入僵局。休会的策略为那些执行谈判者提供了请示上级的机会，同时，也为自己创造了养精蓄锐的机会。

谈判实践证明，休会策略不仅可以避免僵持局面和争论发生，而且可以使双方保持冷静，调整思绪，平心静气地考虑对方的意见，达到顺利解决问题的目的。“休会”是国内谈判人员经常采用的基本策略。

（3）情感沟通。如果与对方直接谈判的希望不大就应该采取迂回的策略。所谓迂回策略，就是要先通过其他途径接近对方，彼此了解，联络感情。在沟通了情感后，再进行谈判。人都是有感情的，满足人的情感和欲望是人的一种基本需要。因此，在谈判中利用感情的因素去影响对手是一种可取的策略。

灵活运用此策略的方法很多，可以有意识地利用空闲时间，主动与谈判对手聊天、娱乐、谈论对方感兴趣的问题；也可以馈赠小礼品，请客吃饭，提供交通食宿的方便；还可以通过帮助解决一些私人的问题，从而增进了解，联系情感，建立友谊，从侧面促进谈判的顺利进行。

（4）货比三家。在采购某种商品时，企业往往选择几个供应商进行比较分析，最后择优签订供销合约。这种情况在实际工作中非常常见，我们把采购商的这种做法称为“货比三家策略”。

在采用该策略时，企业首先选择几家生产同类型己方所需产品的供应商，并向对方提供自己的谈判内容、谈判条件等，同时也要求对方在限定的时间内提供产品样品、产品的性能和价格文明等相关资料，然后依据这些资料比较分析卖方在谈判态度、交易条件、经营实力、产品性价比等方面的差异，最终选择其中的一家供应商与其签订供销合同。

另外，在运用此策略时，买方应注意选择实力相当的供应商进行比较，以增加可比性和提高签约效率，从而更好地维护己方的谈判利益。同时买方还应以平等的原则对待所选择的供应商，以严肃、科学、实事求是的态度比较分析各方的总体情况，从而寻找企业的最佳供应商合作伙伴。

（5）声东击西。该策略是指我方为达到某种目的和需要，有意识地将洽谈的议题引导到无关紧要的问题上故作声势，转移对方的注意力，以求实现自己的谈判目标。具体做法是在无关紧要的事情上纠缠不休，或在自己不成问题的问题上大做文章，以分散对方对自己真正要解决的问题上的注意力，从而在对方无警觉的情况下，顺利实现自己的谈判意图。

例如，对方最关心的是价格问题，而我方最关心的是交货时间。这时，谈判的焦点不要直接放到价格和交货时间上，而是放到价格和运输方式上。在讨价还价时，我方可以在运输方式上做出让步，而作为双方让步的交换条件，要求对方要在交货时间上做出较大让步。这样，对方感到了满意，我方的目的也达到了。

（6）最后通牒。处于被动地位的谈判者，总有希望谈判成功达成协议的心理。当谈判双方各持己见，争执不下时，处于主动地位的一方可以利用这一心理，提出解决问题的最后期限和解决条件。期限是一种时间性通碟，它可以使对方感到如不迅速做出决定，他会失去机会。

因为从心理学角度讲，人们对得到的东西并不十分珍惜，而对要失去的本来在他看来并不重要的某种东西，却一下子变得很有价值，在谈判中采用最后期限的策略就是借助人的这种心理定式发挥作用的。

最后期限既给对方造成压力，又给对方一定的时间考虑，随着最后期限的到来，对方的焦虑会与日俱增。因为，谈判不成功损失最大的还是自己。因而，最后期限压力，迫使人们快速做出决策。一旦他们接受了这个最后期限，交易就会很快顺利地结束。

（7）其他谈判策略。除以上介绍的谈判策略和方法以外，在实际谈判活动中，还有许多策略可以采用：多听少讲策略、先苦后甜策略、讨价还价策略、欲擒故纵策略、以退为进策略等，由于方法较多，我们在此就不作详细的论述了。

总之，只要谈判人员善于总结，善于观察，并能理论结合实践，就能创新出更多更好的适合自身的谈判策略，并灵活使用它们，用于指导实际谈判。

2. 采购谈判的技巧

（1）入题技巧。

谈判双方刚进入谈判场所时。难免会感到拘谨，尤其是谈判新手，在重要谈判中，往往会产生忐忑不安的心理。为此，必须讲求入题技巧，采用恰当的入题方法。

①迂回入题。为避免谈判时单刀直入，过于暴露，影响谈判的融洽气氛，谈判时可以采用迂回入题的方法，如先从题外话入题，从介绍己方谈判人员入题，从“自谦”入题，或者从介绍本企业的生产、经营、财务状况如题等。

②先谈细节、后谈原则性问题。围绕谈判的主题，先从洽谈细节问题入题，条分缕析，丝丝入扣，待各项细节问题谈妥之后，也便自然而然地达成了原则性的协议。

③先谈一般原则，再谈细节。一些大型的经贸谈判，由于需要洽谈的问题千头万绪，双方高级谈判人员不应该也不可能介入全部谈判，往往要分成若干等级进行多次谈判。这就需要采取先谈原则问题，再谈细节问题的方法入题。一旦双方就原则问题达成了一致，那么，洽谈细节问题也就有了依据。

④从具体议题入手。大型谈判总是由具体的一次次谈判组成，在具体的每一次谈判中，双方可以首先确定本次会议的谈判议题，然后从这一议题入手进行谈判。

（2）阐述技巧。

谈判入题后，接下来就是双方进行开场阐述，这是谈判的一个重要环节。

①开场阐述要点。具体包括：一是开宗明义，明确本次会谈所要解决的主题，以集中双方的注意力，统一双方的认识。二是表明我方通过洽谈应当得到的利益，尤其是对我方至关重要的利益。三是表明我方的基本立场，可以回顾双方以前合作的成果，说明我方在对方所享有的信誉；也可以展望或预测今后双方合作中可能出现的机遇或障碍；还可以表示我方可采取何种方式共同获得利益做出贡献等。四是开场阐述应是原则的，而不是具体的，应尽可能简要扼要。五是开场阐述的目的是让对方明白我方的意图，创造协调的洽谈气氛，因此，阐述应以诚挚和轻松的方式来表达。

②对对方开场阐述的反应。具体包括：认真耐心地倾听对方的开场阐述，归纳弄懂对方开场阐述的内容，思考和理解对方的关键问题，以免产生误会；如果对方开场阐述的内容与我方意见差距较大，不要打断对方的阐述，更不要立即与对方争执，而应当先让对方说完，认同对方之后再巧妙地转开话题，从侧面进行谈判。

③让对方先谈。在谈判中，当你对市场态势和产品定价的新情况不太了解，或者当你尚未确定购买何种产品，或者你无权直接决定购买与否的时候，你一定要坚持让对方先说明可提供何种产品、产品的性能如何、产品的价格如何等，再审慎地表达意见。

有时即使你对市场态势和产品定价比较了解，有明确的购买意图，而且能直接决定购买与否，也不妨先让对方阐述利益要求、报价和介绍产品，然后你在此基础上提出自己的要求。这种先发制人的方式，常常能收到奇效。

④坦诚相见。谈判中应当提倡坦诚相见，不但将对方想知道的情况坦诚相告，而且可以适当透露我方的某些动机和想法。坦诚相见是获得对方同情的好办法，人们往往对坦诚的人自然有好感。但是应当注意，与对方坦诚相见，难免要冒风险。对方可能利用你的坦诚逼你让步，你可能因为坦诚而处于被动地位，因此，坦诚相见是有限度的，并不是将一切和盘托出，总之，以既赢得对方的信赖又不使自己陷于被动、丧失利益为度。

（3）提问技巧。

要用提问摸清对方的真实需要，掌握对方心理状态，表达自己的意见观点。但要注意：

①提问的方式：封闭式提问、开放式提问、婉转式提问、澄清式提问、探索式提问、借助式提问、强迫选择式提问、引导式提问、协商式提问。

②提问的时机：在对方发言完毕时提问；在对方发言停顿、间歇时提问；在自己发言前后提问；在议程规定的辩论时间提问。

③提问的其他注意事项：注意提问速度；注意对方心境；提问后给对方足够的答复时间；提问时应尽量保持问题的连续性。

④答复技巧。

答复不是容易的事，回答的每一句话，都会被对方理解为是一种承诺，都负有责任。答复时应注意：不要彻底答复对方的提问；针对提问者的真实心理答复；不要确切答复对方的提问；降低提问者追问的兴趣；让自己获得充分的思考时间；礼貌地拒绝不值得回答的问题；找借口拖延答复。

（5）说服技巧。

①说服原则：不要只说自己的理由；研究分析对方的心理、需求及特点；消除对方戒心、成见；不要操之过急、急于奏效；不要一开始就批评对方，把自己的意见观点强加给对方；说话用语要朴实亲切、不要过多讲大道理；态度诚恳、平等待人、积极寻求双方的共同点；承认对方“情有可原”善于激发对方的自尊心；坦率承认如果对方接受你的意见，你也将获得一定利益。

②说服具体技巧：讨论先易后难；多向对方提出要求，传递信息，影响对方意见；强调一致，淡化差异；先谈好后谈坏；强调合同有利于对方的条件；待讨论赞成和反对意见后，再提出你的意见；说服对方时，要精心设计开头和结尾，要给对方留下深刻印象；结论要由你明确提出，不要让对方揣摩或自行下结论；多次重复某些信息和观点；多了解对方，以对方习惯的能够接受的方式逻辑去说服对方；先做铺垫、下毛毛雨，不要奢望对方一下子接受你突如其来的要求；强调互惠互利、互相合作的可能性、现实性。激发对方在自身利益认同的基础上来接纳你的意见。

3. 采购谈判中的议价技巧

在买方占优的情况下，供应商彼此竞争激烈，买方应“因势利导”，运用压迫式议价技巧进行议价。

（1）借刀杀人。通常询价后，可能3个以上厂商报价，经过报价分析与审查，然后按报价高、低次序排列（比价）。议价究竟先从报价最高者着手，还是从最低者开始；是否只找报价最低者来议价；是否与报价的每一厂商分别议价。事实上，这些问题并没有标准答案，应视情况而定。

一般采购人员工作均相当忙碌，若逐一与报价厂商议价，恐怕“时不与我”，且议论的厂商越多，通常将来决定的时候困扰就越多。若仅从报价最低的厂商开始议价，则此厂商降价的意愿与幅度可能不高，故所谓“借刀杀人”即从报价并非最低者开始，若时间有限，先找比价结果排行第三低者来议价，探知其降低的限度后，再找第二低者议价，经过这两次议价，“底价”就可能浮现出来。

若“底价”比原来报价最低者还低，表示第三低者、第二低者承做意愿相当高，则可再找原来报价最低者来议价。以前述第三低者、第二低者降价后的“底价”，要求最低者降至“底价”以下来承做，达到“借刀杀人”的目的，若原来报价最低者不愿降价，则可交予第二低者、第三低者按议价后的最低价格成交，若原来最低价者刚好降至第二低者或第三低者的最低价格，则以交给原来报价最低者为原则。

“借刀杀人”达到合理的降价目的，应见好即收，免得造成报价厂商之间“割颈竞争”，以致延误采购时效。此外，摒除原来报价偏高的厂商的议价机会，可以达到“杀鸡儆猴”的效果，并鼓舞竞争厂家勇于提出较低的报价。

（2）过关斩将。所谓“过关斩将”就是采购人员应善于用上级主管的议价能力。通常供应商不会自动降价，必须采购人员据理力争，但是供应商之降价意愿与幅度，视议价的对象而定。

如果采购人员对议价的结果不太满意，此时应要求上级主管来和供应商议价，当买方提高议价的层次，卖方有受到敬重的感觉，可能同意提高降价的幅度，若采购人员进而请求更高阶层的主管（如采购经理，甚至副总经理或总经理）邀约卖方的业务主管（如业务经理）面谈，或直接由买方的高阶主管直接对话，此举通常效果不错，因为，高阶主管不但议价技巧与谈判能力高超，且社会关系及地位崇高，甚至与对方的经营者有相互投资或事业合作的关系，因此，通常只要招呼一声，就可获得料想不到的效果。

当然，业务人员若为回避“过关斩将”而直接与采购经理或高层主管洽谈，必会得罪采购人员，将来会失去询价的机会，所以通常会接受此种逐次提高议价层次的安排。

（3）压迫降价。当买方占优势的情况下，以胁迫的方式要求供应商降低价格，并不征询供应商的意见。这种方法通常是买方处于产品销路欠佳，或竞争十分激烈，至发生亏损或利润微薄的情况下，为改善其获利能力而使出的杀手锏。

由于市场不景气，故形成供应商存货积压，急于出手换取周转资金。这时很容易形成买方市场。采购人员通常遵照公司的紧急措施，要求供应商自特定日期起降价若干；若原来供应商缺乏配合意愿，即可更换来源，当然，此种激烈的降价手段，会破坏供需双方的和谐关系；当市场好转时，原来委屈求人的供应商，不是反抬高售价，就是另谋发展，供需关系难以维持永久。

总之，再采取“压迫降价”时，必须注意切勿“杀鸡取卵”，以免危害长期的供应商关系或激起对抗的行为。在卖方占优势的情况下，特别是单一来源或独家代理。

任务2　谈判技巧的应用

采购谈判是采购的重要组成部分，采购部门有必要对采购谈判策略和技巧进行研究和探讨，以提高议价的能力，为企业创造更多的效益。下面分析一下采购谈判过程中的一些技巧。

1. 过关斩将

所谓“过关斩将”是指采购人员应善于利用上级主管的谈判和议价能力。

采购人员的议价结果不太理想时，如果采购金额较大，应请求上级主管，甚至买方总经理向卖方相应的主管直接对话，这样做通常效果会很好。

这是因为高层主管不仅议价技巧与谈判能力会高超一些，且社会关系广、地位高、经验丰富，常常可能与对方主管有共同语言，甚至一见如故（如果见面的话），对方也因为买方主管的出面会有受到敬重或重视的感觉，从而使商务谈判易于进行，甚至提高降价的幅度。这种策略需要注意的是，采购人员最好请相应职务的双方主管进行会谈，尽量避免直接和比自己职位高的双方主管会谈，以免在谈判时处于不利地位，且容易“得罪”业务人员，令工作不好开展。

2. 先声夺人

所谓“先声夺人”是指谈判前设法给对手以巨大压力。比如，如果某公司因为某些原因要改变所生产的产品的品牌或其他方面的供应商已经熟悉和接受的东西，同时又要维持原来的供应渠道，以确保生产正常进行；而供应商由于怕麻烦等原因不愿更换已经商议好的条件，这种情况下采购人员就要采用“先声夺人”的谈判技巧。

在与原供应商的商务谈判过程中，采购人员在使用“先声夺人”的谈判策略时，特别是针对那些较小的供应商，采购人员就要将重点放在公司的强大实力和良好的信誉等方面，避而不谈具体实质性的内容。最后因为对方急于维护供应关系，只好降低价格，这样企业就能在不改变品牌的情况下顺利达到降低采购成本的目的。

3. 擒贼先擒王

所谓“擒贼先擒王”是指在谈判过程中直接和对方掌握实权的人谈判。这些策略适用于某些“家长式”的企业。所谓“家长式”的企业是指那些一个人或少数几个人说了算的企业。公司的采购人员可以在事先已做了详细的市场价格调查的情况下，和对方的区域主管商谈，如价格谈不下来，其后又与对方销售部副经理、经理谈，如果只是被告知价格是刚性的，这时采购人员就要注意，是不是只有老总才有定价权。于是采购人员可以通过各种渠道与对方老总谈判，往往会收到意想不到的效果。

在对方低层主管没有价格决策权的情况下，采取这种策略是非常必要的，对方业务人员和低层主管对此也无可非议。但这种做法一般难度比较大，不一定成功，因为对方的具有决策权的人不一定那么容易说服；而且一旦不成功，还有可能得罪对方谈判人员，破坏双方关系。

与此策略相适应，采购方可使用“权力有限”的策略。即在较被动的情况下，推说没有被授予做大的让步的权力，以便使对方放弃所坚持的条件。

4. 化整为零

所谓“化整为零”就是分别对组成最终产品的每种材料逐一报价，再对专业制造该产品的厂商进行询价，比较分析后得出最佳方案。

就采购而言，比价采购和采购谈判在有些时候是盲目的，因为经常碰到信息不对称的情况，即供应商的成本价只有供应商自己心里清楚。购买方应尽可能摸清供应商的成本价，这样对控制议价和商务谈判的主动权有极大的好处。这种化整为零的策略，对有多个不同的材料组合而成的产品的议价有用。

5. 直捣黄龙

所谓“直捣黄龙”就是企业越过中间供应商，与总厂或原厂家直接接触，以达到降低成本的目的。

有些中间供应商由于“独家代理”，价格居高不下，谈判、议价总无结果，这时便可采取“直捣黄龙”的策略。如对其材料的订购，如果企业经与其他生产厂家的同类产品比较，“总代理”的价格高出许多，并且企业多次要求改“总代理”降低未果，在这种情况下，企业可以撇开“总代理”，直接向厂家询价，结果可能是原厂家拒绝，企业依然回到中间供应商那里；另一种结果可能就是原厂家不但报价，而且价格比“总代理”低。

因此，采购人员应在议价过程中小心认清“总代理”的虚实，因为有些供应商自称总代理，事实上并未与国外原生产厂家签订任何合约或协议，只是借总代理的名义自抬身价，获取超额利润。但在产销分离制度上要求相当严格的国家，如日本，这种策略就行不通了，因为日本的生产厂家会把询价单转交给代理商。

6. 以退为进

所谓“以退为进”就是指采购人员在采购过程中，先做一定的“让步”，以显示自己的高姿态，有时会得到意想不到的效果。

项目三 采购合同的内容

在整个采购流程中，重要的采购文件之一就是采购合同。本节阐述采购合同的定义、特征、种类和内容。

任务 1 采购合同的概述

1. 采购合同的定义

采购合同是采供双方在进行正式交易前为保证双方的利益，对采供双方均有法律约束力的正式协议，有的企业也称之为采购协议。采购合同是采购关系的法律形式，对于确立规范有效的采购活动、明确采购方与出让方的权利义务关系，保护当事人的合法权益具有重大意义。

采购合同是买方通过市场购买自己所需的物品，出卖人将物品的所有权转移给买方，买方支付价款的合同。采购合同是买卖合同的一种，是在社会经济生活中经常出现的一种合同之一，它是明确平等主体的自然人、法人、其他组织之间设立、变更、终止在采购物料过程中的权利义务关系的协议，是确立物料采购关系的法律形式。

2. 采购合同的特征

采购合同具有以下主要特征。

（1）它是转移标的物所有权或经营权的合同。采购合同的基本内容是出卖人向买受人转移合同标的物的所有权或经营权，买受人向出卖人支付货款。因此这就必然导致标的物所有权或经营权的转移。

（2）采购合同的标的物是工业品生产资料。采购合同中是以工业品生产资料作为标的物的。工业品生产资料包括原料、材料、机器设备、工具等。这种合同标的的特定性与物品的概念和范围是一致的。

（3）采购合同的主体比较广泛。从国家对流通市场的管理和采购实践来看，生产企业、流通企业以及其他社会组织和具有法律资格的自然人也是采购合同的主体。

（4）采购合同与商品流通过程密切联系。商品流通是社会再生产的重要环节之一，对国民经济和社会发展有着重大影响，重要的工业品生产资料的采购关系始终是国家调控的重要内容。采购合同是采购关系的一种法律形式，它以物料采购这一客观经济关系作为设立的基础，直接反映采购的具体内容，与流通过程密切相连。

3. 采购合同的种类

采购合同根据其主体不同，分为政府采购合同、国有企业采购合同、非国有企业采购合同等。此外，合同法还规定了以下几种特殊的采购合同。

（1）分期付款的采购合同。分期付款的采购合同即在合同订立后，出卖人把标的物转移给买受人占有、使用，买受人按照合同约定，分期向出卖人支付价款的合同。分期付款采购合同的特殊性在于，买受人不是一次性付清全部货款，而是按照约定的期限分期付款，这就增加了出卖人的风险。因此这类合同往往约定：如果买受人不及时支付到期货款，出卖人享有保留标的物所有权并要求支付全部货款等权利。

（2）凭样品采购的采购合同。样品是从一批商品中抽取出来的或者生产、加工、设计出来的，用以反映和代表整批商品品质的少量实物。凭样品采购，即是以样品表示标的物质量，并以样品作为交货依据的采购关系。

在样品采购中，采购方应当封存样品以备日后对照，必要时应在公证处封存样品。同时，当事人可以用语言、文字对样品的质量等状况加以说明，卖方交付的标的物应与样品及其说明的质量相一致，否则即构成违法行为。

（3）试用的采购合同。这种合同是卖方将标的物交给采购方，由买方在一定时期内试用，卖方在试用期内有权选择购买或退回的一种采购合同。试用采购合同是一种附加停止条件的合同。《合同法》第 170 条规定，卖方有权确定试用期限，在试用期间内，试用人享有购买或者拒绝购买的选择权。如果买方在试用期满后，对是否购买试用物未作明确表示的，则推定其同意购买，卖方有权请求支付货款。

（4）招标、投标的采购合同。招标是订立合同的一方当事人采取招标通知或招标广告的形式，向不特定主题发出的要约邀请。投标是投标人按照招标人提出的要求，在规定时间内向招标人发出的以订立合同为目的的意思表示。招标、投标的采购合同，是目前我国采购市场大力提倡并广泛使用的一种合同形式，它具有公开、公平、公正的特点，能够提高采购合同的透明度。

任务 2　采购合同的内容

一份完整的采购合同通常由首部、正文与尾部三部分组成。

1. 首部

采购合同的首部主要包括名称、编号、签约日期、签订地点、买卖双方的名称、合同序言等。

2. 正文

（1）主要内容。合同正文是购销双方议定的主要内容，是采购合同的必备条款，是购销双方履行合同的基本依据。合同的正文主要包括以下内容。

①商品名称。商品名称是指所要采购物品的名称。

②品质规格。品质是指商品所具有的内在质量与外观形态的结合，包括各种性能指标和外观造型。该条款的主要内容有技术规范、质量标准、规格、品牌等。

对合同品质控制的方法有两种：使用实物或样品；使用设计图纸或说明书。在使用样品确定品质时，供应商提供的物品的品质要同样品的完全一致。使用设计图纸或说明书确定品质时，供应商提供的物品的品质要符合设计图纸或说明书的要求。

③单价和总价。价格是指交易物品每一计量单位的货币数值。该条款的主要内容包括：计量单位的价格金额、货币类型、交货地点、国际贸易术语、物品定价方式（固定价格、滑动价格、后定价格等）。

④数量。数量是指采用一定的度量制度来确定买卖商品的重量、个数、长度、面积、容积等。它包括的主要内容有交货数量、单位、计量方式等。必要时还应清楚说明误差范围，例如：苹果 10000 千克，误差范围 3%。

⑤包装。包装是为了有效地保护商品在运输存放过程中的质量和数量要求，它有利于分拣和环保并把货物装进适当容器。该条款的主要内容有包装标识、包装方法、包装材料要求、包装容量、质量要求、环保要求、规格、成本、分拣运输成本等。

⑥装运。装运是指把货物装上运输工具并运送到交货地点。该条款的主要内容有运输方式、装运时间、装运地与目的地、装运方式和装运通知等。

⑦到货期限。到货期限是指约定的最晚到货时间，它要以不延误企业生产经营为标准。

⑧到货地点。到货地点是指货物到达的目的地。到货地点的确定并不一定总是以企业的生产经营所在地为标准。有时为了节约运输费用，在不影响企业生产的前提下，也可以选择交通便利的港口等。

⑨检验。在一般的买卖交易过程中，物品的检验是指按照事先约定的质量条款进行检查和验收，涉及质量、数量、包装等条款。

在国际贸易中，商品检验指由商品检验机构对进出口商品的品质、数量、重量、包装、标记、产地、残损、环保要求等进行检验分析与公正鉴定，并出具检验证明。它包括的内容有检验机构、检验权与复验权、检验与复验的时间、地点、检验标准、检验方法、检验证书等。

⑩付款方式。国际贸易中的支付是指采用一定的手段，在指定的时间、地点，使用确定的方式支付货款。它包括的内容有：

支付方式：现金或汇票，一般是汇票。

付款方式：银行提供信用方式（如信用证）、银行不提供信用但可作为代理方式（如直接付款和托收）。

支付时间：预付款、即期付款、延期付款。

支付地点：付款人指定银行所在地。

⑪保险。保险是企业向保险公司投保，并交纳保险费；货物在运输过程受到损失时，保险公司向企业提供经济上的补偿。该条款的主要内容包括确定保险类别及其保险金额，指明投保人并支付保险费。根据国际惯例，凡是按 CIF 和 CIP 条件成交的出口货物一般由供应商投保，按 FOB、CFR、FCA、CPT 条件成交的进口物资由采购方办理保险。

小贴士

FOB 价 = 生产/采购成本价+国内费用+净利润。

CFR 价 = 生产/采购成本价+国内费用+国外运费+净利润，即 FOB 价+国外运费。

CIF 价 = 生产采购成本价+国内费用+国外运费+国外保险费+净利润，即 FOB 价+国外运费+国外保险费。

FCA 价 = 生产/采购成本价+国内费用+净利润。

CPT 价=生产/采购成本价+国内费用+国外运费+净利润，即 FCA 价十国外运费。

CIP 价 = 生产/采购成本价+国内运费+国外运费+国外保险费+净利润，即 FCA 价+国外运费+国外保险费。

⑫仲裁条款。仲裁条款是指买卖双方自愿将其争议事项提交第三方进行裁决。仲裁协议是仲裁条款的具体体现，它包括的主要内容有仲裁机构、适用的仲裁程序、仲裁地点、解决效力等。

⑬不可抗力。不可抗力是指合同执行过程中发生的、不能预见的、人为难以控制的意外事故，如战争、洪水、台风、地震等，致使合同执行过程被迫中断。遭遇不可抗力的一方可因此免除合同责任。该条款包括的主要内容有不可抗力的含义、适用范围、法律后果、双方的权利义务等。

（2）选择内容。合同正文可以选择的部分有：

①保值条款。

②价格调整条款。

③误差范围条款。

④法律适用条款。

3. 尾部

合同的尾部主要包括以下内容：

（1）合同的份数。

（2）附件与合同的关系。

（3）合同的生效日期和终止日期。

（4）双方的签字盖章。

（5）合同的签订时间。

买卖双方在合同中明确说明合同适应何国、何地法律的条款。对大批量、大金额、重要设备及项目的采购合同，要求全面、详细地描述每一条款；对于金额不大、批量较多的小五金、土特产等，且买卖双方已签订供货、分销、代理等长期协议，则每次采购交易使用简单订单合同，索赔、仲裁和不可抗力的条款已经被包含在长期认证合同中。

对企业的频繁采购，与供应商签订合同分为两个部分：认证合同、订单合同。认证合同解决买卖之间长期需要遵守的协议条款，由认证人员在认证环节完成，是对企业采购环境的一个需求；订单合同就每次物料采购的需求数量、交货日期、其他特殊要求等条款进行表述。

项目四　采购合同的签订

商品采购合同，是需求方向供货厂商采购物资，按双方达成的协议，所签订的具有法律效力的书面文件。它确认供需双方之间的购销关系和权利和义务。合同依法订立后，双方必须严格执行。因此，采购人员在签订采购合同前，必须审查供应商的合同资格、资信及履约能力，按合同法的要求，逐条订立购货合同的各项必备条款。

任务 1 签订采购合同的资格审查

1. 审查供应商的合同资格

为了避免和减少采购合同执行过程中的纠纷，在正式签订合同之前，采购人员首先应审查供应商作为合同主体的资格。所谓合同资格，是指订立合同的当事人及其经办人，必须具有法定的订立合同的权利。审查供应商的合同资格，目的在于确知对方是否具有合法的签约能力，它直接关系到所签订合同是否具有法律效力。

（1）法人资格审查。审查供应商是否属于经国家规定的审批程序成立的法人组织。法人是指拥有独立的必要财产，有一定的经营场所，依法成立并能独立承担民事责任的组织机构。判断一个组织是否具有法人资格，主要看其是否持有工商行政管理部门颁发的营业执照。经过工商登记的国有企业、集体企业、私营企业、各种经济联合体，实现独立核算的国家机关、事业单位和社会团体，都可以具有法人资格，成为合法的签约对象。

在审查供应商法人资格时应注意：没有取得法人资格的社会组织、已被吊销营业执照取消法人资格的企业或组织，无权签订购货合同。要特别警惕一些根本没有依法办理工商登记手续或未经批准的所谓“公司”，他们或私刻公章，冒充法人；或假借他人名义订立合同，旨在骗取购货方的货款或订金。同时，要注意识别那些没有设备、技术、资金和组织机构的“四无”企业，他们往往在申请营业执照时弄虚作假，以假验资、假机构骗取营业执照，虽签订供货合同并收取货款或订金，但根本不具备供货能力。

（2）法人能力审查。法人能力审查主要是审查供应商的经营活动是否超出营业执照批准的范围。超越其业务范围以外的经济合同，属无效合同。法人能力审查还包括对签约的具体经办人的审查。购货合同必须由法人的法定代表人或法定代表人授权的承办人签订。法人的法定代表人就是法人的主要负责人，如厂长、总经理等，他们对外代表法人签订合同。

法人代表也可授权业务人员，如推销员、采购员所谓承办人，以法人的名义订立购货合同。承办人必须有正式授权证明书，方可对外签订购货合同。法人的代表人在签订购货合同时，应出示本人的身份证明、法人的委托书、营业执照或副本。

2. 审查供应商的资信和履约能力

资信，即资金和信用。审查卖方当事人的资信情况，了解供应商对购货合同的履约能力，对于在购货合同中确定权利和义务条款，具有非常重要的作用。

（1）资信审查。具有固定的生产经营场所、生产设备和与生产经营规模相适应的资金，特别是又有一定比例的自由资金，是一个法人对外签订购货合同起码的物质基础。在准备签订购货合同时，采购人员在向卖方当事人提供自己的资信情况说明的同时，要认真审查卖方的资信情况，从而建立互相信赖的关系。

（2）履约能力审查。履约能力是指当事人除资信以外的技术和生产能力、原材料与能源供应、工艺流程、加工能力、产品质量、信誉高低等方面的综合情况。总之，就是要了解对方有没有履行购货合同所必需的人力、物力、财力和信誉保证。如果经审查发现卖方资金短缺、技术落后、加工能力不足、无履约供货能力，或信誉不佳，都不能与其签订购货合同。只有在对卖方履约能力充分了解的基础上签订购货合同，才能有可靠的供货保障。

审查卖方的资信和履约能力的主要方法有：通过卖方的开户银行，了解其债权、债务情况和资金情况；通过卖方的主管部门，了解其生产经营情况、资产情况、技术装备情况、产品质量情况；通过卖方的其他用户，了解其产品质量、供货情况、维修情况；通过卖方所在地的工商行政管理部门，了解其是否具有法人资格和注册资本、经营范围、核算形式；通过有关的消费者协会和法院、仲裁机构，了解卖方的产品是否经常遭到消费者投诉，是否曾经牵涉到诉讼；对于大批量的性能复杂、质量要求高的产品或巨额的机器设备的采购，在上述审查的基础上，还可以由采购人员、技术人员、财务人员组成考察小组，到卖方的经营加工场所实地考察，以确切了解卖方的资信和履约能力。

采购人员在日常工作中，应当注意搜集有关企业的履约情况和有关的商情，作为以后签订合同的参考依据。

任务 2　签订采购合同的谈判准备

谈判准备是谈判过程中获得主动优势的不可缺少的环节，公司的采购部门在进行采购谈判前都必须做好充分的准备。

1. 市场调查

市场调查包括：市场总体、产品销售、产品竞争、产品分销、消费需求等各种情况、SWOT（优势、劣势、机会、威胁）分析。

2. 情报收集

情报收集主要有：

（1）了解卖方经营财务的状况，判断其生产能力、技术水平、交货历史记录等各方面的状况。

（2）全面了解商品价格、付款、运输方式、合同执行、技术、相关的法律法规等。

（3）准备资料。需要准备的资料有：公司简介、封样样品、价格手册、产品目录、技术图纸、使用说明等。

3. 谈判人员的知识结构

（1）谈判人员要具备的基本能力。

①熟悉进口商品在国际、国内的生产的现状和潜力及发展前景。

②熟悉进口商品的市场供求关系、价格水平及变化趋势。

③熟悉进口商品的性能、特点、用途、技术要求和质量标准。

④熟悉不同国家谈判的风格和特点。

⑤具备一定的外语水平，能流利地与对方对话。

⑥熟悉国际贸易惯例及相关的法律。

⑦熟悉其他相关的业务知识。

⑧有丰富的谈判经验和应对谈判过程中的复杂情况的能力。

（2）谈判人员的职业能力与个性要求。

①职业能力。观察判断、灵活应变、心理承受、能言善辩等各方面的实践能力。

②个性要求。坚定不移的毅力、百折不挠的精神、不达目的决不罢休的自信。

4. 参加谈判的理想人数及其层次构成原则

（1）理想人数。人数太多，不但开支大，也不利于谈判的进行；人数太少则又难于应付需及时处理的问题，会拖长谈判时间，易错失良机。所以人数应由谈判的性质、对象、内容和目标等综合因素来决定，而非人为规定。

（2）主谈人。主谈人具备领导能力和专业知识，对谈判中出现的利害得失有很强的责任心，能掌握谈判进程，协调班子意见，代表单位来成功地签约。

（3）专业人员。与外商进行专业细节方面的磋商，提供专业问题建议和论证，修改有关的条款。

（4）工作人员。翻译、律师、会计师、记录员等与该次谈判紧密相关必不可少的工作人员。

任务 3 签订采购合同的流程与签订要求

1. 签订采购合同的流程

采购谈判流程会因采购的来源、采购的方法以及采购的对象不同，在作业细节上有所差异，但基本流程大同小异。以下是签订采购合同的基本流程图，如图 5-3 所示。

图 5-3 签订采购合同的流程图

（1）询盘。询盘是指采购方为购买某项商品而向供应商询问该商品交易的各种条件。采购方询盘的目的是寻找卖主（供应商），而不是同卖主正式洽谈交易条件；采购方询盘是对市场的初步试探，看看市场对自己的需求有何反应。

为了尽快地寻找卖主，询盘者（采购方）有时会将自己的交易条件稍加评述。询盘是正式进入谈判过程的先导。询盘可以是口头表达也可以是书面表达，没有固定的格式。

（2）发盘。发盘是指供应商因想出售某项商品而向采购方提出买卖该商品交易的各种条件，并表示愿意按照这些交易条件订立合同。

发盘在大多数情况下由供应商（卖方）发出，表示愿意按一定的条件将商品卖给买方；也可由采购方（买方）发出，表示愿意按一定的条件购买供应商的商品。

（3）还盘。还盘指受盘人（采购方）在收到供应商发盘后，对发盘内容不同意，或不完全同意，反过来向发盘人提出需要更变内容或建议的表示。这时原发盘人就成了受盘人，同时原发盘也相应地随之失效。而原受盘人就成了新的发盘人。在原受盘人做出还盘时，实际上就是要求原发盘人答复是否同意买方提出的交易条件。

“再还盘”是指发盘人对受盘人发出的还盘提出新的意见，并再发给受盘人。在国际贸易中，一笔交易的达成，往往要经过多次的还盘和再还盘的过程（“拉锯”）。

（4）接受。接受是指交易的一方在接到另一方的发盘后，表示同意。一方的发盘或还盘一旦被对方接受，合同即告成立，交易双方随即履行合同。在发盘的有效期内，由合法的受盘人以声明等形式表示，并发送到发盘人。

（5）签约。签约即签订合同。买卖双方通过交易谈判，一方的还盘被另一方有效地接受后，交易即可达成。但是，在商品交易中，一般都要通过签订书面合同来正式的确认。

合同经双方签字后，就成为约束双方的法律性文件，双方都必须严格地遵守和执行合同规定的各项条款，任何一方未经对方同意，违背合同规定，都要承担法律责任。因此，合同的签定工作是采购谈判非常重要的环节。

如果这一环节的工作发生失误或差错，就会给以后的合同履行留下引起各种纠纷的把柄，甚至给交易带来重大的损失。只有对签约这一环节的工作采取认真、严肃的态度，才能使整个采购谈判达到预期的理想目的。

所以，合同的内容必须与双方谈妥的事项及其要求完全一致，特别是主要的交易条件都必须十分明确和肯定。合同所涉及的概念不应存有歧义，前后的叙述不能自相矛盾或出现任何差错。

2. 采购合同的签订要求

根据《合同法》的规定，采购合同的签订应当按照平等原则，自愿原则，公平原则，诚实信用原则，遵守法律、行政法规和尊重社会公德的原则进行。按照《合同法》的规定，签订采购合同采用要约、承诺方式。

（1）要约。要约是希望和他人订立采购合同的意思表示，要约应当符合下列两点规定：

①内容具体确定。

②遵守承诺。

表示受要约人一旦承诺，要约人即受该意思表示的约束。

（2）承诺。承诺是受要约人同意要约的意思表示。《合同法》规定：承诺应当以通知的方式做出，但根据交易习惯或者要约表明可以通过行为做出承诺的除外。同时规定：承诺的内容应当与要约的内容一致，受要约人对要约的内容做出实质性变更，为新要约。所谓对要约的内容做出实质性变更，是指对有关采购合同的标的、数量、价款、履行期限、地点、方式、违约责任和解决争议的方法等条款做出的变更。

因此，在订立采购合同的过程中，受要约人可以向要约人承诺，也可以向要约人做出新要约。当受要约人向要约人做出新要约时，原要约人就成为被要约人，面临是否对新要约人做出承诺的选择。

单元小结

1. 采购谈判是实现采购行为的重要前提，采购谈判是指企业在采购时与供应商所进行的贸易谈判。采购方想以自己比较理想的价格、产品质量和供应商服务条件来获取供应商的产品，而供应商则想以自己希望的价格和服务条件向购买方提供自己的产品。采购谈判的程序包括采购谈判的准备阶段、采购谈判的进行。

2. 采购谈判的策略包括投石问路策略、采购谈判的策略、免争论策略、避情感沟通策略、货比三家策略；采购谈判的技巧有入题技巧、阐述技巧、提问技巧、说服技巧；谈判技巧的应用有先声夺人、擒贼先擒王、化整为零等。

3. 商品采购合同，是需求方向供货厂商采购物资，按双方达成的协议，所签订的具有法律效力的书面文件。采购人员在签订采购合同前，必须审查供应商的合同资格、资信及履约能力，按合同法的要求，逐条订立购货合同的各项必备条款。

案例讨论

谈判策略的运用

在某次交易会上，我方外贸部门与一客商洽谈出口业务。在第一轮谈判中，客商采取各种招数来摸我们的底，罗列过时行情，故意压低购货的数量。我方立即中止谈判，搜集相关的情报，了解到日本一家同类厂商发生重大事故停产，有了解到该产品可能有新用途。在仔细分析了这些情报以后，谈判继续开始。

我方用已掌握的情报后发制人，告诉对方：我方的货源不多；产品的需求很大；日本厂商不能供货。对方立刻意识到我方对这场交易背景的了解程度，甘拜下风。在经过一些小的交涉之后，乖乖就范，接受了我方的价格，购买了大量该产品。

（资料来源：百度文库）

讨论题：

1．本案例中，我方采用了什么谈判策略与技巧？

2．结合本案例，试分析如何将谈判的策略与技巧应用到实践中。

技能训练

一、填空题

1．__________是一个买卖双方通过不断调整各自的需要和利益而相互接近，最终争取在某些方面达成共识的过程。

2．__________、__________、__________和__________，有利于买卖双方预防和解决争议，保证合同的顺利履行，维护交易双方的权利，是国际货物买卖谈判中必然要商议的交易条件。

3．在实际工作中，应根据不同的谈判内容、谈判目标和谈判对手等具体情况，选用不同的谈判__________和__________。

4．一份完整的采购合同通常是由__________、__________与__________三部分组成。

5．按照《合同法》的规定，签订采购合同采用__________、__________方式。

二、选择题

1．在采购谈判中，谈判双方主要就商品的（　　）进行磋商。

A．品质条件　　B．数量条件　　C．价格条件　　D．包装条件

2．谈判目标指参加谈判的目的。一般可以把谈判目标分为（　　）。

A．必须达到的目标　　B．最终目标

C．中等目标　　D．最高目标

3．采购谈判的策略主要包括（　　）。

A．货比三家策略　　B．投石问路策略

C．声东击西策略　　D．避免争论策略

4．采购合同根据其主体不同，主要分为（　　）。

A．国有企业采购合同　　B．非国有企业采购合同

C．政府采购合同　　　　　　D．分期付款采购合同

5．在卖方占优势的情况下，特别是单一来源或独家代理，买方寻求突破议价困难的技巧主要有（　　）。

A．迂回战术　　B．直捣黄龙　　C．预算不足　　D．釜底抽薪

三、判断题

请你判断下列对于谈判策略的选择有哪些是正确的。

1．不久前的一次谈判中，我方与对方出现了分歧，当时，我采用了抛砖引玉策略。（　　）

2．对于这次的谈判对手，我不是很了解，所以我决定采用留有余地的策略。（　　）

3．这次谈判，对方最关心的是价格问题，而我方最关心的是交货问题。这时，我选择了避实就虚的策略，将谈判的焦点放到运输方式上。（　　）

4．今天，谈判对手处于主动地位，咄咄逼人，于是我方采用忍耐的策略，慢慢地消磨对方的棱角，挫其锐气，以柔克刚，反弱为强。（　　）

四、简答题

1．简要回答在谈判过程中应遵循的原则。

2．采购谈判有哪些主要策略和技巧？

3．如何将谈判技巧应用到实际谈判中？

4．采购谈判有哪些主要内容？在实际谈判过程中应遵循的基本程序是什么？

5．采购合同有哪些主要内容？

五、论述题

1．试述采购谈判的程序。

2．论述签订采购合同的具体流程。

3．试述如何将采购谈判的策略与技巧应用于实际。

六、实训

综合模拟采购

（一）采购谈判计划

实训项目：采购谈判计划的制定。

实训目的：学习怎样制定商务谈判计划。

实训内容：北京现代汽车制造厂生产的索纳塔轿车的轮胎一直是从米其林公司采购，而另一款价位略低的伊兰特轿车的轮胎则是从固特异公司采购，米其林公司生产的轮胎价格高于固特异轮胎。

现在北京现代汽车制造厂的采购部希望与米其林公司通过采购谈判，进一步合作，将伊兰特轿车的轮胎也采用米其林的轮胎，但米其林公司给予的报价仍然是每只100元，于是双方展开谈判。（此内容为作者自编，再假设北京现代汽车制造商全年生产伊兰特轿车需用轮胎4000件，储存费率为10%，供应商报价每只轮胎100元，每次订货成本为50元。）

实训要求：将参加实训的学生分成若干谈判小组，分别代表北京现代汽车制造厂和米其林公司，首先进入采购谈判的准备阶段，组成谈判队伍并分工。

（二）采购谈判的开局

实训项目：采购谈判的开局。

实训目的：学会采购谈判的开局。

实训内容：在收集了双方相关的信息之后，双方商量选择好地点：长城饭店第三会议室，时间：×年×月×日上午八点。营造好采购谈判的气氛，策划好开局的策略。

实训要求：两组学生快速进入模拟角色，进入正式谈判的摸底阶段：介绍各自来意、谈判人员的情况、企业历史、产品信息。

（三）价格谈判策略和技巧的运用

实训项目：价格谈判策略和技巧的运用。

实训目的：学习运用价格谈判策略和技巧。

实训内容：在谈判的过程中，谈判双方在价格上发生争执，北京现代汽车制造商想让对方价格降低，但米其林公司一直不肯妥协，最后才提出如果增加订货量，可以考虑给予折扣，经过一番谈判，双方消除分歧，采购数量和采购价格确定了。

实训要求：谈判小组运用价格谈判策略和技巧，尽可能为本方争得利益。

（四）价格以外其他合同条款的谈判

实训项目：谈判技巧和合同制定。

实训目的：学习如何签订买卖合同。

实训内容：在商讨合同条款时，双方又在交货方法上产生分歧，经过又一轮的谈判，消除分歧。

实训要求：谈判小组把握合同条款及细则，通过情感策略、商业行情资料的把握，促成谈判。

（五）采购谈判的结束

实训项目：采购谈判的检查阶段。

实训目的：结束谈判。

实训内容：检查合同文本、签订合同、礼貌告别。

实训要求：谈判小组签署合同。

附：买卖合同

购货单位：____________________，以下简称甲方；

供货单位：____________________，以下简称乙方。

经甲乙双方充分协商，特订立本合同，以便共同遵守。

第一条　产品的名称、品种、规格和质量

1．产品的名称、品种、规格：____________________。（应注明产品的牌号或商标）

2．产品的技术标准（包括质量要求），按下列第（　　）项执行：

（1）按国家标准执行；

（2）按部颁标准执行；

（3）由甲乙双方商定技术要求执行。

第二条　产品的数量和计量单位、计量方法

1．产品的数量：__________。

2．计量单位、计量方法：__________。

3．产品交货数量的正负尾差、合理磅差和在途自然减（增）量规定及计算方法：__________。

第三条　产品的包装标准和包装物的供应与回收__________。

第四条　产品的交货单位、交货方法、运输方式、到货地点（包括专用线、码头）

1．产品的交货单位：____________________。

2．交货方法，按下列第（　）项执行：

（1）乙方送货；

（2）乙方代运（乙方代办运输，应充分考虑甲方的要求，商定合理的运输路线和运输工具）；

（3）甲方自提自运。

3．运输方式：__________。

4．到货地点和接货单位（或接货人）__________。

第五条　产品的交（提）货期限：__________

第六条　产品的价格与货款的结算：

1．产品的价格，按下列第（　）项执行：

（1）按甲乙双方的商定价格；

（2）按照订立合同时履行地的市场价格；

（3）按照国家定价履行。

2．产品货款的结算：

（1）验单付款

（2）验货付款

第七条　验收方法____________________。

第八条　对产品提出异议的时间和办法：____________________

本合同自________年______月_____日起生效，合同执行期内，甲乙双方均不得随意变更或解除合同。合同如有未尽事宜，须经双方共同协商，作出补充规定，补充规定与合同具有同等效力。本合同正本一式二份，甲乙双方各执一份；合同副本一式_____份，分送甲乙双方的主管部门、银行（如经公证或签证，应送公证或签证机关）等单位各留存一份。

购货单位（甲方）：__________公章）

法定代表人：__________（公章）

地址：____________________

开户银行：____________________

账号：____________________

电话：____________________

供货单位（乙方）：__________（公章）

法定代表人：__________（盖章）

地址：____________________

开户银行：____________________

账号：____________________

电话：____________________

________年_____月_____日

单元六　认识供应链与供应链管理

本章导读

通过相关的知识明确供应链的内涵和外延，理解供应链的关键特征，把握供应链的核心环节和基本流程。通过对供应链管理方法的介绍，找到供应链管理中的主要支点，掌握供应链管理方法的应用。

知识点

（1）供应链的基本概念与特征。

（2）供应链的主要分类与结构。

（3）供应链的三大基本流程。

（4）供应链管理的主要内容。

（5）供应链管理的实施方法。

技能点

（1）能够正确描绘某企业的供应链并识别供应链的几个关键特征。

（2）能够正确理解采购和配送这两个供应链上的核心环节。

（3）能够将供应链管理方法应用于实际管理

项目一　了解供应链

任务 1　供应链管理思想的产生与发展

1. 供应链管理的产生

供给者和需求者间的供需关系导致了供应链问题的产生，20 世纪 60 年代人们开始正式研究供应链。供应链和供应链管理随着研究的过程发生了硕大的变化，供应链管理的应用也取得了惊人的成绩。例如：HP、IBM 等知名企业供应链战略的成功运作，使企业赢利和竞争力增强的同时也吸引了研究人员对供应链管理的广泛和深入的研究。企业采用传统的“纵向一体化”管理模式显然难以适应上述竞争态势和挑战，这就促成了代表“横向一体化”思想的供应链管理模式的产生。

（1）传统的“纵向一体化”管理模式的弊端。在“纵向一体化”管理模式下，企业出于对制造资源的占有要求和对生产过程直接控制的需要，传统上常采用的策略是扩大自身规模或增加参股供应商，与为其提供原材料、半成品或零部件的企业是一种所有关系。

例如，许多企业拥有从铸造、毛坯准备、零件加工、部件生产和产品装配到包装、运输等一整套设施、设备及组织结构，形成了“大而全”“小而全”的经营方式，在产品开发、加工制造和市场营销三个基本环节呈现出“中间大、两头小”的橄榄型特征。这种类型的企业投资大、建设和回收期都长，既难以对市场变化作出快速响应，又存在较大的投资风险。

另外，“纵向一体化”模式会迫使企业从事不擅长的业务活动，如零部件生产、设备维修、运输等。一个可能的结果是：不仅这些不擅长的业务没有抓起来，而且又影响了企业的关键性业务，导致其无法正常发挥出核心作用；企业不仅失去了竞争的优势，而且增加了生产成本。

例如，直到 20 世纪 90 年代，通用汽车公司仍然自己生产 70%的零部件，而福特公司只有 50%，克莱斯勒只有 30%，这种方式使通用汽车公司每生产一套动力系统就比福特公司多付出 440 美元，比克莱斯勒多 600 美元，在市场竞争中始终处于劣势。

采用“纵向一体化”管理模式的企业面临的另一个问题是必须在不同业务领域直接与不同的对手进行竞争。企业在资源、精力、经验都十分有限的情况下四面出击，会导致企业核心竞争力的分散。

事实上，即使是 IBM 这样的大公司，也不可能拥有进行所有业务活动所必需的才能。因此，从 20 世纪 80 年代起，IBM 就不再进行纵向发展，而是与其他企业建立广泛的合作关系。

（2）代表“横向一体化”思想的供应链管理模式的产生。鉴于“纵向一体化”管理模式的种种弊端，从 20 世纪 80 年代后期开始，国际上越来越多的企业放弃了这种经营模式，随之而来的是“横向一体化”思想的兴起。“横向一体化”就是利用企业外部资源快速响应市场的需求，只抓企业发展中最核心的东西：产品方向和市场。至于生产，只抓关键零部件的制造，甚至全部委托其他企业加工。

例如，福特汽车公司的 Festival 车就是由美国人设计的，在日本的马自达生产发动机，由韩国的制造厂生产其他零件和装配，最后在美国市场上销售。制造商把零部件生产和整车装配都放在了企业外部，这样做的目的是利用其他企业的资源促使产品快速上马，避免自己投资带来的基建周期长等问题，赢得产品在低成本、高质量、早上市等诸方面的竞争优势。

信息与网络技术的发展，使得企业间开展业务合作变得更加方便，核心竞争力成为企业生存和发展的关键。与其他企业密切合作、集中精力发展自身核心业务的扩张方式逐渐受到企业的认同，“横向一体化”已成为现代企业发展扩张的主要模式。

该模式的要点是在核心业务领域做强做大，从而使其成为产品价值链上的一个关键环节，并使企业处于有利的竞争地位。这就是供应链管理的思想：不需要企业处处都强过他人，想处处都具优势的结果是丧失优势。因此，企业需要一种有别于他人的核心优势，然后联合那些在某一方面具有优势的企业，构成具有整体优势的企业联盟。这样就形成了一条供应链。

“横向一体化”形成了一条从供应商到制造商再到分销商的、贯穿所有企业的“链”。由于相邻节点企业表现出一种需求与供应的关系，当把所有相邻企业依次连接起来，便形成了供应链（supply chain）。这条链上的节点企业必须达到同步、协调运行，才有可能使链上的所有企业都能受益。于是便产生了供应链管理（Supply Chain Management，SCM）这一新的经营与运作模式。

2. 供应链管理的发展

供应链从 20 世纪六七十年代开始逐渐受到广泛关注，到现在已经有了很大的发展，按涵盖的范围可分为以下四个层次。

（1）内部供应链。企业内部功能集成阶段，它把原材料及库存控制集成一体，较为关注企业采购和内部物流管理，采用计划、采购、控制等物流管理职能，只谋求个别职能的集成带来的少数利润，却忽略了一体化效益。把供应链当作企业内部流程，采购、生产、分销等功能的协调都是为了使内部流程优化。

（2）供应管理。有些学者把供应链的概念与采购、供应管理相关联，用它来表示与供应商之间的关系，这种观点得到了研究合作关系、准时生产、精细供应、供应商行为评估和用户满意度等问题的学者的重视。20 世纪 60～80 年代由日本丰田汽车公司发展起来的准时生产方式（Just-In-Time，JIT）就是这种思想的典型代表。

20 世纪 90 年代出现的企业资源计划（Enterprise Resources Planning，ERP）为这种思想提供了良好的支持。ERP 系统能够基于 Internet/Intranet 实现企业内部和外部的信息集成，支持 MRP 与 JIT 生产方式的结合，把客户需求、企业内部的制造活动以及供应商的制造资源整合在一起，支持企业与供应商建立合作关系与资源建成。

小贴士

准时生产方式（Just In Time，JIT），又称作无库存生产方式（stockless production），零库存（zero inventories），一个流（one-piece flow）或者超级市场生产方式（supermarket production），是日本丰田汽车公司在 20 世纪 60 年代实行的一种生产方式，1973 年以后，这种方式对丰田公司渡过第一次能源危机起到了突出的作用，后引起其他国家生产企业的重视，并逐渐在欧洲和美国的日资企业及当地企业中推行开来，现在这一方式与源自日本的其他生产、流通方式一起被西方企业称为“日本化模式”。

（3）链式结构供应链。其发展起来的供应链管理概念关注与其他企业的联系，注意供应链企业的外部环境，认为它应是一个“通过链中不同企业的制造、组装、分销、零售等过程将原材料转化成产品，再到最终用户的转化过程”，这是更大范围、更为系统的概念。例如，美国的史迪文斯（Stevens）认为“通过增值过程和分销渠道控制从供应商的供应商到客户的客户流就是供应链，它开始于公益的源点，结束于消费的终点。”另外，Internet 技术和电子数据交换（Electronic Data Interchange，EDI）技术也为供应链企业间的信息传递与共享提供了便捷的途径和手段。这些信息技术与系统促进供应链管理的快速发展。

（4）网状结构供应链。20 世纪 90 年代后期，供应链的概念更加注重围绕核心企业的网链关系，如核心企业与供应商、供应商的供应商乃至与一切上游的关系，与客户、客户的客户及一切下游的关系。此时对供应链的认识已经超出了“链”的范围，形成了一个网链的概念，具体如图 6-1 所示。

任务 2　供应链与供应链管理

1. 供应链的概念与特点

（1）概念。供应链是围绕核心企业，通过对信息流、物流、资金流的控制，从采购原材料开始，制成中间产品以及最终产品，最后由销售网络把产品送到消费者手中的将供应商制造商、分销商、零售商直到最终用户连成一个整体的功能网链结构模式。

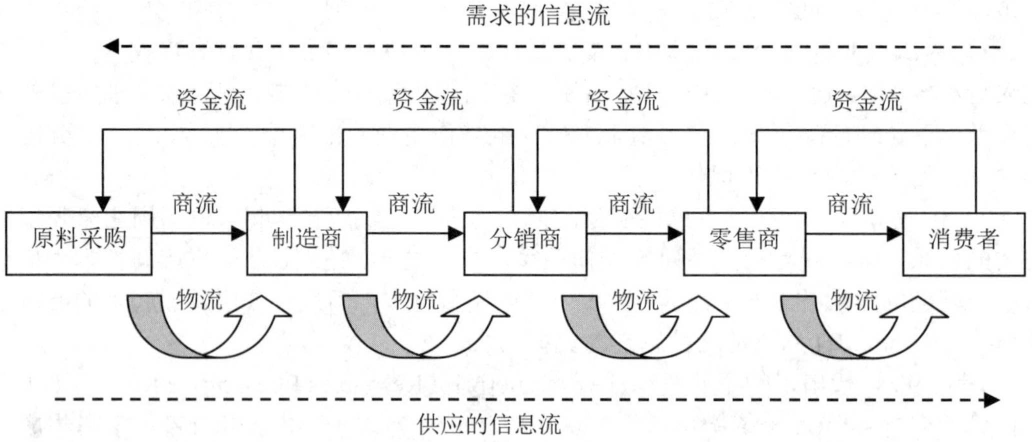

图 6-1　网状结构的供应链

供应链的概念是从扩大的生产概念发展来的，它将企业的生产活动进行了前伸和后延。例如，日本丰田公司的精益协作方式就将供应商的活动视为生产活动的有机组成部分而加以控制和协调，这就是前伸。后延是指将生产活动延伸至产品的销售和服务阶段。

因此，供应链就是通过计划、获得、存储，分销、服务等这样一些活动在客户和供应商之间形成的一种衔接，从而使企业能满足内外部客户的需求。

供应链包括产品到达客户手中之前所有参与供应、生产、分配和销售的公司和企业，因此其定义涵盖了销售渠道的概念。供应链对上游的供应者（供应活动）、中间的生产者（制造活动）和运输商（储存运输活动），以及下游的消费者（分销活动）同样重视。

供应链是在相互关联的部门或业务伙伴之间所发生的物流、资金流、知识流和服务流，覆盖从产品（或服务）设计、原材料采购、制造，包装到交付给最终用户的全过程的功能网链。

例如，一个顾客走进沃尔玛零售店去购买雀巢奶粉，供应链始于顾客对奶粉的需求，顾客首先就会访问沃尔玛零售商店。沃尔玛的奶粉存货由成品仓库或者分销商用卡车通过第三方供应。雀巢公司为分销商供货，雀巢的制造工厂从各种供应商那里购进原材料，这些供应商可能由更低层的供应商供货。这一供应链如图 6-2 所示，图中箭头反映实体产品流动的方向。

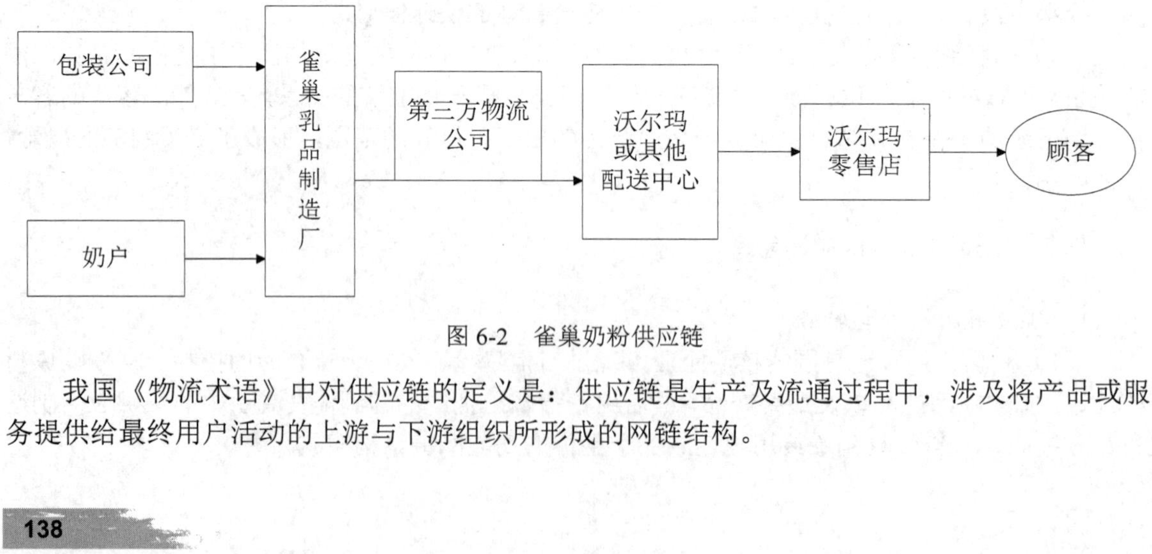

图 6-2　雀巢奶粉供应链

我国《物流术语》中对供应链的定义是：供应链是生产及流通过程中，涉及将产品或服务提供给最终用户活动的上游与下游组织所形成的网链结构。

供应链是围绕核心企业，通过对信息流、物流、资金流的控制，从采购原材料开始、制成中间产品以及最终产品，最后由销售网络把产品送到消费者手中的将供应商、制造商、分销商、零售商直到最终用户连成一个整体的网链结构和模式。它是一个范围更广的企业结构模式，包含所有加盟的节点企业，从原材料的供应开始，经过链中不同企业的制造加工、组装、分销等过程直到最终用户，如图 6-3 所示。

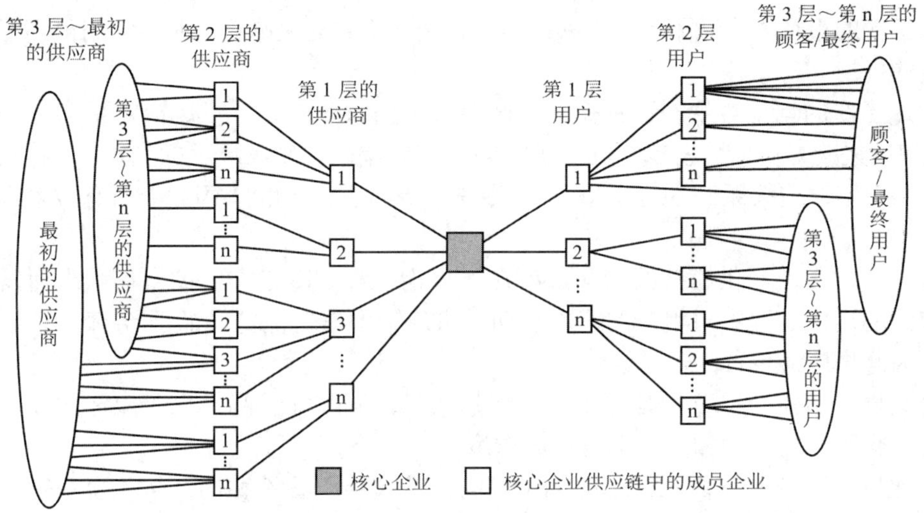

图 6-3 供应链系统的分层结构

这个概念强调了供应链的战略伙伴关系，从形式上看，客户在购买商品，但实质上客户是在购买能带来效益的价值。各种物料在供应链上移动，是一个不断采用高新技术增加其技术含量或附加值的增值过程。

（2）特点。从供应链的结构模型可以看出，供应链是一个网链结构，由围绕核心企业的供应商、供应商的供应商和用户、用户的用户组成。一个企业是一个节点，节点企业和节点企业之间是一种需求与供应关系。供应链主要具有以下特征。

①复杂性。因为供应链节点企业组成的跨度（层次）不同，供应链往往由多个、多类型甚至多国企业构成，所以供应链结构模式比一般单个企业的结构模式更为复杂，如图 6-4 所示的供应链涵盖了整个物流（从供应商到最终用户的采购、制造、分销、零售等职能）领域过程。各企业在法律上都是独立的，它们之间形成了基于供应、生产和销售的多级复杂交易关系，在经济利益上不可避免地存在着冲突和矛盾。

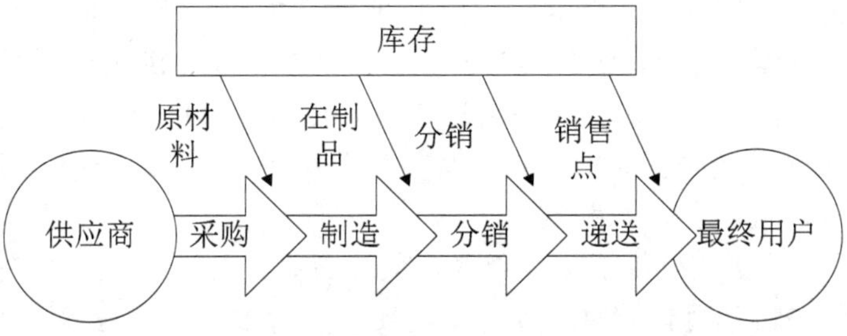

图 6-4 供应链管理的结构

②动态性。供应链管理因企业战略和适应市场需求变化的需要，其中节点企业需要动态地更新，这就使得供应链具有明显的动态性。同时，供应链成员之间的关系是合作与竞争，一旦成员企业经济实力发生改变，其在网络中的地位也随之发生变化，从而造成成员间关系的动态变化。

例如，当某种物料或产品供应短缺同时价格上涨时，一家公司就会发现与这样的供应商建立联盟比较有利，可以保证短缺物品的持续供应。这种联盟对双方都有利，对供应商来说，它们得到了新的市场并导致新的、未来产品的销售机会；对采购方来说，它们得到了长期的供货及稳定的价格。

此后，当新的竞争者生产这种短缺的产品或者需求下降时，供应商对采购方来说或许就不再有价值。采购方反而会发现与其他潜在的供应商磋商会带来更大的利益，这样它会决定与原有供应商取消联盟关系。由此可以看出，供应链是经常变动的，因此会给有效管理带来很多问题。

③面向用户需求。供应链的形成、存在、重构，都是基于一定的市场需求而发生的，并且在供应链的运作过程中，用户的需求拉动是供应链中信息流、产品/服务流、资金流运作的驱动源，因此供应链也称为需求链。

④交叉性。节点企业可以是这个供应链的成员，同时又是另一个供应链的成员，众多的供应链形成交叉结构，增加了协调管理的难度。

⑤层次性。各企业在供应链中的地位不同，其作用也各不相同。按照企业在供应链中地位的重要性的不同。各节点企业可以分为核心主体企业、非核心主体企业和非主体企业。主体企业一般是行业中实力较强的企业，它拥有决定性资源，在供应链管理中起主导作用，它的进入和退出直接影响供应链的存在状态。

在一个供应链中，居于中心位置的是核心主体企业，它是供应链业务运作的关键，它不仅推动整个供应链运作，为客户提供最大化的附加值，而且能够帮助供应链上的其他企业参与到新的市场中。

供应链是一个范围更广泛的企业结构模式，它包含所有加盟的节点企业，从原材料的供应开始，经过链中各种企业的加工制造、组装、分销等过程直到最终用户。它不仅是一条连接供应商到用户的物料链、信息链、资金链，而且是一条增值链，物料在供应链上因加工、包装、运输等过程而增加其价值，给相关企业都带来效益。

【案例点击 6-1】

“互联网+”之下 供应链将向多层次、个性化发展

因为融合度不够，目前我国许多产业集群还未形成稳健的供应链体系，这也导致了行业整体协同创新的能力不强，这种现状也决定了行业和产业集群下一步的转型方向。

关于供应链融合的路径，行业当中，一些企业没有直接的供应链，只是依托于一个虚拟的供应链模式，整合行业企业资源，如香港利丰。而在全球供应链纵向一体化的模式当中，我国纺织产业被定为在处在微笑曲线的低端，也就是生产环节，在这一模式中的企业，必须延长自身供应链，向曲线两端进发谋求利润。

现如今，互联网+思维挑战传统商业模式，供应链模式再次随之发生变化。在电子商务的影响下，制造业不再依赖于规模效益，而更多依赖于其对市场的反应速度，比如提高了生产效率，抑制了信息不对称的弱点等。

D2S（Desigh to Shop）模式对供应链的影响，以及个性化需求的反馈等也已经开始显现了，而且会随着互联网的进步而愈加显现。

时尚产业的消费层次本身就有很多种，如快时尚、奢侈消费、定制消费等等，将来，伴随消费层次的多元，会形成层次更加丰富的供应链。供应链的多层次和个性化是相互作用的关系，欧美许多国家供应链的构建，从一开始就注重从分层次、级别、产业分工和融合的角度进行，在中国，供应链的层次化和个性化发展的大幕才刚刚拉开。

以往的供应链合作模式，做到真正的融合的还是比较少。融合的意义还是在于推动个性化发展，推动建立个性化发展的产业联盟和供应链联盟。

2. 供应链管理的目标与特征

（1）供应链管理的目标。

供应链管理就是企业对供应链的流程进行计划、组织、协调和控制，以优化整条供应链，目的是将客户需要的产品通过物流到达客户，整个过程要尽量降低供应链的成本。

供应链管理的目标是供应链整体价值最大化。供应链管理所产生的价值是最终产品对顾客的价值与顾客需求满足所付出的供应链成本之间的差额。供应链管理使节点企业在分工基础上密切合作，通过外包非核心业务、资源共享和协调整个供应链，不仅可以降低成本，减少社会库存，使企业竞争力增强，而且通过信息网络、组织网络实现生产与销售的有效连接和物流、信息流、资金流的合理流动，使社会资源得到优化配置。

供应链管理的整体目标是使整个供应链的资源得到最佳配置，为供应链企业赢得竞争优势和提高收益率，为客户创造价值。供应链管理强调以客户为中心，即做到将适当的产品或服务（Right Product or Service）按照合适的状态与包装（Right Condition and Packaging），以准确的数量（Right Quantity）和合理的成本（Right Cost），在恰当的时间（Right Time）送到指定地方（Right Place）的确定客户（Right Customer）手中。

因此，最好的供应链管理不是将财务指标作为最重要的考核标准，而是密切注视产品进入市场的时间、库存水平和市场份额这一类情况。以客户满意为目标的供应链管理必将带来供应链中各环节的改革和优化，因此，供应链管理的作用就是在提高客户满意度的同时实现销售的增长（市场份额的增加）、成本的降低以及固定资产和流动资产更加有效的运用，从而全面提高企业的市场竞争实力。

（2）供应链管理的特征。

①以满足客户需求为根本出发点。任何一个供应链的目的都是为了满足客户的需求，并在满足顾客需求的过程中为自己创造利润。在供应链管理中，顾客服务目标优先于其他目标，以顾客满意为最高目标。供应链管理必须以最终客户需求为中心，把客户服务作为管理的出发点，并贯穿供应链的全过程，把改善客户服务质量、实现客户满意作为实现利润、创造竞争优势的根本手段。

②以共同的价值观为战略基础。供应链管理首先解决的是供应链伙伴之间信息的可靠性问题。如何管理和分配信息取决于供应链成员之间对业务过程一体化的共识程度。供应链管理是在供应链伙伴间形成一种相互信任、相互依赖、互惠互利和共同发展的价值观和依赖关系。供应链战略需要供应链上的企业从整个供应链系统出发，实现供应链信息的共享，加快供应链信息传递，减少相关操作，简化相关环节，提高供应链的效率，降低供应链成本，在保证合作

伙伴合理利润的基础上，提升企业竞争能力和赢利能力，实现合作伙伴间的双赢。

③以提升供应链竞争能力为主要竞争方式。在供应链中，企业不能仅仅依靠自己的资源来参与市场竞争，而要通过与供应链参与各方进行跨部门、跨职能和跨企业的合作，建立共同利益的合作伙伴关系，实现多赢。供应链管理是跨企业的贸易伙伴之间密切合作、共享利益和共担风险；同时，信息时代的到来使信息资源的获得更具有开放性，这就迫使企业间要打破原有界限，寻求建立一种超越企业界限的新的合作关系。

因此，加强企业间的合作已成必然趋势，供应链管理的出现迎合了这种趋势，顺应了新的竞争环境的需要，改变了企业的竞争方式，将企业之间的竞争转变为供应链之间的竞争。

④以广泛应用信息技术为主要手段。信息流的管理对供应链的效益与效率是一个关键的因素。信息技术在供应链管理中的广泛应用，大大减少了供应链运行中的不增值活动，提高了供应链的运作绩效。

供应链管理应用网络技术和信息技术，重新组织和安排业务流程，进行集成化管理，实现信息共享。只有通过集成化管理，供应链才能实现动态平衡，才能进行协调、同步、和谐运作。

⑤以物流的一体化管理为突破口。供应链管理把从供应商开始到最终消费者的物流活动作为一个整体进行统一管理，始终从整体和全局上把握物流的各项活动，使整个供应链的库存水平最低，实现供应链整体物流最优化。

物流一体化管理能最大限度地发挥企业能力，降低库存水平，从而降低供应链的总成本，因此要实现供应链管理的整体目标，为客户创造价值，为供应链企业赢得竞争优势和提高收益率，供应链管理必须以物流的一体化为突破口。

⑥以非核心业务外包为主要经营策略。供应链管理是在自己的“核心业务”基础上，通过协作的方式来整合外部资源以获得最佳的总体运营效益，除了核心业务以外，几乎每件事都可能是“外源的”，即从公司外部资源整合。企业通过非核心业务外包可以优化各种资源，既可提高企业的核心竞争能力，又可参与供应链，依靠建立完善的供应链管理体系，充分发挥供应链上合作伙伴的资源和优势。

【案例点击 6-2】

供应链管理在互联网时代将回归客户导向的本质

复杂问题简单解决，让我们回归到供应链管理的本质：以最低的总成本满足客户的需求。满足客户需求是目标，“协同”“库存”“战略”都不是供应链管理的目标，那为何不直奔目标而去呢？大家会反问，难道我们没有直奔目标吗？没有。可以说 90%的企业根本拿不到客户的真实需求，或者说忽略了。

他们拿到的是销售的需求，销售的需求等于客户的需求吗？当然不等于，销售与客户之间也存在因不信任而不协同的问题，销售往往会放大需求或者自己创造客户需求。（比如客户要求 25 号交付，销售告诉制造 20 号，甚至自动默认为 N 天后交付，被省去的这 5 天或 X 天时间，对制造意味着什么呢？）

就算有些公司有专业的订单中心，并且可以直接接触客户，但是仍然不能挖掘或引导出客户真实需求，或者可以说有些客户由于自身计划体系的缺失，自己也无法有效管理或了解自己的需求。

由于缺失这个真实的客户需求，“协同”“库存”和“战略”都是基于我们自己的假想敌。

更何况，我们大多数企业没有订单中心，或者说订单中心无法直接接触客户。他们还没有建立这个意识。

如果说在工业化时代，我们还有些借口说真实的客户需求由于技术障碍难以获得，那在互联网打破一切障碍的今天，是否还是难以倾听客户的声音？英文的供应链需求管理中有一个单词“CustomerDemand Sensing”，翻译较好的是“客户需求探知”，也就是说客户需求的获得需要一个“探知”过程。但今天有多少企业愿意花时间去“探知”客户需求？我们在一番简单的猜测后就全忙于后端的制造了。在互联网模式下，企业需要重新思考与客户打交道的方式，不仅仅在流通领域，也包括制造领域。

如果我们可以获得真实的客户需求，基于互联网的跨界思维，产销协同将变成供应链与客户的直接协同，为什么不呢？如果我们可以获得真实的客户需求，基于互联网的大数据思维，我们可以将基于历史库存为导向的计划策略变成基于客户未来需求驱动的计划策略，一些企业已经实现。

如果我们可以获得真实的客户需求，基于互联网的用户思维，我们为何不直接听命于最高指挥者——客户，而要听命于我们的管理战略呢？在今天这样一个“变革”时代，唯有客户的需求是我们不变的追求，也是每一个企业管理者的追求，而这个时代也再次为企业提供了这个可能。

（资料来源于：中国物流与采购网）

项目二　供应链管理的战略问题

任务 1　供应链的类型分析

由于供应链对提升企业竞争力的明显优势，使得它在企业经营中扮演的作用越来越重要，供应链已经形成了一系列具有明显特点的模式与结构。随着研究角度与着眼点的不断变化，人们对供应链管理问题认识逐步深入。从不同角度出发，根据不同的标准，可以将供应链划分成不同的类型。

1. 根据供应链容量与用户需求的关系划分

根据供应链容量与用户的需求的关系可将供应链划分为平衡的供应链和倾斜的供应链。一个供应链具有一定的、相对稳定的设备容量和生产能力（所有节点企业能力的综合，包括供应商、制造商、分销商、零售商等），但用户需求处于不断变化的过程中，当供应链的生产能力能和用户需求平衡时，供应链处于平衡状态，这种供应链被称为平衡供应链。

平衡供应链可以实现各主要职能（低采购成本、规模效益、低运输成本、产品多样化和资金运转快）之间的平衡。当市场变化加剧，造成供应链成本增加、库存增加、浪费增加等现象时，企业不是在最优状态下运作，供应链则处于倾斜状态，称为倾斜供应链，如图 6-5 所示。

平衡的供应链可以实现各主要职能（采购/低采购成本、生产/规模效益、分销/低运输成本、市场/产品多样化和财务/资金运转快）之间的均衡。

2. 根据供应链的功能模式划分

根据供应链的功能模式（物理功能和市场中介功能）可以把供应链划分为两种：有效性

供应链和反应性供应链。

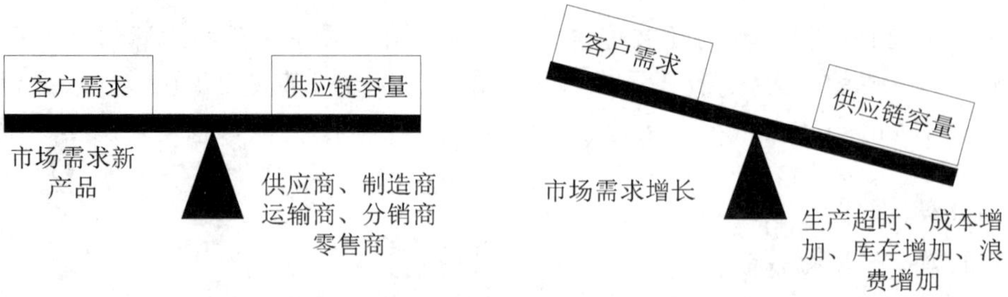

图 6-5　平衡供应链与倾斜供应链

有效性供应链主要体现供应链的物理功能，即以最低的成本将原材料转化成零部件、半成品、产品，以及在供应链中的运输等；反应性供应链主要体现供应链的市场中介的功能，即把产品分配到满足用户需求的市场，对未预知的需求做出快速反应等。

有效性供应链注重成本，反应性供应链关注反应速度，两种类型供应链的比较具体如表 6-1 所示。

表 6-1　两种类型的供应链的比较表

	市场反应性供应链	物理有效性供应链
基本目标	尽可能快速反应不可预测的需求，来使缺货、降价、废弃库存达到最小化	以最低的成本供应可预测的需求
制造核心	配置多余的缓冲库存	保持高的平均利用率
库存政策	部署好零部件和成品的缓冲库存	产生高输入而使整个链的库存最小化
提前期	大量投资以缩短提前期	在不增加成本的前提下，尽可能缩短提前期
选择供应商的方法	以速度、柔性和质量为中心	以成本和质量为核心
产品设计策略	用模型设计以尽可能地减少产品差别	最大化绩效和最小化成本

3. 根据供应链驱动力的来源划分

根据供应链驱动力的来源可将供应链分为推动式（Push）和拉动式（Pull）。推动式的供应链以制造商为核心，产品生产出来后从分销商逐级推向客户，分销商和零售商处于被动接受的地位，各个企业之间的集成度较低，通常采用提高安全库存量的办法应付需求变动。因此，整个供应链上的库存量较高，对需求变动的响应能力较差。这种运作方式适用于产品或是市场变动较小、供应链管理初期阶段。

拉动式供应链的驱动力产生于最终客户，整个供应链的集成度较高，信息交换迅速，可以有效地降低库存，并可以根据客户的需求实现定制化服务，为客户提供更大的价值。

采取这种运作方式的供应链系统库存量较低，响应市场的速度快。但这种模式对供应链上的企业要求较高，对供应链运作的技术基础要求也较高。拉动式供应链适用于供大于求、客户需求不断变化的市场环境。这两种模式的示意，如图 6-6 所示。

制造商推动的供应链：集成度低，需求变化大，缓冲库存量高

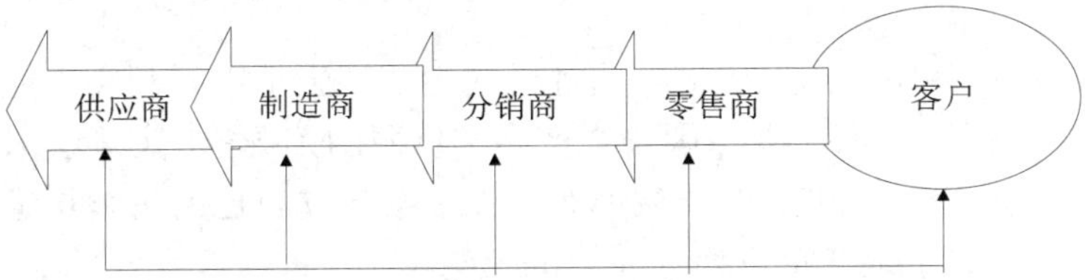

客户牵动的需求链：集成度高，数据交换迅速，缓冲库存量低，反应快

图 6-6　推动式供应链与拉动式供应链

4．根据供应链的网络结构划分

根据供应链的网络结构不同，可以将供应链划分为发散型供应链（V 型供应链）、汇聚型供应链（A 型供应链）和介于两者之间的 T 型供应链。

V 型供应链是具有分散型网络结构的供应链。这种供应链以大批量物料存在方式为基础，相对于供应商，中间产品生产商拥有更多的客户，从而形成发散状的网络结构。

例如，石油、化工、造纸和纺织等企业，原料经过中间产品的生产和转换，成为工业原材料，这些企业产生种类繁多的产品，满足众多下游客户的需求，从而形成了 V 型供应链。

A 型供应链是指具有会聚型结构的供应链。它在结构上与分散型供应链相反，其突出特点是：供应链上的核心企业拥有大量供应商而面向数量较少的最终客户。整个链条自上而下呈现出不断收缩的会聚状态。

例如，汽车业、航空业或机械制造业等行业的供应链都属于这种类型，其核心生产企业或装配企业需要从大量的供应商手中采购大量种类繁多的物料或零部件，然后生产或组装成较少数量的产品。

由于这些行业在产品的制造过程中使用大量的零部件，而产品寿命周期长，市场相对稳定，会使零部件的库存占用大量资金。因此，其供应链一般要加强供应商和制造商之间的密切合作，共同控制库存量，以降低供应链总成本。

T 型供应链。这种供应链介于 A 型和 V 型之间，它存在于接近最终客户的行业，如医药保健品、电子产品和食品、饮料等。T 型供应链涉及的产品种类繁多，管理上一般采取多点控制方法，如生产地的选择、促销活动的开展地区和时机以及对分销成本的控制等，因此这种供应链的管理相对复杂。

由于该供应链（食品、服装和医药等行业的供应链）所提供的产品寿命期短，市场环境变化迅速，市场变动非常频繁，因此供应链必须适应这种市场要求，在及时掌握市场信息的基础上，尽可能准确地估计市场需求的变化趋势，根据市场的变化，及时做出反应，抓住市场机遇，合理安排生产和供应，保证连续的生产过程能够动态地适应不断变化的市场。

5．根据供应链的主体划分

经营主体一般包括生产商、批发商、零售商和各种形式的物流服务提供商，不同的供应链中，各种经营主体处于不同的地位，它们影响着供应链的模式和类型首先解释什么是供应链主体：核心企业即是供应链的主体。

任何一个供应链都必然有一个核心企业，供应链的管理主要靠核心企业运作，核心企业是供应链中产品运作的领导者，因此，可以把核心企业看作是供应链的主体。根据供应链核心企业的经营主体，可以将供应链分为以生产商、批发商、零售商和第三方物流商为主体的供应链模式。

（1）以生产商为主体的供应链。这种模式主要产生于中间商实力还比较小或生产企业的实力比较强大的情况下，其主要原因是生产内部资源的挖掘空间已相当小，同时企业产品的销售渠道又难以控制。在这种情况下，生产企业往往会建立自己的销售渠道或严格控制原有的渠道成员，后者就形成了生产企业为主导的供应链。

这种供应链是在生产为导向的大背景下出现的，其结构相对复杂。图 6-7 是这种模式结构的示意图。

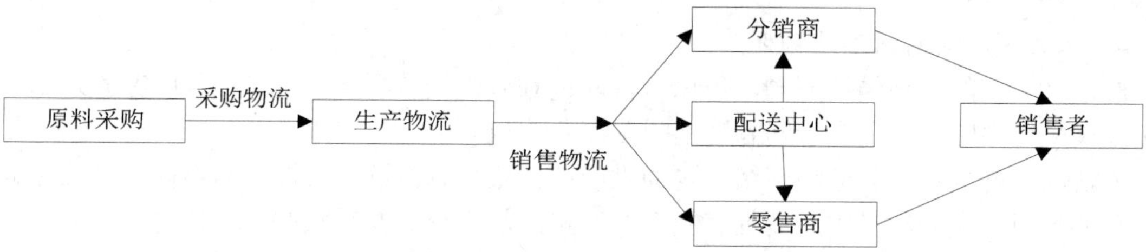

图 6-7　以生产商为主体的供应链结构

（2）以批发商为主体的供应链。批发商在供应链结构中一般执行配送功能，其供应链结构取决于产品的特征、生产商所选择的渠道、消费者的购买渠道和批发商的营销策略。图 6-8 表示了消费品批发商的供应链结构的形式和变化。在所显示的 4 种结构中，对消费者来说最典型的是批发商—零售商—消费者结构，绝大多数批量生产的消费品都是这样到达市场的。

图 6-9 所示是工业品批发商的供应链结构。在工业品市场中，绝大多数产品都是直接从生产者手中转移到消费者手中的，批发商往往只处理供应品、替换零件和小批量项目的订货。

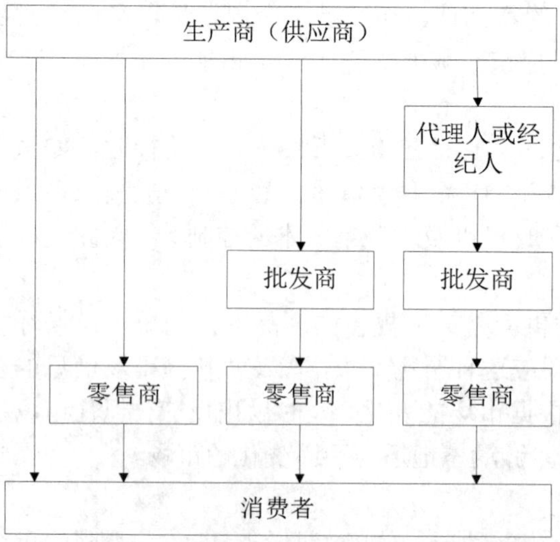

图 6-8　消费品批发商的供应链结构

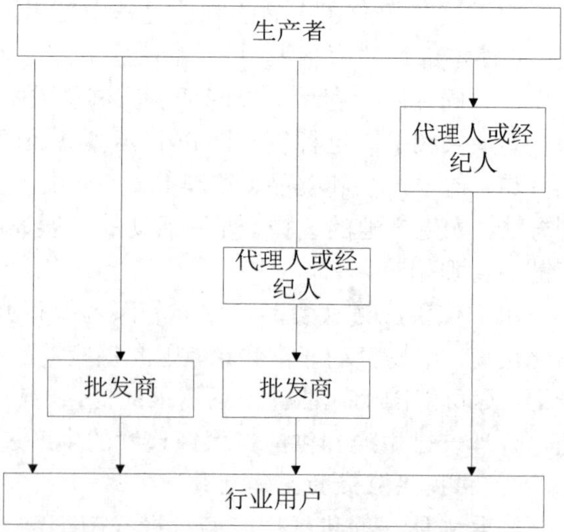

图 6-9　工业品批发商的供应链结构

（3）以零售商为主体的供应链。这种模式是在以需求为导向，产品市场从卖方市场转变为买方市场的大背景下产生的，由于消费者的力量日益强大，制造企业又远离消费者，无法及时、正确地了解消费者的需求，而零售商特别是享有强大的品牌优势的零售商，由于贴近消费者，实力强大，可以通过自己的品牌优势来建立一个以自己为中心的供应链。

沃尔玛就是这种模式的典型案例，这种模式的结构如图 6-10 所示。

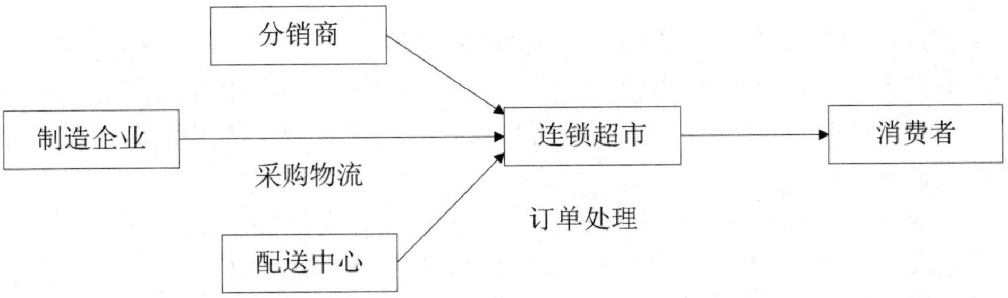

图 6-10 以零售商为主体的供应链结构

（4）以第三方物流商为主体的供应链。第三方物流企业在参与供应链管理的过程中，与供应链其他成员之间的合作不断加深，而将业务延伸出物流领域，并成为对整个供应链运作质量的真正控制者。这样就形成了以第三方物流企业为主导的供应链模式，其结构如图 6-11 所示。

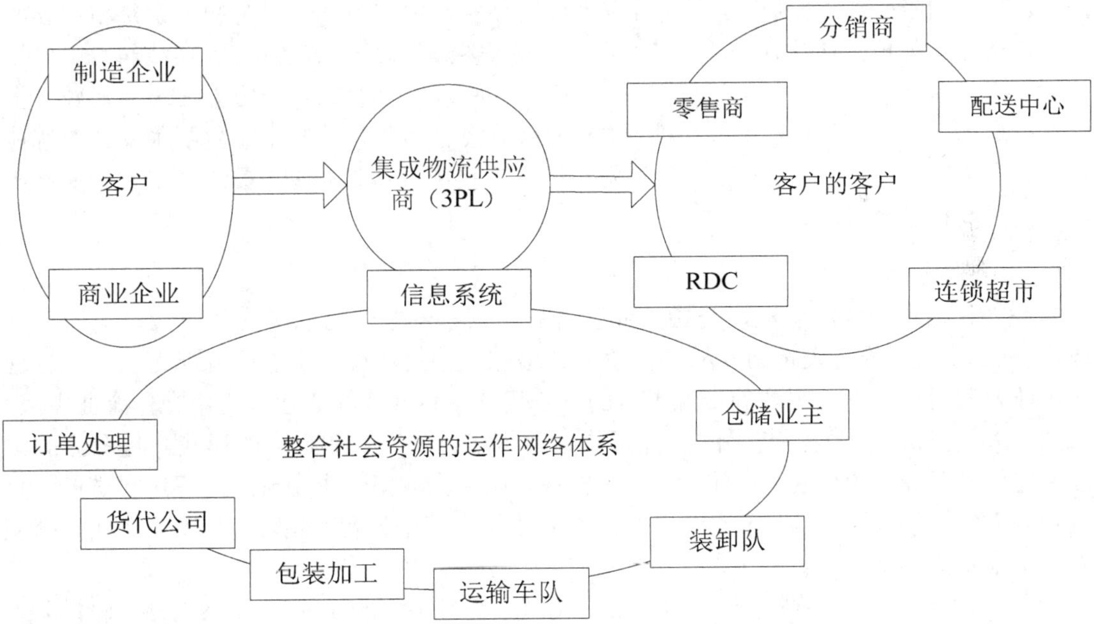

图 6-11 以第三方物流企业为主体的供应链结构

这种模式可以分为以下三个阶段：

第一阶段为初级阶段，主导供应链的第三方物流企业完全或主要提供物流服务，并依靠物流服务来赢得消费者。这是最基本的模式，也是供应链形成的初级阶段。

第二阶段为发展阶段，主导供应链的第三方物流企业既提供物流服务又提供供应链整合方案。它不再处于被动地位，而是借助自己特色服务的核心地位优势积极主动地组织和管理整个供应链，是在第一阶段的基础上不断发展起来的。

第三阶段为成熟阶段，主导供应链的第三方物流企业专门提供供应链整合方案。公司通过运用各种先进的理论和信息技术，最大限度地发挥供应链的整合优势，实现供应链的无缝连接。在这一阶段真正实现了虚拟企业，也被称为第四方物流主导的供应链模式。

任务 2　供应链环境下的业务外包及原因

供应链管理强的企业把主要精力放在关键业务（核心竞争力）上，充分发挥其优势，同时与全球范围内合适的企业建立战略合作关系，企业中非核心业务由合作企业完成，即业务外包。实施供应链管理的企业可以通过业务外包，获得比单纯业务内包更显著的竞争优势。

【案例点击 6-3】

在互联网时代，传统的家电制造业将难以为继，大规模生产的推式供应链时代将宣告终结，会逐渐进入拉式供应链的新时代，追求个性化、定制化。大数据结合其他先进技术，重构传统价值链，确保产品交付能够更好地满足消费者的个性化需求。

2014 年 11 月，青岛海尔冰箱事业部忙于一个关于供应商分级管理的项目实施。这意味着将来海尔采购将以配套为主，为下一步的模块化制造做准备，同时，这也是为工业 4.0 战略奠定基础。

由德国率先提出工业 4.0 概念，是以智能制造为主导的第四次工业革命，或革命性的生产方法。该战略旨在通过充分利用信息通信技术和网络空间虚拟系统—信息物理系统相结合的手段，将制造业向智能化转型，分为三大主题，分别是智能工厂、智能生产、智能物流。

对于消费者而言，“工业 4.0”就是一个将生产原料、智能工厂、物流配送、消费者全部编织在一起的大网，消费者只需用手机下单，网络就会自动将订单和个性化要求发送给智能工厂，由其采购原料、设计并生产，再通过网络配送直接交付给消费者。最终价值在于提高生产效率，同时降低生产成本。

1．业务外包的内涵

业务外包，也称资源外取，是指企业整合利用其外部最优秀的专业化资源，从而达到降低成本、提高效率、充分发挥自身核心竞争力和增强企业对环境的迅速应变能力的一种管理模式。企业为获得比单纯利用内部资源更多的竞争优势，将其非核心业务交由合作企业完成。

业务外包是近几年发展起来的一种新的经营策略，是以长期合同的形式，将企业的一部分业务交由外部业务提供者（合作伙伴）去完成，以便企业集中资源于经过仔细挑选的、少数具有竞争力的核心业务，即把多家公司的优秀人才集中起来为我所用，其结果是使现代商业机构发生了根本的变化。

企业内向配置的核心业务与外向配置的业务紧密相联，形成一个关系网络（即供应链）。集中在那些使他们真正区别于竞争对手的技能和知识，并与这些合作伙伴保持紧密的合作关系。

2．业务外包的原因

业务外包推崇的理念是，如果供应链上的某一环节不是世界上最好的，如果这又不是我们的核心竞争优势，如果这种活动不至于与客户分开，那么可以把它外包给世界上最好的专业公司去做。

也就是说，首先确定企业的核心竞争力，并把企业内部的智能和资源集中在那些有核心竞争优势的活动上，其次将剩余的其他企业活动外包给最好的专业公司。

供应链环境下的资源配置决策是一个增值的决策过程，如果企业能以更低的成本获得比自制更高价值的资源，那么企业就选择业务外包。促使企业实施业务外包的原因有以下几点。

（1）降低和控制成本，节约资本资金。许多外部业务提供者都拥有比企业更有效、更便宜地完成业务的技术和知识。他们可以实现规模效益，并且愿意通过这种方式获利。企业通过向它们外包业务，能够以更低的成本获得产品、零部件或服务，同时避免在设备、技术、研究开发上的巨型投资。

例如，几乎所有名牌电子消费品的生产都外包给了富士康，据说 iPhone 在中国的组装厂共雇佣员工 23 万人，23 万工人中大约四分之一住在工厂宿舍内，也就是说有近 6 万人生活、工作在同一个工厂。

“富士康城”里的很多人一周要工作 6 天，每天 12 小时，而他们每日的薪水还不到 17 美元，成本的节约使外包业务得以盛行。

（2）使用企业不再拥有的资源。如果企业没有完成业务所需的资源（包括所需资金、技术、设备），而且不能盈利时，企业也会将业务外包。这是企业临时外包的原因之一，但是企业必须同时进行成本/利润分析，确认在长期情况下这种外包是否有利，并由此决定示范采取外包策略。

美国 Altera 公司与英特尔（Intel）公司的合作就是最好例证。Altera 公司是一个提供可编程芯片系统的领头企业。当时它有一个新的产品设想，但是没有硅片的生产能力，而作为其竞争者的英特尔公司能生产。

因此，它们达成一个协议：英特尔公司为 Altera 公司生产这种硅片，而 Altera 公司授权 Intel 公司生产和出售 Altera 的新产品。这样两家都通过合作获得了单独所不可能获得的竞争优势，Altera 获得了 Intel 的生产能力，而 Intel 获得了 Altera 的新产品的相关利益。

（3）加速重构优势的形式。企业重构需要花费企业很多的精力，并且获得效益也要很长的时间，而业务外包可以利用其他公司的生产技术，让新产品迅速进入市场，因此业务外包是企业重构的重要策略，可以帮助企业很快解决业务方面的重构问题。

例如，IBM 在 20 世纪 90 年代末就将部件分包出去制造，它们向销售商提供只有一个空架子的机器，让销售商在接到订单之后再进行组装。部件制造业务外包使 IBM 能够将主要资源和精力用于发展客户服务，形成了 IBM 独特的竞争优势和灵活的重构能力。

（4）分担风险。企业可以通过外向资源配置分散由政府、经济、市场、财务等因素产生的风险，实行业务外包的公司出现财务麻烦的可能性仅为没有实行业务外包公司的三分之一。企业本身的资源能力是有限的，通过资源外向配置，与外部的合作伙伴分担风险，企业可以变得更有柔性，更能适应变化的外部环境。

例如，现在的汽车制造商在开发一个新车型时，往往要求供应商同步进行主要零部件的开发并承担相应的开发费用，这样既能够大大减少汽车制造商的开发投入，又能使以前漫长的新产品开发周期大大缩短，可以有效地降低汽车制造商的新产品开发风险与市场风险。

（5）剥离企业难以掌控的辅助业务。企业可以将在内部运行效益不高的业务职能外包，把原来自己做不好的辅助业务交给提供商去做，目的是让更专业的人做得更好。

例如，企业把自己原来管理不好的物流委托给专业化的第三方物流公司，使公司管理层有更多的时间和精力，将更多的资源投入到核心业务上。

而在辅助业务管理上，作为业务承揽方的外部专业化公司，对其承揽项目的服务等级、成本构成、质量检测等有着明确的标准和承诺，这样公司就可根据合同的履行情况实行对辅助业务的质量控制，实现预期目标。

3. 业务外包的问题

成功的业务外包策略可以帮助企业降低成本、提高业务能力、改善质量、提高利润率和生产率。但是同时它也会遇到一些问题。

（1）可能会增加企业责任外移。首先，业务外包一般可以减少企业对业务的控制，但它同时会增加企业责任外移的可能性。企业必须不断监控外部企业的行为并与之建立稳定长期的联系。例如，制药企业对业务外包采取的是较为审慎的态度。

正如葛兰素威康公司（glaxo welcome）负责策划的副总裁曼尼•席尔瓦（Manny Silva）所指出的那样，“如果你将业务分包出去的话，主管部门和其他机构会更加密切的注意你。他们的假设是，你在设法减少成本，可能会降低产品的可靠性和安全性”。结果，一些大的制药公司只让外部公司分包服务甚至灌装和包装之类的业务，而坚持自己进行生产。因为质量出了差错断送的不仅仅是销售。

（2）技术问题。越来越多的企业将部分业务转移到不发达国家，以获得廉价劳动力以降低成本。企业必须确认自己在这些地方并没有与当地水平偏差太大，并且必须确认企业的招聘工作在当地公众反应是否消极。公众的反应对于企业的业务、成本、销售有很大影响。

（3）员工担心失去工作的问题。随着许多业务外包，企业部分职工会担心失去工作。如果他们知道自己的工作被外包只是时间问题的话，就可能会使剩下职工的职业道德和业绩下降，因为他们会失去对企业的信心，失去努力工作的动力和敬业精神，导致更低的业绩水平和生产率。

4. 外包业务的常见类型

（1）生产业务外包。在竞争日益激烈和多变的市场中企业为了降低成本，常常将生产业务外包到劳动力水平较低的国家。目前越来越多拥有名牌产品或商标的企业不再拥有自己的生产厂房和设备不再在生产过程中扮演过多的角色。

例如，著名的计算机网络公司 Cisco 现在没有任何生产能力，其产品均由东南亚的制造商完成；著名的运动鞋制造商 Nike 公司也不设工厂，所以产品的生产由分散在世界各地的 40 多家合同制造商来完成，然后贴上 Nike 的商标就行了。

（2）物流业务外包。物流外包不仅仅降低了企业的整体运作成本，更重要的是使买卖过程摆脱了物流过程的束缚。企业摆脱了现存操作系统和操作能力的束缚，使供应链能够在一夜之间提供前所未有的服务。现在许多公司开始将自己的货物或产品的存储和配送外包给专业性的货物配送公司来完成。

例如，惠普公司在美国的 11 家工厂原来各自除了自己的进货和产品的存储和分配工作，供应路线混乱，协调复杂，经常造成运输车辆空驶，效率低下。1993 年惠普将上述业务外包给专业从事货物配送的赖德综合物流服务公司（Ryder Integrated Logistics），精简了自己的仓库和卡车运输业务。

后者把工厂的物流工作统一起来，结果在 1994 年惠普公司原材料运送到仓库所需的费用就比过去减少了 10%以上。由于降低成本的效果显著，外包仓储配送近年来在制造企业中也成为一种时尚，整个物流服务行业也因需求渐旺而的到发展。

（3）研究与开发（R&D）外包。虽然研究与开发是企业的核心业务，但也成为外包的对象。许多企业在设有自己的研发部门和保持相当的研发力量的前提下，为了弥补自己开发能力的不足，有选择地和相关研究院所、大专院校建立合作关系。将重大技术项目“外包”给他们攻关。另外，企业也可以到科研机构购买先进的但尚未产业化的技术。

例如，美国微波通信公司（MCI）认识到自己不可能总是站在整个技术的前沿，因为它支付不起也不可能把最好的天才都吸引到自己麾下。然而，它已经建立起众多的外部关系并且从中确定了技术最好的一个，使MCI从技术外包中获得的开发项目20多倍于本机构的开发项目。

（4）信息服务外包。以前，各公司都是自己设计网络、购置硬件和软件，然后再由各供应商分别提供服务，将这些东西拼凑起来。由于这项业务专业性强，技术要求高，所以实施起来难度大，且很难达到先进、合理的要求，成本也是比较高的。

随着互联网的逐步普及，大量的基于 Web 的解决方案不断涌现，这使得远程的应用方案成为可能。因此，许多企业已经成为普遍将信息系统业务外包给应用服务提供商（ASP），由其管理并提供用户所需要的信息服务。

例如，1988 年，柯达公司宣布将其所有的信息系统职能外包给 IBM 和 DEC 等公司，自此以后许多大公司纷纷效仿，信息系统业务外包在国际上蔚然成风，各大系统解决方案供应商也针对这种需求提供这方面的服务。

（5）其他业务外包。例如，战略策划、咨询与诊断、物业管理、法律、会计、金融、人力资源管理与培训等。

小贴士

业务外包主要有三个特点：

一是外包偏向于后台业务。新经济时代，市场瞬息万变，企业生存的基本准则就是能及时获取终端信息，随市而变。为了把握终端市场，把准市场脉搏，许多企业对前台业务都是亲力而为，强化服务，而将后台业务，离市场较远的业务外包出去。

二是外包偏向于机械性业务。信息社会，产品的生命周期缩短，品种增加，批量减小，顾客对产品的交货周期、价格和质量的要求也越来越高。在这种背景下，满足个性化需求已成为企业重中之重。为此，企业要将机械性、重复性的业务，通过数字化、软件化外包出去。

三是外包业务偏向于非现场业务。企业的重要业务需要现场作业，必须由企业自身完成，对于那些非现场的或者以网络为平台的业务，可实施外包。企业可以通过因特网，与合作伙伴之间应用信息技术实现彼此的资料互换、信息共享。

任务 3　供应链战略的匹配

任何企业要获得成功，其供应链战略和竞争战略一定要相互匹配。战略匹配意味着竞争战略和供应链战略要有共同目标。共同目标是指竞争战略所要满足的“客户至上”理念和供应链战略旨在建立的供应链能力之间的一致性。战略匹配问题是贯穿供应链战略的重中之重。

1．供应链战略匹配的要点

供应链战略强调企业内部所有职能战略之间的密切联系，其成败与以下因素密切相关。

（1）竞争战略和职能战略的匹配。竞争战略要和所有的职能战略相互匹配以形成协调统一的总体战略。任何一个职能战略必须支持其他的职能战略，帮助企业实现竞争战略目标。

例如，戴尔的竞争战略是以合理价位提供多种定制化的产品。与竞争战略相匹配，戴尔的新产品开战略强调面向大规模定制的产品设计。即设计产品平台及采用通用的零部件，使戴尔可以针对客户订单快速组装出个性化的产品。

为了在提供个性化配置的同时保持低库存，戴尔的供应商和物流服务商的响应性就至关重要。例如，物流服务商有能力把戴尔的计算机和索尼的显示器快速组合在一起，戴尔公司就不用持有索尼显示器的库存。

（2）流程与资源的有效配置。企业的不同职能部门必须合适地配置本部门的流程及资源以能够成功执行战略。一家公司可能因为缺乏战略匹配而失败，也有可能因为其整体供应链的设计、流程和资源没有能力支持所期望的战略匹配而失败。例如，一个公司的营销部门正在宣传公司能够快速地供应很多不同的产品，而物流部门却把降低运输成本作为目标。

在这种情况下，物流部门会把很多个订单组合起来运输或者用相对便宜但较慢的运输方式，以节约成本，但这却延缓了订单执行的速度，使公司无法成功实施快速响应客户的战略。

（3）整体供应链的协调一致。整体供应链战略的设计和各阶段的作用必须协调一致，以支持供应链战略。例如，沃尔玛和宝洁为了实施快速响应的供应链战略，沃尔玛总部、沃尔玛的连锁店、宝洁总部和宝洁的配送中心之间协调一致，建立了实时信息共享机制，构筑 JIT 自动订发货系统，由宝洁的配送中心向沃尔玛的连锁店进行持续的补货就像一个企业一样同步。

2. 供应链战略匹配的步骤

企业要赢得供应链与竞争战略之间的匹配，必须保证其供应链能力能够支持其满足目标客户群的需求。赢得这种战略匹配有三个基本步骤。

（1）理解客户和供应链的不确定性。首先一家公司必须理解目标客户群的需求以及在满足这些需求的过程中，供应链所面临的不确定性。理解这些需求可以帮助企业决定满足需求的成本和服务要求，理解供应链的不确定性可以帮助公司确定供应链必须面对的需求量变化、中断和延迟等不可预知性。

一个企业可能面临常规订货和紧急订货两种不同的需求。常规订货一般订货量较大且需求稳定，客户也愿意等待较长的响应时间，但要求的价格低；而紧急订货则订货量较小且需求不稳定，客户要求及时响应并愿意支付较高的价格。

例如，一个集成线路板供应商，它的客户包括两类不同类型计算机制造商。

一种是像戴尔一样的按订单生产的计算机制造商，需要当天交货。在这种情况下供应商或者需要建立库存，或者需要制定灵活的生产计划来为戴尔某天可能的任何需求做好准备。

预测误差和供应商库存将很高，鉴于以上因素，边际收益可能很高。

另一计算机制造商生产品种单一的计算机，并且提前确定要生产的计算机的数量和品种。这样的信息给了供应商很长的交货期，降低了预测误差和库存。这样，该供应商从第二个制造商那里获得的边际收益会很小。

在考虑需求不确定性的同时，供应链能力所带来的不确定性也是需要特别重视的问题。例如，当一种新型元件引进到计算机产业时，生产工艺的优质率会很低并且经常停产。结果，公司按预定计划交货就会有困难，最终造成计算机制造商的隐含供应不确定性增加。

随着生产技术的成熟和产出率的改善，供应商能够按预定计划交货，使供应链的不确定性降低。供应链的不确定性也受产品所处生命周期的影响。因为新产品的设计和生产工艺仍在不断改进，所以新引进产品的供应不确定性较高。相反，成熟产品供应不确定性较低。

（2）理解供应链能力。理解了公司面临的不确定性后，下一步的工作是建立一个供应链战略，使企业在面临不确定性时，能最好地满足其设定的需求目标。供应链有很多种形式，每一种都根据不同的工作要求设计。企业必须了解它的供应链在哪方面表现卓越。

如果一个供应链的客户需求的不确定性越高，则其需要供应链的响应性越强。供应链响应性包括：对大幅度变动的需求量的响应、满足短期交货、经营品种繁多的产品、生产由高度创新性的产品、满足高服务水平、处理供应不确定性。一个供应链具备这些能力越多，其响应性越强。

例如，日本 7-Eleven 便利店清晨补充早餐，中午补充午餐，下午补充晚餐，其结果是所供应的产品花色品种在不到一天的时间内就产生变化。7-Eleven 对订单的响应速度极快，门店经理发出的补货订单后 12 小时内就能收到供货。

然而，响应性的获得是要付出成本的。如要想对大幅度变动的需求量做出响应就必须提高生产能力。这将增加成本。相反，有效性供应链会通过降低几种响应性来降低成本。例如，麦德龙的现购自运仓储式商场以大包装商品为专业客户提供自选商品、现金支付和自己提货的批发业务，其供应链是利用标准化的供应链管理流程保证稳定性高的产品质量和提货能力，并且通过大批量供应提高销售效率和降低成本。

（3）赢得战略匹配。在理解客户需求和供应链不确定性以及供应链能力之后，接下来就是选择设计什么类型的供应链。供应链响应性和效率与需求不确定性和允许成本的匹配关系，如图 6-12 所示，包括需求不确定性高和允许成本高的匹配响应性供应链；需求不确定性低和允许成本低的匹配有效性供应链。更多的供应链面临的需求不确定性和允许成本介于高和低之间寻求平衡。

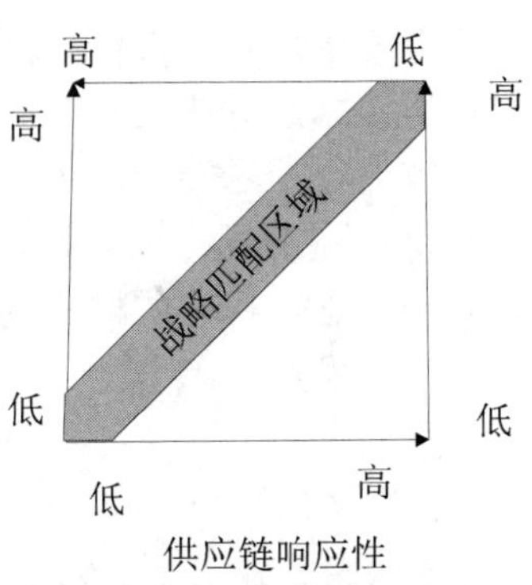

图 6-12　供应链类型的匹配

要想获得完整的战略匹配，企业要保证所有职能部门维持一贯的可以支持竞争战略的各种战略。所有职能战略都要支持竞争战略的目标。所有供应链内的下一级战略，如制造、库存和采购，都要与供应链的响应性水平保持一致。

赢得战略匹配的下一步是给供应链不同环节分配不同的角色，以保证适度的响应性和效率水平。通过调整供应链各个环节的作用，供应链可以获得指定水平的响应性。增加供应链某一环节的响应性，可以使其他环节致力于提高效率。

各种作用的最佳组合取决于每个环节可以利用和不确定性水平获得预定水平的响应性。合作伙伴面对不同的不确定性水平，必须设计不同的公司战略和职能战略以支持各自的响应性。

如果供应链运行出色的方面与期望的客户需求仍然存在不匹配的地方，公司要么需要重新配置供应链以支持竞争战略，要么需要调整竞争战略。

3. 战略匹配中的核心企业和非核心企业

在供应链中，企业的角色不同，其战略匹配的方式也不同，供应链战略需要与核心企业的竞争战略相匹配，非核心企业的战略需要与供应链战略相匹配。

（1）核心企业的战略匹配。供应链的构建必须符合核心企业战略的要求。供应链管理强调合作企业整体最优，整体最优的标准由核心企业制定，所以，供应链应该符合核心企业的战略要求。合作伙伴的选择标准就是看是否符合核心企业的战略，供应链内的信息控制、物流规划、资金流动等要在核心企业总体战略的指导下设计。

核心企业应根据自身的核心竞争力制定供应链战略。首先分析规划核心竞争力，确定核心竞争力的提高与维护战略，其次制定供应链战略。供应链战略应解决以下问题：

①供应链的战略展望，指明供应链建设前进的目的地，从而提出一个长期的发展方向，清晰地描绘出供应链的未来前景。

②建立目标体系，将展望转化成供应链要达到的具体业绩标准。

③制定战略，达到期望的效果。

④高效、有效地实施和执行选择的具体战略。

⑤评价供应链的经营业绩，调整战略展望、发展方向以及对战略的执行。

（2）非核心企业的战略匹配。中小企业由于其在规模、管理、市场控制能力等方面较弱，以自身为主建设供应链的可能性很小，所以应纳入先进的供应链体系。

在制定加入供应链的选择战略时，应考虑以下问题：

①供应链的形象是否与本企业一致。

②最终产品的市场寿命周期与规模，确定本企业的投入与退出成本。

③双方信用机制是否建立，确定合理的支付方式与货物运输方式。

④双方信息沟通方法如何建立与运行，是否采用 EOS（电子订货系统），可否获得最终产品的销售信息，以决定本企业的物流方式。

⑤物流与配送能否满足要求，特别是小批量、多批次与柔性化产品的配送经济效益分析。

⑥供应链的稳定性。稳定性既取决于供应链产品，又取决于供应链核心企业领导层的管理方式与理念，稳定的供应链能为中小企业提供更好的发展机会。

项目三　采购与供应链管理

任务 1　采购部门在供应链管理中的地位与特点

供应链管理是一种先进的管理思想，将是企业管理思想发展的主流方向。供应链管理是将网链上各节点企业看成一个整体，它强调的是企业不仅要追求自身利益，而且要追求供应链上整体效益最优。供应链管理的核心思想是协调与合作，企业不仅要与链上的上游供应商协作，而且要与链上的下游客户配合。

1. 采购部门的地位

采购部门作为企业的一个业务部门，要直接与企业上游的供应商打交道，虽不与客户直接联系，但要与企业内部的相关部门协调。若是生产企业，采购部门对内要直接与仓储、生产等部门联系，甚至与客户联系，所以采购部门处于中间环节，起到承上启下的作用。

（1）对外与供应商联系。供应链像一条纽带，将企业和供应商连接在一起，构成双赢关系，而承担这个连接任务的是企业的采购部门，采购部门的职能是购买企业经营所需要的物品，采购部门要与供应商打交道，包括询价、磋商、催货、签约等，把物资及时、准确、经济合理地采购回来，并与供应商联系，不断加强合作。

（2）对内与企业各相关部门联系。在整个供应链上，企业的下游是客户，但是采购部门的下游是企业内部的相关部门，如生产企业采购部门的下游是仓储部门、生产部门，采购部门必须与下游打交道的部门协作配合，一方面从单个企业来说，可以提高采购效率。另一方面从整个供应链来说，通过企业内部各部门的协作配合，以致整个企业能与链上的上、下游企业更好地配合，提高整个供应链的效率。

2. 供应链采购管理的特点

供应链采购是指供应链内部企业之间的采购。供应链内部的需求企业向供应商企业采购订货，供应商企业将货物供应给需求企业。供应链采购与传统的采购相比，物资供需关系没变，采购的概念没变，但是由于供应链各个企业之间是一种战略伙伴关系，采购是在一种非常友好合作的环境中进行，所以采购的观念和采购的操作都发生了很大变化，如表 6-2 所示，供应链采购有以下特点：

（1）供应链采购是一种基于需求的采购。需要多少就采购多少，什么时候需要就什么时候采购。采购回来的货物直接送需求点进入消费。供应链采购在这一点上，与 JIT 采购相同，而与传统采购截然不同。传统采购则是基于库存的采购，采购回来的货物直接进入库存，等待消费。

（2）供应链采购是一种供应商主动型采购。由于供应链的需求者的需求信息随时都传送给供应商，所以供应商能够随时掌握用户需求信息，所以能够根据需求状况、变化趋势，及时调整生产计划，及时补充货物，主动跟踪用户需求，主动适时适量地满足用户需要。由于双方是一种友好合作的利益共同体，如果需求方的产品质量不好、销售不出去的话，供应商自己也会遭受损失，所以，供应商会主动关心产品质量，自觉把好质量关，保证需求方的产品质量。

表 6-2 供应链采购与传统采购的区别

项目	供应链管理	传统采购
基本性质	基于需求的采购	基于库存的采购
	供应方主动型、需求方无采购操作的采购方式	需求方主动型、需求方全采购操作的采购方式
	合作型采购	对抗型采购
采购环境	友好合作环境	对抗竞争环境
信息关系	信息传输，信息共享	信息不通，信息保密
库存关系	供应商掌握库存	需求方掌握库存
	需求方可以不设仓库，零库存	需求方设立仓库，高库存
送货方式	供应商小批量多频次连续补充货物	大批量少频次进货
双方关系	供需双方关系友好	供需双方关系敌对
	责任共担、利益共享、协调性配合	责任自负、利益独享、互斥性竞争
货检工作	免检	严格检查

（3）供应链采购是一种合作型采购。双方为了产品能在市场上占有一席之地，获得更大

的经济效益，分别从不同的角度互相配合，各尽其力，所以在采购上也是互相协调配合，提高采购工作的效率，最大限度地降低采购成本，最好地保证供应。

而传统采购是一种对抗性采购。由于双方是一种对抗性竞争关系，所以贸易双方互相保密，唯我主义，只顾自己获取利益，甚至还互相算计对方，因此贸易谈判、货物检验等都非常吃力。双方不是互相配合，而是互相不负责任，甚至是互相坑害，常常是以次充好、低价高卖，赚一笔是一笔。所以需求方必须时时小心、处处小心，有时甚至是防不甚防。这样花在采购上的人员、时间、精力、费用确实很高。

（4）采购环境。供应链采购的环境是一种友好合作的环境，而传统采购的环境是一种利益互斥、对抗性竞争环境。这是两种采购制度的根本区别。由于采购环境不同，才导致了许多观念上、操作上的不同，才导致了各自的优点和缺点。供应链采购的根本特征就是有一种友好合作的供应链的采购环境。这是它根本的特点，也是它最大的优点。

（5）信息情况。供应链采购一个重要的特点就是供应链企业之间实现了信息连通、信息共享。供应商能随时掌握用户的需求信息，掌握了用户需求变化的情况。能够根据用户需求情况和需求变化情况，主动调整自己的生产计划和送货计划。供应链各个企业可以通过计算机网络进行信息沟通和业务活动。

这样足不出户，就可以很方便地利用计算机网络协调活动，进行相互之间的业务处理活动。例如发订货单、发发货单、支付货款等。因此，供应链采购的基础就是要实现企业的信息化、企业间的信息共享，也就是要建立企业内部网络、企业外部网络，并且和因特网连通，建立起企业管理信息系统。

（6）库存情况。供应链采购是由供应商管理用户的库存。用户没有库存，即零库存。这意味着，用户无须设库存，无须关心库存。这样做有很多好处：

第一，用户零库存，可以大大节省费用，降低成本，专心致志地搞好工作，发挥核心竞争力，可以提高效率。因而可以提高企业的经济效益，也可以提高供应链的整体效益。

第二，供应商掌握库存自主权，可以根据需求变动情况，适时地调整生产计划和送货计划，既避免盲目生产造成的浪费，也可以避免库存积压、库存过高所造成的浪费以及风险。

（7）送货情况。供应链采购是由供应商负责送货，而且是连续小批量多频次地送货。这种送货机制可以大大降低库存，可以实现零库存。因为它送货的目的是直接满足需要，需要多少就送多少，什么时候需要就什么时候送。不多送，也不早送。这样就没有多的库存，可以降低库存费用；又保证满足需要，不缺货；可以根据需求的变化，随时调整生产计划，可以不多生产，不早生产，因而节省了原材料费用和加工费用；同时由于紧跟市场需求的变化，所以能够灵活适应市场变化，避免库存风险。而传统采购是大批量少频次地订货进货，所以库存量大、费用高、风险大。

（8）双方关系。供应链采购活动中，买方企业和卖方企业是一种友好合作的战略伙伴关系，互相协调、互相配合、互相支持，所以有利于各个方面工作的顺利开展，提高工作效率，实现双赢。而传统采购中，买方与卖方是一种对抗性的买卖关系，一个赢，另一个必然输。所以互相防备、互相封锁、互相不信任、不配合，甚至互相坑害，所以办什么事都很难，工作效率低。

（9）货检情况。传统采购由于是一种对抗关系，所以货物会常常以次充好、低价高买，甚至伪劣假冒、缺斤少量，所以买方进行货检的力度大，工作量大，成本高。而供应链采购，由于供应商自己责任与利润相连，能够自我约束，保证质量，所以可以免检。这样大大节约了费用，降低了成本，保证了质量。

从以上的比较可以看出，供应链采购与传统的采购相比，无论在观念上、做法上都有很大区别，有革命性的变化。供应链采购具有显著的优越性。

任务 2　供应链采购管理的实施要点

1. 指导思想的转变

供应链采购确实是一种有魅力的采购方式，但是要实施供应链采购，却不是一件容易的事情。可以说，供应链采购是对传统采购方式的一场革命，无论在观念上还是在做法上都发生了革命性的变化。具体说来，要实现几个转变：

（1）从为库存而采购到为需要而采购。传统的采购是为库存而采购，采购回来的物资是用以填充库存。一方面造成超量库存，增加了库存成本，另一方面，又不能完全满足需要，产生缺货，影响生产，还把生产活动、采购活动当中一些不合理、浪费、低效率的环节掩盖起来，不知不觉地降低生产效率，增加生产成本，降低经济效益。

供应链采购转变为为需求而采购，采购回来的物资用来满足直接的需要，不是放到仓库里，而是放到消费点进行使用消费。最大地提高了采购的效率，最大地降低了库存，最大地实现了节约。

（2）从采购管理向外部资源管理转变。传统的采购管理完全是企业内部的事情，立足于企业内部，千方百计使自己从采购中获取效益，但自己的力量毕竟是有限的，其实是可以调动供应商的积极性，但是这种观点只着眼于企业内部是建立不起来的，一定要着眼于企业外部，着眼于供应链管理才能建立起来。

供应链采购的实质，就是充分利用企业外部的资源，利用供应商自己的作用来实现企业采购的工作。让供应商对自己的产品负责，对物资的供应负责。实现无采购操作的采购，大大节省了一大堆烦琐、费力的采购实物工作，这样既降低了成本，又提高了效率，实现双赢。

（3）从一般买卖关系向战略伙伴关系转变。传统的采购活动中，买方和卖方是一种对抗型的买卖关系，相互封锁，信息保密，相互防备或坑害，只顾自己，不考虑对方，久而久之，已经形成了习惯。现在实行供应链采购，要把与供应商的对抗关系转变成一种战略伙伴关系，要有很大的思想转变。但是只有把供应商看成是自己的合作伙伴，建立起友好合作关系，才能够实现供应链采购。只有思想转变，才能够扎扎实实地为建立友好合作关系而行动。

建立友好合作关系，需要做大量的工作，包括一些基础工作。例如建立信息系统，实现信息共享、信息沟通，实现责任共担、利益共享等，就要落实到经常性的工作中去，要采取实际的步骤，切切实实地实现“双赢”。

（4）从买方主动型向卖方主动型转变。传统的采购是买方主动型，靠买方单枪匹马在那里艰苦奋斗。这样做的效率不好。我们实现供应链采购，需要转变成供应商主动型，由供应商主动替我们供应物资。本来采购本身，供需双方都获得利益：买方获得物资，保障生产；卖方销售货物，获得利润。

所以既然买方可以主动，则卖方当然也完全可以主动。而这两个主动比较起来，卖方的主动更富有效率和效益。因为它不但为买方节省了采购成本，而且也为自己主动调整生产计划和送货计划实现了最大的利润，真正实现了供需双方的“双赢”。

从买方主动向卖方主动的观念转变，不光是买方的事，也是卖方的事。买方要转变观念，卖方也要转变观念，才能实现供应链采购。

2. 供应链采购管理的基础建设

为了实现供应链采购，还要做一些基础建设工作。

（1）信息基础建设。我们要建立企业内部网和企业外部网，并且和 Internet 相连；我们还要开发管理信息系统，建立自己的电子商务网站，建设信息传输系统；还要进行标准化、信息化的基础建设，例如 POS 系统、EDI 系统或其他数据传输系统、各种编码系统等。

（2）供应链系统基础建设。我们要通过扎实稳妥的工作，逐步建立起供应链系统。这就要求我们努力加强业务的联系，加强供应链企业的沟通，逐渐形成供应链各个企业的业务协调和紧密关系。要逐渐建设责任共担、利益共享机制。另外还要促进各个企业的内部基础建设，实现信息化、规范化、有关业务协调化，为建立一个完善的供应链做准备。在条件成熟以后，及时地建成供应链，实行供应链管理操作。

（3）物流基础建设。包括供应链各个企业内部和企业之间的物流基础建设，如仓库布点、仓库管理、运输通道、运输工具、搬运工具、货箱设计、物流网络等，还包括一些物流技术，如条码系统、自动识别、计量技术、标准化技术等。

（4）采购基础建设。采购基础建设如供应商管理库存、连续补充货物、数据共享机制、自动订货机制、准时化采购机制、付款机制、效益评估和利益分配机制、安全机制等。

通过所有这些基础建设，形成一定的规范，就可能建立起一个完善的供应链系统，实现供应链采购。

单元小结

供应链的概念是从扩大的生产概念发展来的，它将企业的生产活动进行了前伸和后延。供应链管理就是企业对供应链的流程进行计划、组织、协调和控制，以优化整条供应链，目的是将客户需要的产品通过物流到达客户，整个过程要尽量降低供应链的成本。供应链管理的目标是供应链整体价值最大化。供应链管理强调企业要把主要精力放在关键业务（核心竞争力）上，充分发挥其优势，同时与全球范围内合适的企业建立战略合作关系。供应链采购是供应链内部企业之间的采购，是对传统采购方式的一场革命。

案例分析

打破外包仓储，打造仓储新模式——云仓储

电商物流发展至今，现在主要有外包物流和自营物流两种形式，它们对应的仓储物流形式分别是外包仓储物流形式和自建仓储物流形式。所谓外包仓储物流，就是租借现有的社会资源进行商品存储以及配送。自建仓储物流就是电商企业出资构建自有仓储物流网络体系并自行运营管理。

一、外包仓储模式存在的问题

正因为是外包，服务质量都取决于所依靠的合作伙伴，而网购是一个全国范围的活动，所以需要一个完整的仓储服务体系，如果外包则需要选择大量的合作伙伴和仓储网点。

近年来，节假日促销所引发的爆仓现象十分普遍，这充分说明外包服务在运营上的不足，不能及时发出商品,这一方面会引起客户抱怨,另一方面会影响业务量和市场份额的快速增长。而且，随着仓储行业的复兴，企业面临着一库难求的局面，这样便导致仓库租金大涨，给企业带来了一大笔费用。

另外，由于外包仓储的配货效率不能保证，企业资金不能快速回笼，这严重冲击着企业的资金链，威胁着企业能否正常发展，而且低效的配送不利于客户良好的购物体验，导致客户不满，进而有损电商企业的品牌。

二、自建仓储模式存在的问题

自建仓储物流的成本过高，风险极大，一旦决策失误将使企业陷入十分危险的境地，甚至面临破产，这种局面一旦发生相信大多数企业都难以应对。

自建仓储体系除了投资自建场地、设施、设备外，还需要组建相关的配送、包装团队等，要想在全国范围内拥有自己的仓储中心，这不仅是资金问题，而且是一个漫长的过程，所以难度非常大。

另外，电商企业自建仓储，自己去做原本未接触过的业务，毕竟不是专业出身，难免会遇到一些问题,再加上一个作业效率极高的仓储不仅需要一个先进的与自己业务相匹配的信息系统，还需要专业的人员去操作。总之，自建仓储的风险甚多。

三、云仓储模式的构想

不论是自建还是外包，都不能充分利用社会资源，产生规模经济，让本来就不太充足的资源更加紧张。基于此，能否设想一种模式，既有兼容外包的优点，又可以达到自建的效果，还能避免这两种模式的缺点呢?

本着这种设想，市场上出现了云仓储模式，这种模式的出发点正是兼容两种模式的优势，同时又可以减少自建时的高成本风险及外包时服务差的情况。通过集结社会资源，把社会看成一个大系统，形成订单规模，然后走规模经济之路。可见，云仓储模式大有发展前景。

讨论题：云仓储模式有哪些优势?

技能训练

一、简答题

1. 简述供应链的分类。
2. 简述如何选择外包业务。
3. 简述供应链战略匹配的步骤。
4. 供应链管理的研究包括什么?
5. 供应链管理的基本特征有哪些?

二、论述题

1. 论述供应链管理是如何发展而来的。
2. 试论述平衡式供应链和倾斜式供应链的区别。
3. 请画出供应链的网状结构模型并分析。

三、实训

（一）创立物流快递公司

▲情景设置

随着电子商务、网上购物的快速兴起，社会上对物流快递业务的需求十分巨大，因此你在当地创办了一家物流快递公司，主要从事同城快递的配送，由于价格低廉，服务态度好，公司承揽了很多业务，出现了快递车辆不够用的困境，需要将部分业务外包。

▲操作步骤

1．你会选择将哪些业务外包？

2．三个月后评估外包结果。

（二）对水果店的操作

▲情景设置

你是某大学大二学生，经过一段时间的考察，发现学生对水果的消费需求十分巨大，因此请你在学校开一家水果店。

▲操作步骤

1．怎样打开市场？

2．怎样构建你的供应链？

单元七　供应链的构建与优化

本章导读

通过本单元的学习，学生应能够掌握供应链构建的设计策略，掌握供应链管理的组织架构模型，理解并能运用供应链设计模型完成企业供应链的初步构建。

知识点

（1）供应链管理的组织架构模型。

（2）供应链构建设计策略。

（3）供应链设计的两个模型。

技能点

（1）学会运用供应链构建方法。

（2）分析供应链的优劣。

（3）根据供应链优化原则，评价企业供应链构建。

项目一　供应链构建的体系框架

供应链构建包括供应链管理组织机制的建立、管理流程的设计与优化、物流网络的建立、合作伙伴的选择、信息支持体系的选择等诸多内容，供应链构建是一个庞大而复杂的工程，也是十分重要的管理内容。

任务 1　供应链管理的组织架构模型

【案例点击 7-1】

深圳市怡亚通供应链股份有限公司最初的核心业务只是为客户提供物流服务，帮助企业个体构建核心竞争力。但在十年前成为登陆中国 A 股的首家供应链企业以后，通过全链条升级，建立分销服务网络，帮助从品牌商、经销商及终端零售商这一条产业链上的所有企业建立竞争优势。2015 年，怡亚通开启“供应链＋互联网”战略，整合所有资源，连接所有服务，与合作伙伴共融共生，打造 O2O 供应链生态圈。同时完善十二大客户服务平台，共享信息，进一步提供物流解决方案与运作、金融市场的运筹、营销渠道的建立、品牌推广等增值服务。未来怡亚通更是要整合全球资源，让世界资源都可以在怡亚通的平台上高效流通，与全球合作企业共筑一个高效共赢的供应链商业生态圈。

当今我国的物流快递企业也已经开始追求多元化发展，物流快递企业布局供应链管理业务的步伐正在加快，百世集团以百世汇通快递业务开始，然后进一步拓展百世的第三方物流，去年以“综合性供应链服务提供商”的名义上市，开始加快并向零售、金融等领域扩展，最终要形成一个以提供物流服务、金融服务、商贸一体的新型供应链模式。2017 年财报显示，供应链管理是百世集团的四大主要业务板块之一，同时也是盈利最多的业务板块。

供应链的构建必须同时考虑本企业和合作伙伴之间的管理关系，形成合理的组织关系以支持整个供应链的业务流程。在进行供应链设计时，首先需要考虑的内容就是供应链上企业的主客体关系。根据核心企业在供应链中的作用，恰当设计出主客体的权利与义务。其次，就是完整组织设计，支持主客体关系的运作。

供应链构建体系总体模型，如图 7-1 所示。

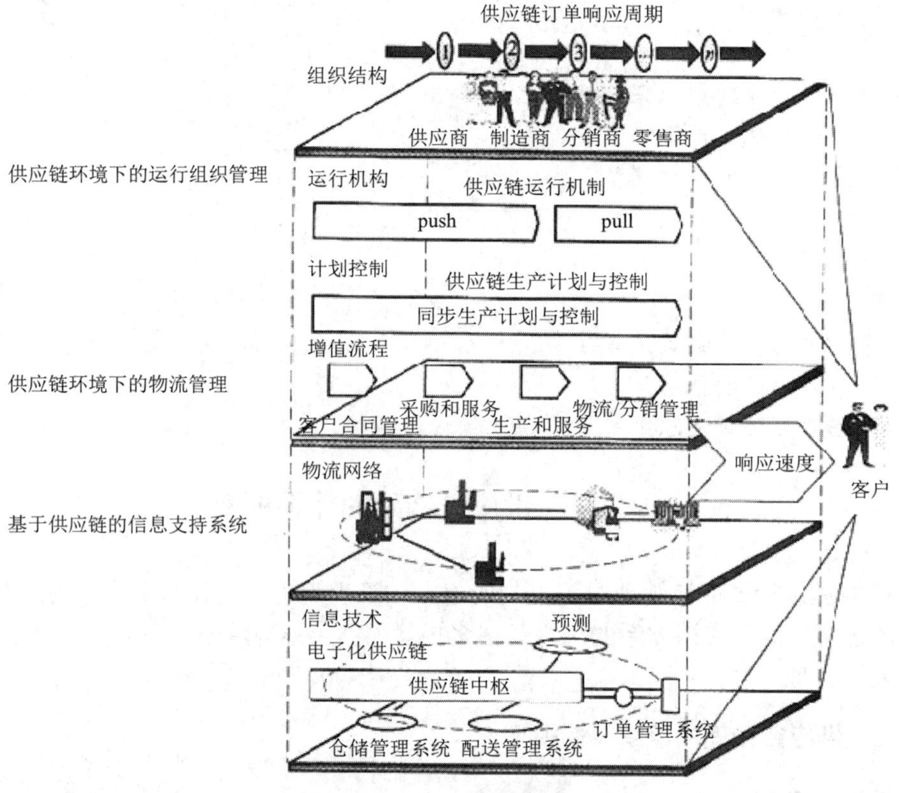

图 7-1　供应链管理体系构建总体模型

任务 2　供应链管理的组织管理

1. 供应链环境下的运作内容

供应链能够取得单个企业所无法达到的效益，关键之一在于它动员和协调了整个产品设计、制造与销售过程的资源。但是这并不是说只要将所有企业“捏合”到一起就可以达到这一目标。

其中核心问题就是能否将所有企业的生产过程实现同步运作，最大限度地减少由于不协调而生产的停顿、等待、过量生产或者缺货等方面的问题。因此，供应链构建的问题之一是如何构造适应供应链环境的生产计划与控制系统。

（1）供应链环境的生产计划与控制模式，主要涉及基于供应链响应周期的资源配置优化决策，基于成本和提前期的供应链延迟点决策，面向同步制造的供应链流程重构等等。

（2）与同步生产组织匹配的库存控制模式，如何应用诸如自动补货系统（AS/RS）、供应商管理库存（VMI）、接驳转运、虚拟仓储、提前期与安全库存管理等各种技术，实现整个供应链的生产与库存控制目标。

小贴士

供应链优化即“在有约束条件或资源有限的情况下的决策方案”，它主要有整体优化和局部优化两种类型。整体优化是从大量方案中找出最优方案，然而，实际情况下可能没有最优方案或者没有方法来检测所得方案是否最优，因此有必要进行局部优化；局部优化是在大量类似方案中找出最优方案，此法取决于方案的最初解，最初方案不同，优化结果也不同。

优化问题由决策变量、目标函数和约束条件组成。决策变量是需要作的决策，物流中有如下决策变量：何时、何地从供应商中订购原材料；何时生产；何时把产品交给客户、交多少。

目标函数是经济上或其他方面所要达到的目标，物流中有如下目标函数：利润最大；供应链成本最低、生命周期最短；客户服务质量最高；延误最短；产量最大；满足所有客户需求等。

约束条件是变量必须满足的条件，物流中有下列约束条件：供应商生产材料、零件的能力；生产线每天工作的时间、负荷；配送中心的处理收据等能力。

2．供应链环境下的物流管理

与同步制造相呼应的是供应链管理下的物流组织模式。它的目标是如何寻找最佳的物流管理模式，使整个供应链上的物流管理能够准确响应各种需求（包括来自客户的需求和合作伙伴的需求等），真正体现出物流是“第三利润源泉”的本质。

为此，在构建供应链时，必须考虑物流网络的优化、配送中心的选择、运输路线的优化、物流作业方法的选择与优化等方面的内容，充分应用各种支持物流运作管理决策的技术与方法。

对供应链的管理离不开信息技术的支持，因此，在设计供应链时一定要注意如何将信息融入整个系统中来。

小贴士

自动补货系统（Automatic Replenishment Programs，ARP）是一种利用销售信息、订单经由 EDI 连接合作伙伴的观念，合作伙伴之间必须有良好的互动关系，并且利用电子信息交换等方式提供信息给上下游。

也就是说 ARP 是一种库存管理方案，是以掌控销售信息和库存量，作为市场需求预测和库存补货的解决方法，由销售信息得到消费需求信息，供应商可以更有效的计划、更快速的反应市场变化和用户需求，因此 ARP 可以用来作为降低库存量，改善库存周转，进而维持库存量的最佳化，而且供应商与批发商以分享重要信息双方都可以改变需求预测、补货计划、促销管理和运输装载计划等等。

项目二　供应链的结构模型

任务 1　供应链拓扑结构模型

1. 供应链的模型 I ：静态链状模型

综合供应链的定义和结构模型，不难得出这样一个简单的供应链模型，如图 7-2 所示，称其为模型 I 。模型 I 清楚地表明产品的最初来源是自然界，如矿山、油田、橡胶园等，最终去向是用户。

产品因用户需求而生产，最终被用户所消费。产品从自然界到用户经历了供应商、制造商和分销商三级传递，并在传递过程中完成产品加工、产品装配形成等转换过程。被用户消费掉的最终产品仍回到自然界，完成物质循环（图 7-2 中的虚线）。

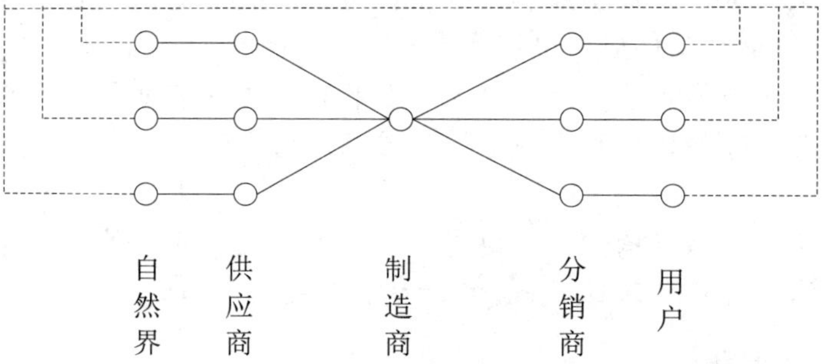

图 7-2　模型 I ：静态链状模型

2. 供应链的模型 II：动态链状模型

模型 I 只是一个静态模型，表明供应链的基本组成和轮廓概貌。进一步地，可以提出供应链的模型 II，如图 7-3 所示。模型 II 是对模型 I 的进一步抽象，它把商家都抽象成一个个的点，称为节点，并用字母或数字表示。节点以一定的方式和顺序联结成一串，构成一条供应链。

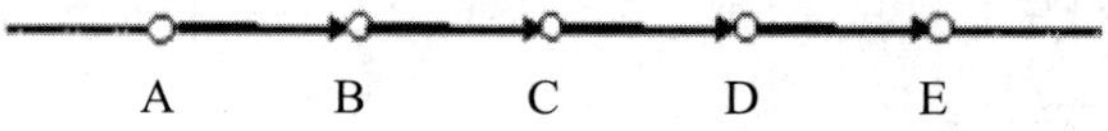

图 7-3　模型 II：动态链状模型

在模型 II 中，若假定 C 为制造商，则 B 为供应商，D 为分销商；同样，若假定 B 为制造商，则 A 为供应商，C 为分销商。在模型 II 中，产品的最初来源（自然界）、最终去向（用户）以及产品的物质循环过程都被隐含抽象掉了。

从供应链研究便利的角度来讲，把自然界和用户放在模型中没有太大的作用。模型 II 着力于供应链中间过程的动态研究，它是一个动态的链状模型。

（1）供应链的方向。在供应链上除了流动着物流（产品流）和信息流外，还存在着资金流。物流的方向一般都是从供应商流向制造商，再流向分销商。在特殊情况下（如产品退货），产品在供应链上的流向与上述方向相反。但由于产品退货属非正常情况，退货的产品也非本书严格定义的产品，所以本书将不予以考虑。

本书依照物流的方向来定义供应链的方向，以确定供应商、制造商和分销商之间的顺序关系。模型Ⅱ中的箭头方向即表示供应链的物流方向。

（2）供应链的级。在模型Ⅱ中，定义 C 为制造商时，可以相应地认为 B 为一级供应商，A 为二级供应商，而且还可以定义三级供应商、四级供应商……同样，可以认为 D 为一级分销商，E 为二级分销商，并定义三级分销商、四级分销商……一般地讲，一个企业应尽可能考虑多级供应商或分销商，这样有利于从整体上了解供应链的运行状态。

3. 供应链的模型Ⅲ：网状模型

事实上，在模型Ⅱ中，供应商可能不止一家，而是有 B1、B2 等 n 家，分销商也可能有 D1、D2 等 m 家。动态地考虑，C 也可能有 C1、C2 等 K 家，这样模型Ⅱ就转变为一个网状模型，及供应链的模型Ⅲ，如图 7-4 所示。

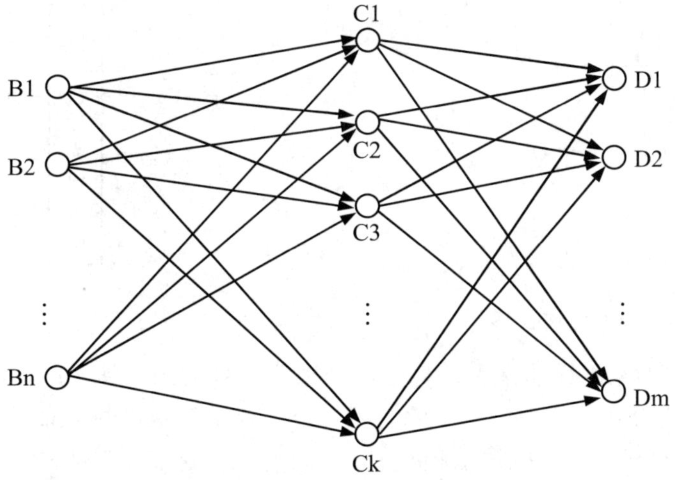

图 7-4　模型Ⅲ：网状模型

网状模型更能说明现实世界中产品的复杂供应关系。在理论上，网状模型可以涵盖世界上所有厂家，把所有厂家都看作是其上面的一个节点，并认为这节点存在着联系。当然，这些联系有强有弱，而且在不断地变化着。通常，一个厂家仅与有限个厂家相联系，但这不影响我们对供应链模型的理论设定。网状模型对供应关系的描述性很强，适合于对供应关系的宏观把握。

（1）入点和出点。在网状模型中，物流做有向流动，从一个节点流向另一个节点。这些物流从某些节点补充流入，从某些节点分流流出。我们把这些物流进入的节点称为入点，把物流流出的节点称为出点。入点相当于矿山、油田、橡胶园等原始材料提供商，出点相当于用户。图 7-5 中 A 节点为入点，F 节点为出点。

对于有的厂家即为入点又为出点的情况，出于对网状表达的简化，将代表这个厂家的节点一分为二，变成两个节点：一个为入点，一个为出点，并用实线将其框起来。如图 7-6 所示，A1 为入点，A2 为出点。

同样，对于有的厂家对另一厂家既为供应商又分为分销商的情况，也可将这个厂家一分为二，甚至一分为三或更多，变成两个或多个节点：一个节点表示供应商，一个节点表示分销商，也用实线将其框起来。如图 7-7 所示，B1 是 C 的供应商，B2 是 C 的分销商。

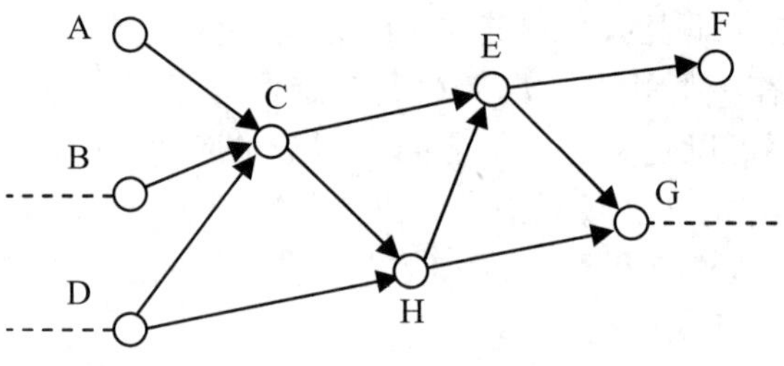

图 7-5　入点和出点

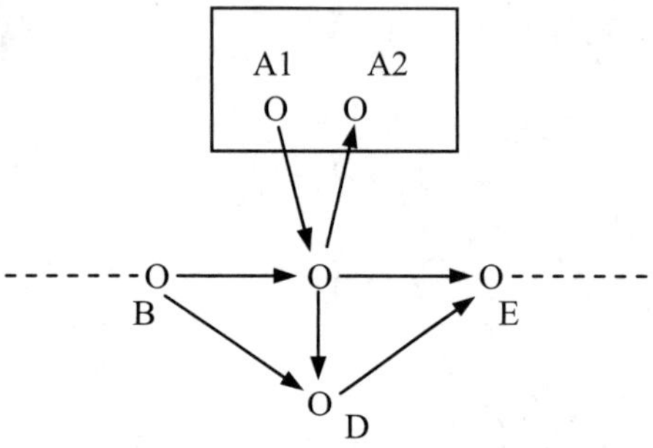

图 7-6　包含出点和入点的厂家

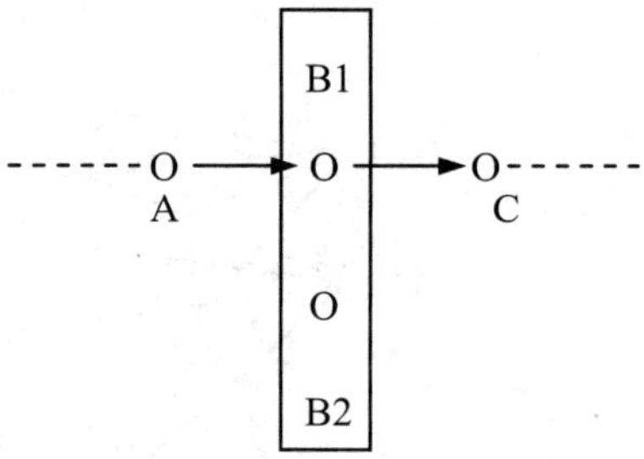

图 7-7　包含供应商和分销商的厂家

（2）子网。有些厂家规模非常大，内部结构也非常复杂，与其他厂家相联系的只是其中一个部门，而且内部也存在着产品供应关系，用一个节点来表示这些复杂关系显然不行，这就需要将表示这个厂家的节点分解成很多相互联系的小节点，这些小节点构成一个网，称之为子网，如图 7-8 所示。

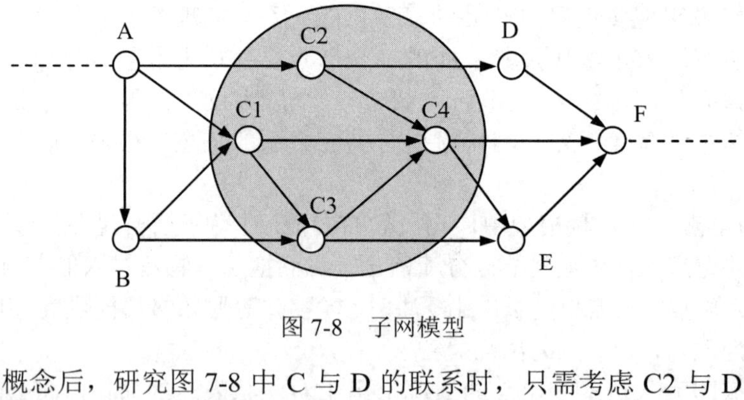

图 7-8　子网模型

在引入子网概念后，研究图 7-8 中 C 与 D 的联系时，只需考虑 C2 与 D 的联系，而不需要考虑 C3 与 D 的联系，这就简化了无谓的研究。子网模型对企业集团是很好的描述。

（3）虚拟企业。借助以上对子网模型过程的描述，可以把供应链网上为了完成共同目标、通力合作并实现各自利益的这样一些厂家形象地看成是一个厂家，这就是虚拟企业，如图 7-9 所示。虚拟企业的节点用虚线框起来。

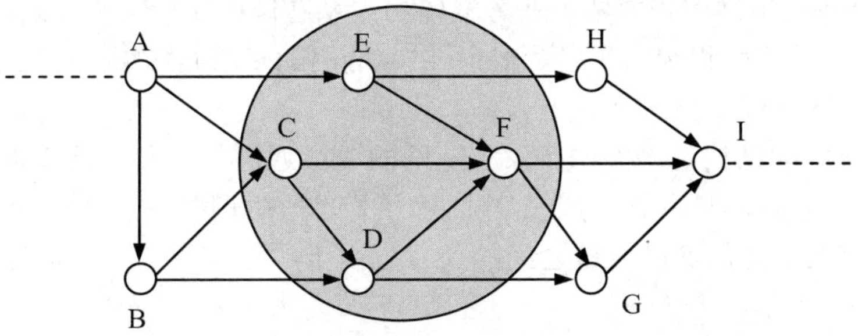

图 7-9　虚拟企业的网状模型

虚拟企业是在经济交往中，一些独立企业为了共同的利益和目标在一定的时间内结成的相互协作的利益共同体。虚拟企业组建和存在的目的就是为了获取相互协作而产生的效益，一旦这个目的已完成或利益不存在，虚拟企业即不复存在。

任务 2　供应链网模型

在产品生命周期不断缩短、企业之间的合作日益复杂以及顾客的要求更加严格的今天，市场驱动原料或零部件供应商、产品制造商和分销商组织起来，形成了供应—生产—销售的供应链。实际上，供应链中的供应商常常为多家，分销商也有多个。

供应商、制造商和分销商在战略、任务、资源和能力方面相互依赖，构成了较复杂的供应一生产一销售网，这就是供应链网。我们说供应链实质上应该是一个网链结构。供应链网的一般结构如图 7-10 所示。

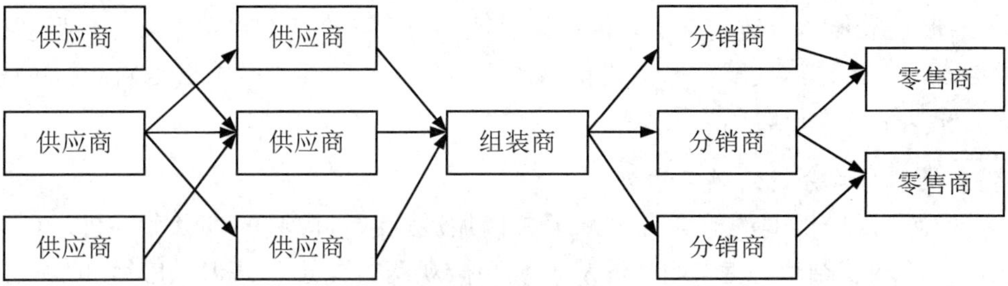

图 7-10　供应链网的一般模型

供应链网是由一系列自主程度不同的业务实体所构成的网络，这些实体之间互为上下游企业。而且，可以专门对供应链网进行分类，研究在供应链网中对订货完成过程的管理。

1. 供应链网的结构特性

第一，供应链网的结构具有层次性特征。从组织边界的角度看，虽然每个企业务实体都是供应链网的成员，但是它们可以通过不同的组织边界体现出来。

第二，供应链网的结构表现为双向性。从横向看，使用某一共同资源（如原材料、半成品或成品）的实体之间既相互竞争又相互合作。从纵向看，供应链网的结构就是供应链结构，反映从原材料供应商到制造商、分销商及顾客的物流、信息流和资金流的过程。

第三，供应链网的结构呈多级性。随着供应、生产和销售关系复杂化，供应链网的成员越来越多。如果把供应链网中相邻两个业务实体的关系看作供应一购买关系，那么这种关系是多级的，而且涉及的供应商和购买商也是多个。供应链网的多级结构给供应链管理增加了困难，同时又有利于供应链的优化与组合。

第四，供应链网的结构是动态的。供应链网的成员通过物流和信息流而联结起来，它们之间的关系是不确定的，其中某一成员在业务方面的稍微调整都会引起供应链网结构的变动。而且，供应链成员之间、供应链之间的关系也由于顾客需求的变化而经常作出适应性的调整。

第五，供应链网具有跨地区的特性。供应链网中的业务实体超越了空间的限制，在业务上紧密合作，共同加速物流和信息流，创造了更多的供应链效益。最终，世界各地的供应商、制造商和分销商被联结成一体，形成全球供应链网（Global Supply Chain Network，GSCN）。

小贴士

供应链管理的特性

供应链管理在企业中的应用，将使得大量的客户集中化、产品寿命周期更短，周转更快，成本降低，产品国际化。

（1）协同整合：所有供应链参与者（包括供货商、配销商、生产商、零售商等）彼此资源共享与信息交流，减少信息不对称的程度，降低不必要的浪费，提升经营的效率。

（2）非核心业务外包：供应链成员分工与核心能力界定，同时彼此间的作业与经营流程依各成员的核心能力分工。

（3）减少长鞭效应：增加供应链成员彼此之间互动的程度，使上下游企业的资源得以联结，做到实时反映顾客的需求、市场的状况。

（4）实时、最佳化：通过电子化供应链管理，企业整合所有组装中心、厂区营运情况的全球实时信息，作出正确决策，并借此模拟情境，快速反映客户需求以达到 98%的订单在 3 天内交货，降低全球库存的成本及风险。

2. 供应链网结构分析的现实意义

（1）明确了供应链网的概念，有助于人们加深理解供应链的内涵和外延。供应链网强调的是供应链的网状结构，使人们能够从宏观和微观两方面正确认识供应链和供应链管理的本质。

（2）对于供应链网结构特性的分析有助于企业制定恰当的供应链构建策略。例如，企业可以对供应链网进行层次区分，确定主干供应链和分支供应链，建立起最具有竞争力的供应链网。另外，从供应链网的多级性特征来看，企业又可以对供应链进行等级排列，对供应商进一步细分，进而制定出具体的营销组合策略。世界著名的耐克公司之所以取得全球化经营的成功，关键在于它分析了公司供应链网的多级结构，有效地运用了供应商多级细分策略。

实践表明，对供应链网的分层和分级是十分重要的。同时，供应链网结构的动态性特点指导企业建立供应链适时修正战略，跨地区性特点提醒企业密切注意国际惯例和各国文化、法律的差异。

（3）供应链网结构研究能够区分不同行业的供应链网，为企业建立合适的供应链网提供了参与。企业应该根据自身的行业特点、业务规模和业务流程来选择最佳的供应链网。

（4）供应链网结构研究分析了不同行业供应链网管理的主要问题，有利于改进供应链管理。尤其是，供应链网结构研究强调供应链网成员的共同目标和改进重点，为企业提高管理水平指明了方向。

项目三　供应链构建设计策略与方法

任务 1　供应链的设计策略

从投资的角度考虑供应链的设计问题，美国的费舍尔（L.Fisher）教授提出了供应链的设计要以产品为中心的观点。供应链的设计首先要明白用户对企业产品的需求是什么，因为产品生命周期、需求预测、产品多样性、提前期和服务的市场标准等都是影响供应链设计的重要问题。供应链的构件必须与产品特性一致，这就是所谓基于产品的供应链设计策略。

1. 基于产品的供应链设计策略

不同的产品类型对设计供应链有不同的要求。可以将产品分为高边际利润、不稳定需求的创新型产品和边际利润低、需求稳定的功能型产品。其中功能型产品一般用于满足用户的基本需求，变化很少，具有稳定的、可预测的需求和较长的生命周期，但它们的边际利润较低。为了获得比较高的边际利润，许多企业在产品式样或技术上革新以刺激消费者购买，从而使产品成为创新型的，这种创新型产品的需求一般不可预测，生命周期也较短。正因为这两种产品的不同，才需要有不同类型的供应链去满足不同的管理需求。基于产品的供应链设计步骤如图 7-11 所示。

第一步是分析市场竞争环境。目的在于找到针对哪些产品进行市场开发供应链才有效，为此，必须知道现在的产品需求是什么，产品的类型和特征是什么。分析市场特征的过程要向卖主、用户和竞争者进行调查，提出诸如“用户想要什么”“他们在市场中的分量有多大”之类的问题，以确认用户的需求和因卖主、用户、竞争者产生的压力。这一步骤的输出是每一产品的按重要性排列的市场特征。同时对于市场的不确定性要有分析和评价。

第二步是分析企业现状。主要分析企业供需管理的现状（如果企业已经有供应链管理，则分析供应链的现状），这一个步骤的目的不在于评价供应链设计策略的重要性和合适性，而是着重于研究供应链开发的方向，分析、找到、总结企业存在的问题及其影响供应链设计的阻力等因素。

第三步是提出供应链设计项目。

第四步是建立供应链设计目标。主要目标在于获得高用户服务水平和低库存投资、低单位成本两个目标之间的平衡（这两个目标往往有冲突），同时还应包括以下目标：①进入新市场。②开发新产品。③开发新销售渠道。④提高用户满意程度。⑤降低成本。⑥通过降低库存提高工作效率等。

第五步是分析供应链的组成，提出供应链组成的基本框架。供应链中的成员组成分析主要包括制造工厂、设备、工艺和供应商、制造商、分销商、零售商及用户的选择及其定位，以及确定选择与评价的标准。

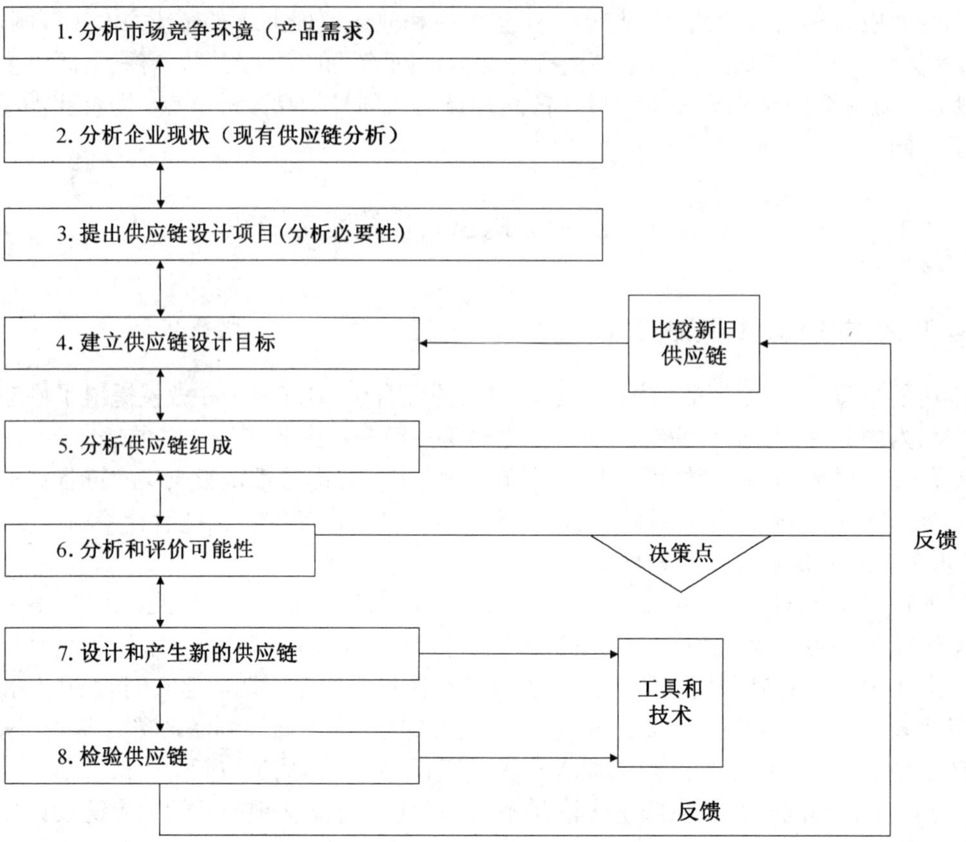

图 7-11　供应链设计的步骤模型图

第六步是分析和评价可能性。这部仅仅是某种策略或改善技术，也是开发和实现供应链管理的第一步。它在可行性分析的基础上，结合本企业的实际情况为开发供应链提出技术选择建议和支持。这也是一个决策的过程，如果认为方案可行，就可以进行下面的设计；如果不可行，就要重新设计。

第七步是设计和生产新的供应链，主要解决以下问题：①供应链的成员组成（供应商、设备、工厂、分销中心的选择与定位、计划与控制）。②原材料的来源问题（包括供应商、流量、价格、运输等问题）。③生产过程设计（需求预测、生产什么产品、生产能力、供应给哪些分销中心、价格、生产计划、生产作业计划和跟踪控制、库存管理等问题）。④分销任务与能力设计（产品服务于哪些市场、运输、价格等问题）。⑤信息管理系统设计。⑥物流管理系统设计等。

在供应链设计中，要广泛用到许多工具和技术，包括归纳法、动态规划、流程图、模拟和设计软件等。

第八步是检验供应链。供应链设计完成以后，应通过一定的方法、技术进行测试检验或试运行，如果不行，返回第四步进行重新设计。如果没有什么问题，就可实施供应链管理了。

2. 基于多代理的集成供应链模式的设计策略

随着计算机、网络等信息技术的发展，供应链除了具有由人、组织简单组成的实体特征外，也逐渐演变为以信息处理为核心、以计算机网络为工具的人－信息－组织集成的超智能体。

基于多代理集成的供应链模式（图 7-12）是涵盖两个世界的三维集成模式，即实体世界的人－人、组织－组织集成和软件环境世界的信息集成（横向集成），以及实体与软件环境世界的人－机集成（纵向集成）。

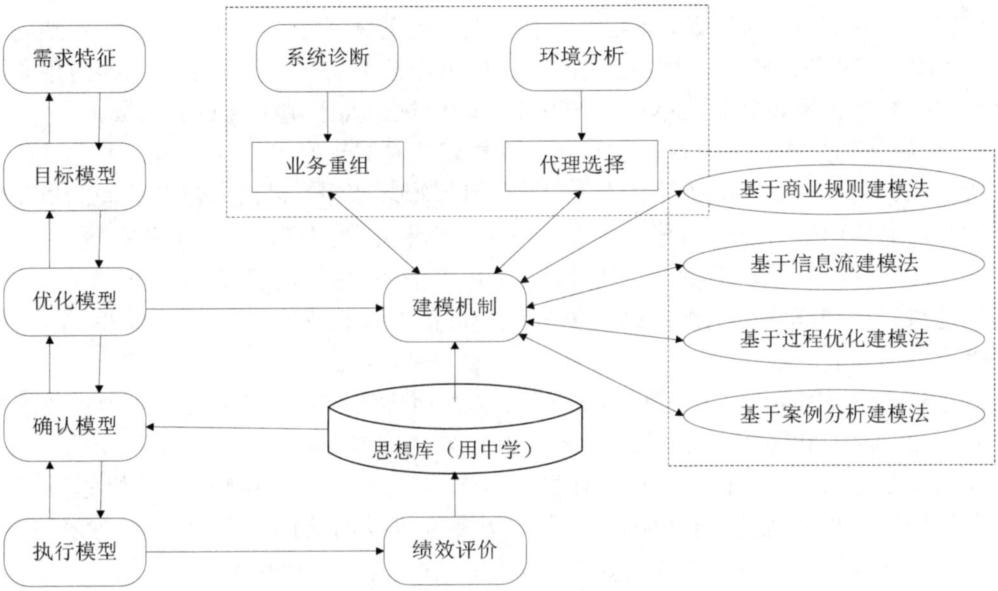

图 7-12　集成动态建模过程

小贴士

物元分析理论是解决矛盾问题的规律和方法，是系统科学、思维科学和数学的交叉学科。物元分析理论是我国学者、广东工学院蔡文副教授所创立的新学科。1983 年他在《科学探索学报》上发表了论文《可拓集合和不相容问题》，标志着物元分析的诞生。

物元分析引起国内外许多专家、教授、学者的兴趣和关注。物元分析是专门研究如何处理难题的人脑思维的一种模型，因此，它将参与人工智能及与人工智能相关的学科，也参与诸如军事决策、经济计划、企业管理、过程控制等这些大量出现不相容问题的部门中去。

任务 2　供应链构建的技术与方法

1．供应链分析诊断技术

在进行供应链构建的设计与重建过程中，必须对现有的企业供应链模式进行诊断分析，在此基础上进行供应链的创新技术。通过系统诊断分析找到企业目前存在的主要问题，为新系统设计提供依据。

（1）供应链不确定性分析。牛鞭效应（Bullwhip effect），是在经济学上的一个术语，又称为“需求变异加速放大原理”，是美国著名的供应链管理专家 Hau L. Lee 教授对需求信息扭曲在供应链中传递的一种形象描述。举个例子来说，当经营者接到消费者发出的订单后，会根据本期从下游经销商收到的订单发出货物，并以此为依据参考销售记录预测未来需求的变化，结合本期期末库存量向上游供应商发出订单。订单的传递和货物的运送都需要两个经营周期，那么每个经营者从发出订单到得到该订单的订货需要四个经营周期。当消费者需求出现变化，零售商、批发商、分销商的订单及库存量会自发出现波动，并且，越是处于供应链的后端，需求变化幅度越是会被放大。以形状而言，这就像西部牛仔挥舞的牛鞭，鞭轻轻一抖，鞭梢便会大幅度抖动，划出一道美丽的圆弧，这就是所谓供应链管理中的“牛鞭效应”。“牛鞭效应”反映出供应链上需求的不同步现象。它揭示了供应链库存管理中的一个普遍现象：看到的是非实际的。这种效应导致需求信息失真，扭曲的信息使供应链中的成员对市场和顾客的预测出现偏差，会造成批发商、零售商的订单和生产商产量峰值远远高于实际客户需求量。

（2）供应链的性能定位分析。供应链的性能定位是对现有的供应链做一个全面的评价，比如订货周期、预测精度、库存占用资金、供货率等管理水平，以供应链企业间的协调性、用户满意度等。如果用一个综合指数来评价供应链的性能定位，可以用以下公式表示：

$$\text{供应链综合性能指数}=\text{价值增值率}\times\text{用户满意度}$$

可以通过对用户满意度的测定结合供应链的价值增率来确定供应链管理水平，为供应链的重构提供参考。

（3）供应链的诊断方法。诊断方法是一个值得研究的课题，目前还没有一个普遍适用的企业诊断方法。随着企业改革的发展，企业诊断已成为许多企业策划的必不可少的内容，国外许多企业都高薪聘请企业咨询专家为企业诊断，国内对企业诊断问题的研究也逐渐热起来。

企业诊断不同于传统的可行性研究报告，它是企业从特定的需要出发，为企业的改造或改革提供科学的理论与实际相结合的分析，提供战略性的建议和改进措施。

2．供应链构建的设计方法与工具

（1）网络图形法。供应链设计问题有几种考虑方式：一是单纯从物流通道建设的角度设计供应链；二是从供应链定位（supply chain location）的角度选择在哪个地方寻找供应商、在哪个地方建设一个加工厂、在哪个地方设立一个分销地点等。设计所采用的工具主要是图形法（如用网络图表示），直观地反映供应链的结构特性。在具体的设计中可以借助计算机辅助设计等手段进行网络图的绘制。

（2）数学模型法。数学模型法是研究经济问题普遍采用的方法。把供应链作为一个经济系统问题来描述，可以通过建立数学模型来描述其经济数量特征。最常用的数学模型是系统动力学模型和经济控制论模型。特别是系统动力学模型更适合供应链问题的描述。

系统动力学最初的应用也是从工业企业管理问题开始的，它是基于系统理论、控制理论、组织理论、信息论和计算机仿真技术的系统分析与模拟方法。系统动力学模型能很好地反映供应链的经济特征。

（3）计算机仿真分析法。利用计算机仿真技术，将实际供应链构建问题根据不同的仿真软件要求，先进行模型化，再按照仿真软件的要求进行仿真运行，最后对结果进行分析。计算机仿真技术已经非常成熟，这里就不多做介绍了。

（4）CIMS-OSA 框架法。CIMS-OSA 是由欧盟 ESPRIT 研制的 CIM 开放体系结构，它的建模框架基于一个继承模型的四个建模视图：功能视图、信息视图、资源试图和组织试图。

CIMS-OSA 标准委员会建立了关于企业业务过程的框架，这个框架将企业的业务过程划分为三个方面：管理过程、生产过程和支持过程。可以利用这个框架建立基于供应链管理的企业参考模型，特别是组织视图和信息视图，对供应链的设计和优化很有帮助。

3．供应链设计的模型

（1）螺旋循环设计模型。模型设计通常表现出的特征是：①设计目标及设计要求是很难清楚描述的；②设计是一个无止境的过程；③设计总有缺陷；④设计与人的判断价值有关；⑤设计问题的解决与问题的出现同时存在；⑥不存在最优设计方案；⑦设计的目的是为了实施。

从设计的行为特征来看，系统设计过程是一个开放性的过程，是一个螺旋上升的过程。供应链的设计过程其实也是一个螺旋设计过程，同样可以采用相关的理论。

（2）组织元模型。

①含义。供应链的每一个节点都是以信息处理为中心，以计算机网络为工具的人、信息和组织的集成体，用 Agent 来描述。Agent 有狭义的和广义的定义。

从狭义来讲，Agent 是指一个智能体（或代理），一般是一个软件或信息系统，我们称之为软件世界的智能体。但从广义来讲，Agent 是指分布的独立的相互合作的网络中的成员。宏观上，它就像加盟供应链的“代理商”，基于多 Agent 集成的供需合作机制指的也是基于这层意义上的代理机制。组织元模型也就是 Agent 模型。

供应链建模或设计最为重要的就是组织元的确定。在供应链结构中要区分上游组织元和下游组织元，因为这两种组织元的功能不同，因而其评价的标准不同。

如可以用 AHP 法对组织元进行评价，基本框架如图 7-13 所示。通过评价模型对组织元的评价，优选出满意的 Agent 组织元。

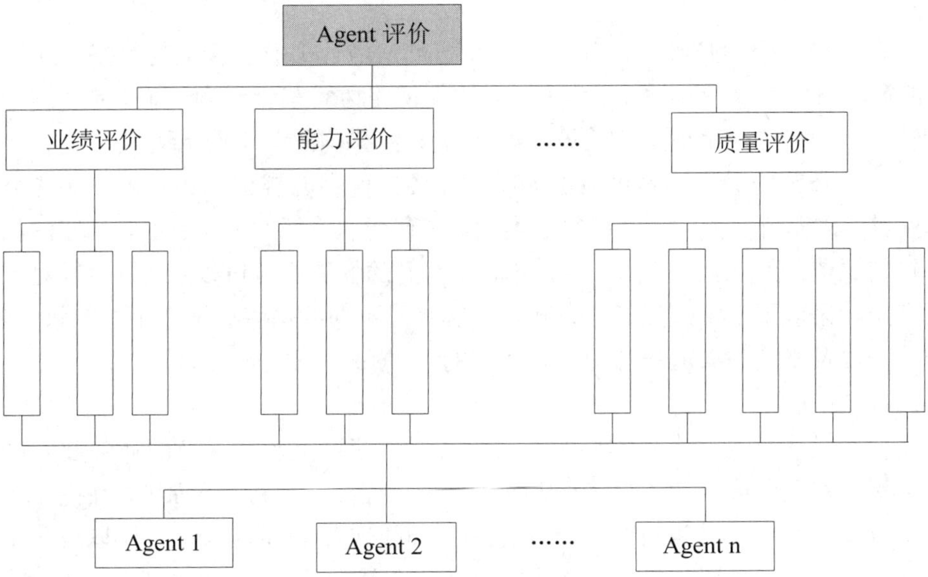

图 7-13　组织元评价

②流程的合理性布置。在选定组织元之后，生产组织方式是哪个采用团队的工作方式，业务流程的重组也是必须的工作。为实现最简捷的流程及时间最短的单元组合，需要建立一个流程分析模型。

③任务协调与匹配。选定组织元和流程之后，就要对企业的资源从供应链的整体进行合

理配置，特别是保持企业内部和企业之间的综合平衡。首先是委托实现机制的建立，然后是采用面向对象的 QFD（产品质量更能配置）和制造决策、MRP Ⅱ 及作业计划的制定等。

任务 3 供应链的重构与优化

1．供应链重构和优化的基本原则

供应链优化有很多方法思路，这些方法思路结合具体行业企业又有不同的表现形式，有没有一些通用的基本的思路呢？供应链虽然复杂，也有一些基本的优化逻辑，遵从这些基本逻辑，就可以找到优化之路。目前我们先归纳两个基本优化思路，其一是分类管理，其二是时间管理。

（1）分类管理。

供应链是复杂的，为此需要分类以便管理。如把采购物料分为原材料、辅助材料和备品备件，把供应商分为一级、二级、三级；把产品分为不同的系列，把客户分为直销商和经销商，市场分为中心城市和农村市场等。不同的类别有不同的特征，采取与不同类别特征相适应的策略可以实现对供应链的优化。

分类作为供应链优化的基本逻辑，它如何引导我们优化供应链呢？

第一，要分析分类的合理性，这需要对供应链管理的每一个环节（如需求、生产、采购、物流、计划等）进行详细分析，从实际业务运作的需要审视分类的合理性，可以参考各种管理模型，可以参考各种业务最佳实践。比如，就快速消费品的渠道划分来说：粗的划分可以分为传统渠道和现代商超；详细的划分可以细致到路边小店；可口可乐就把路边的修车店作为一个单独的渠道。

第二，在明确分类的基础上，分析针对不同类别是否采取了合适的策略。显然分类越细致，采取的策略就更具有针对性，更为有效。比如把路边修车店作为一个渠道，这个渠道显然有独自的特征，针对这个渠道采取的策略肯定与商场超市的策略不一致。

第三，各个环节的最优不是供应链的最优，要实现供应链优化还必须确保各个环节分类策略的匹配性。比如新增了一个销售渠道类别，它有新的特征，企业是否有相应的物流类别去支撑这个销售渠道。在快速消费品行业，针对经销商的物流服务可以全外包，针对市内超时这个渠道很多企业采取了自主做配送的方式。显然，针对不同的销售渠道有不同的物流业务类别。物流业务分类以及策略与渠道的分配是相适应的。

（2）时间管理。

分类是供应链优化的一个基本原则，就是要对供应链上各个环节的业务要素进行分类，根据各个类别分别采取最合适的策略，从而实现供应链优化。采用该原则，关键在于选择合适的分类方法以及针对每一个类别制定合适的策略，同时，确保供应链上下游以及各个环节之间分类的匹配。现在我们来谈论供应链优化的另外一个基本原则：时间管理。

供应链管理的核心就是时间管理，对于时尚类的产品，时间管理非常重要，比如电脑类、服装类产品，DELL 在 PC 行业最低的库存天数是其获得竞争优势的关键。对于一些非时尚类的产品，诸如大众消费品，时间管理也是非常重要的。

时间管理为什么重要？供应链管理有两个目标：提升客户服务水平，以及降低运作成本，这两个方面目标常常是互相矛盾的，即要提高服务水平，是以成本升高为代价；而降低成本，往往会带来服务水平的下降。时间对两个方面目标都有着重要的影响：对于服务水平，最重要的是对市场需求的响应速度，即对需求的响应时间；对于成本来说，时间的延长会导致各种运作成本的升高，如存储成本、产品滞销的损失等。加强时间管理，可以实现在服务水平与运作成本两个方面的同时优化。

小贴士

甘特图（Gantt chart）又叫横道图、条状图（Bar chart）。以提出者亨利·L·甘特先生的名字命名。

甘特图内在思想简单，即以图示的方式通过活动列表和时间刻度形象地表示出任何特定项目的活动顺序与持续时间。基本是一条线条图，横轴表示时间，纵轴表示活动（项目），线条表示在整个期间上计划和实际的活动完成情况。它直观地表明任务计划在什么时候进行，及实际进展与计划要求的对比。管理者由此可便利地弄清一项任务（项目）还剩下哪些工作要做，并可评估工作进度。

甘特图是基于作业排序的目的，将活动与时间联系起来的最早尝试之一。该图能帮助企业描述对诸如工作中心、超时工作等资源的使用状况。当用于负荷时，甘特图可以显示几个部门、机器或设备的运行和闲置情况。

这表示该系统有关工作负荷状况，这样可使管理人员了解何种调整是恰当的。例如，当某一工作中心处于超负荷状态时，则低负荷工作中心的员工可临时转移到该工作中心以增加其劳动力，或者在制品存货可在不同工作中心进行加工，则高负荷工作中心的部分工作可移到低负荷工作中心完成，多功能的设备也可在各中心之间转移。

但甘特负荷图有一些重要的局限性，它不能解释生产变动如意料不到的机器故障及人工错误所形成的返工等。甘特排程图可用于检查工作完成进度。它表明哪件工作如期完成，哪件工作提前完成或延期完成。在实践中还可发现甘特图的多种用途。

2．重构与优化

为了提高现有供应链运行的绩效，适应市场的变化，增加市场的竞争力，需要对企业的供应链进行优化与重构。通过供应链的重构获得更加精细的、敏捷的、柔性的企业竞争优势。

供应链的重构优化，首先应明确重构的目标，如缩短订货周期、提高服务水平、降低运费、降低库存水平、增加生产透明性等。明确了重构的目标后再进行企业的诊断和重构策略的研究。供应商管理库存（VMI）、延迟制造（Postponement）是属于供应链重构的两种策略，是从下游供应链入手，即偏重于销售链的重构。

供应链重构的优化流程一般如图 7-14 所示，需要强调的是，必须根据企业诊断的结果来选择重构策略是跃进的还是渐进的。但无论如何，重构的结果都应获得价值增值和用户满意度的显著提高，这是供应链管理始终坚持的一条原则和主体约束条件。变化矩阵是重构目标和现有供应链的转换过程，确立变化矩阵后可以实施行动方案，如改进生产系统、人员的调整、机构的改革等。行动方案从创新组织和创新机制两方面进行。

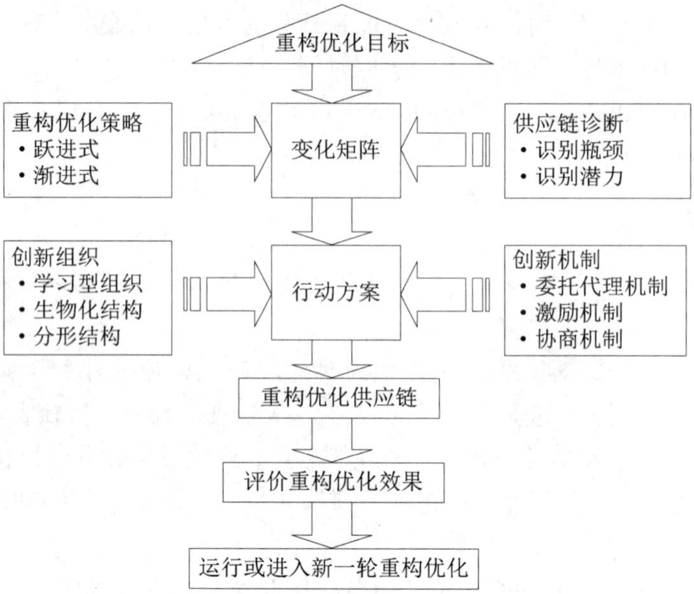

图 7-14　供应链重构优化流程

单元小结

供应链构建包括供应链管理组织机制的建立，管理流程的设计与优化、物流网络的建立、合作伙伴的选择、信息支持体系的选择等诸多内容，供应链构建是一个庞大而复杂的工程，供应链的结构目前有拓扑和链网两种模型，供应链的构件必须与产品特性一致是供应链设计策略。供应链的构建复杂，需要依托优化逻辑，不断重构与优化。

案例分析

宝洁优化材料供应

根据通常的对库存的管理方法，宝洁也对采购的材料按照 ABC 方法分类：其中 A 类品种占总数 5%～20%；资金占 60%～70%；C 类品种占总数 60%～70%；资金占<15%；B 类介于二者之间。单纯的 ABC 分类还不足以找到最优的采购策略，还需要进一步细分。

根据不同的分类结果，采取了相应的策略：

对于价值低、用量大、占用存储空间不大的材料，在供应链中时间减少的机会很少，这类材料占生产材料的 80%，他们适合采用供应商管理库存（VMI）的方式来下达采购订单和管理库存。

效果：节省材料的下单和采购成本；实际的材料采购提前期只是检测周期，库存由 30 天减少到 0。

对于价值不高、用量大且占用存储空间很大的材料以及价值不高但存储空间很大的材料适合采用压缩供应链时间的方法来管理材料供应。

效果：结合对存储过程和运输过程的改变以及延迟时间和检测时间减少，总体提前起最后减少了 18 天（四分之一的提前期）；材料库存从 30 天减少到 20 天，库存价值每个月减少了 2 万美元。

全面合作：帮助供应商改进生产技术，宝洁与供应商一起优化物料结构，协调供应商与宝洁的生产计划，宝洁雇佣第三方物流代替客户自有的物流。

效果：供货周期从原来的 7 天减少到 2 天，可靠性从 88%增加到 97%，成本则下降 11%。

从宝洁的例子可以看出，分类要与供应链运作的具体情况相适应；详细分类并采取有针对性的策略可以实现显著的优化供应链。当你对供应链整体优化方法无解的时候，不妨先对你的业务详细分类，分类可以引导你找到优化方法。

思考题：保洁公司的采购优化思路是什么？

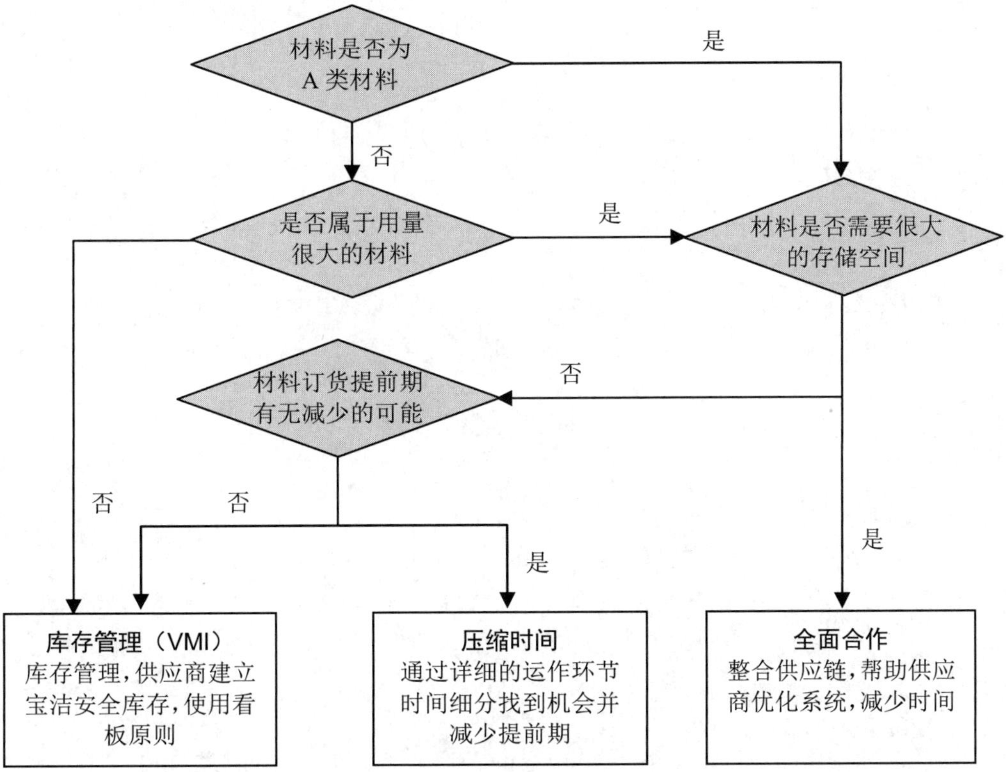

技能训练

一、简答题

1．简述供应链构建的原则。

2．简述供应链设计的步骤。

3．简述集成动态建模的过程。

4．简述供应链构建的设计方法。

二、论述题

1．试阐述构建供应链的方法和步骤。

2．试阐述供应链重构和优化的基本原则。

三、实训

网上搜索海尔供应链发展，总结其优化供应链的方法和关键所在。

单元八　供应链绩效评价与激励

本章导读

通过本单元的学习，学生应能够掌握供应链绩效评价的内涵、意义和原则，掌握供应链绩效评价的指标，理解并能运用供应链绩效评价的方法。

知识点

（1）供应链绩效评价的内涵、意义和原则，供应链绩效评价的内容。

（2）供应链绩效评价的指标，供应链绩效评价的一般方法。

（3）供应链绩效评价的方法。

（4）供应链企业的激励机制。

技能点

（1）学会选取合适的评价指标对供应链企业进行绩效评价。

（2）学会选取合适的评价方法对供应链企业进行绩效评价。

（3）合理应用供应链激励机制。

项目一　供应链绩效评价的认识

任务 1　供应链绩效评价的内涵

【案例点击 8-1】

麦当劳的供应链绩效

1．麦当劳公司简介

麦当劳餐厅（McDonald's Corporation）是大型的连锁快餐集团，在世界上大约拥有三万间分店，主要售卖汉堡包、薯条、炸鸡、汽水、冰品、沙拉、水果。麦当劳餐厅遍布在全世界六大洲百余个国家。在很多国家麦当劳代表着一种美国式的生活方式。

2．麦当劳供应链简介

麦当劳的供应链是三腿凳模式，即公司—专营商—供应商模式。

在采购方面，麦当劳有如下特点：

①独特而专业的设施；②握手协议，信任；③长期双赢的合作关系，风险共担；④严格的产品和服务规范；⑤强注重质量，产品规格和环境审计；⑥分散的供应商结构，区域整合的

跨国供应商；⑦分销商是餐厅批发商。

在物流方面，麦当劳有以下特点：

①平均每个餐厅有100个销售项目；②平均每个仓库有400的SKU（集线器：高达1500）；③每个配送中心有200个餐厅，全球平均180个；④送货频率是每周三次，在城市地区更高；⑤每条路线有2～3个中途站；⑥采用第三方物流；⑦通过货运代理集运；⑧与供应链保持长期合作关系，实行风险共担；高品质聚焦（包括冷链、HACCP认证、速效项目）。

3. 麦当劳供应链面临的挑战

①密切关注新鲜度和质量；②持续进行产品创新；③基于促销的强势客户需求波动；④订单一存货管理；⑤餐厅一直流一供应商一原料供应商；⑥牛鞭效应；⑦同形装配；⑧变革管理中的分散结构。

麦当劳创造了一种可持续发展的商业模式，它以快速响应的运营方式，从设计到分销实现了一个系统化的高效流程，最大程度地提高了存货周转和利润率。麦当劳充当整条供应链管理者的角色，麦当劳绝不以任何形式“拥有”任一供应商，以避免利益的冲突，导致立场的不客观以及无法专心经营本业，这些都是麦当劳“供应链管理”中极为重要的核心精神与价值。

麦当劳发展、协调并管理能将产品系统以及服务加以整合供应网络，以最优的供应网络给予麦当劳所有中心长久的竞争优势。

（资料来源：根据资料整理而成）

1. 供应链绩效

绩效通常是指正在进行的某种活动或者已经结束的某种活动（取得的成绩）。因此，绩效不但可以看作是一个过程的表现，也可以看作是一个过程产生的结果。

一般来讲，供应链绩效是针对供应链目标而言的供应链整体运作情况，而供应链的运作情况是由供应链上节点企业自身及企业间的合作实现的。因此，供应链绩效既包括了节点企业的运作又包括了节点企业间的合作，以及最终实现的供应链整体的运作业绩和效果。

从价值角度看，供应链绩效可以理解为，供应链各成员通过信息协调和共享，在供应链基础设施、人力资源和技术开发等内外资源的支持下，通过物流管理、生产操作、市场营销、顾客服务、信息开发等活动增加和创造的价值总和。

2. 供应链绩效评价

绩效评价是指运用一定的评价方法、量化指标及评价标准，对既定的绩效目标的实现程度，及为实现这一目标所安排预算的执行结果所进行的综合性评价。因此供应链绩效评价是指围绕供应链的目标，对供应链整体、各环节（尤其是核心企业运营状况以及各环节之间的运营关系等）所进行的事前、事中和事后分析评价。

具体说，评价供应链的绩效，是对整个供应链的整体运行绩效、供应链节点企业、供应链上的节点企业之间的合作关系所做出的评价。

供应链绩效评价指标选择偏重于能够恰当地反映供应链整体运营状况以及上下节点企业之间的运营关系，而不是单独地评价某一供应商的运营情况。为了达到这些目的，供应链的绩效评价一般从三个方面考虑：一是内部绩效度量，二是外部绩效度量，三是供应链综合绩效度量。

3. 供应链绩效评价与企业绩效评价区别

一般来讲，单个企业绩效评价指标的数据来源于财务结果，在时间上略微滞后，不能反映供应链动态运营情况。而且单个企业绩效评价主要评价企业职能部门工作完成情况，不能对企业业务进程进行评价，更不能科学、客观地评价整个供应链的运营情况。另外，单个企业绩效评价指标不能对供应链的业务流程进行实时评价和分析，而是侧重于事后分析。

供应链管理的绩效评价与单个企业的绩效评价有着很大的不同：评价供应链运行绩效的指标，不仅要评价该节点企业的运营绩效，而且还要考虑该节点企业的运营绩效对其上层节点企业或整个供应链的影响等。所以对供应链绩效的界定要求更多地强调企业和合作伙伴之间的沟通协作。

任务 2　供应链绩效评价的意义

评价供应链的实施给企业群体带来的效益，方法之一就是对供应链的运行状况进行必要的度量，并根据度量结果对供应链的运行绩效进行评价。因此，供应链绩效评价主要有以下四个方面的意义。

第一，用于对整个供应链的运行效果做出评价。主要考虑供应链与供应链间的竞争，为供应链在市场中的存在（生存）、组建、运行和撤销的决策提供必要的客观依据。目的是通过绩效评价而获得对整个供应链的运行状况的了解，找出供应链运作方面的不足，及时采取措施予以纠正。

第二，用于对供应链上各个成员企业做出评价。主要考虑供应链对其成员企业的激励，吸引企业加盟，剔除不良企业。

第三，用于对供应链内企业与企业之间的合作关系做出评价。主要考察供应链的上游企业（如供应商）对下游企业（如制造商）提供的产品和服务的质量，从用户满意度的角度评价上、下游企业之间的合作伙伴关系的好坏。

第四，除了对供应链企业运作绩效的评价外，这些指标还可起到对企业激励的作用，既包括核心企业对非核心企业的激励，也包括供应商、制造商和销售商之间的相互激励。

总而言之，供应链绩效评价有利于核心企业掌握供应链上节点企业的运行状况，从而对其做出准确的评价，改进、提高供应链运行效率和效益，从而更好地管理和控制整条供应链。

小贴士

评价最重要的意图不是为了证明（prove），而是为了改进（improve）。

——斯塔弗尔比姆

任务 3　供应链绩效评价的原则

供应链绩效评价既要体现出供应链上环节企业的运行状况，又要体现企业间合作情况，最终衡量出供应链总体运行情况。其重心在于供应链企业间的协调、合作、运营管理。因此供应链绩效评价应遵循以下原则。

第一，强调供应链的整体绩效。根据系统论的观点，供应链上的每个企业可以看作整个供应链系统中的一个子系统，子系统之间相互关联。因此，研究绩效如何实现优化，必须建立起供应链的个体企业与供应链总体目标之间的关联，确保整条供应链目标的统一。要强调组织之间的协调、合作、运营管理，而不是基于所有制的控制管理及层次型的纵向集成。

第二，供应链的各个企业之间存在联动关系，在进行供应链绩效评价时，需要从企业供应链管理的业务流模型入手，着重就供应链运作的整体绩效的内外驱动力进行全面的分析，绩效既要反映出结果，也需要反映出结果的驱动指标。

第三，供应链绩效是战略执行的结果，因此，要求其与企业战略相一致，反馈战略的执行。绩效评价只是在有规划目标和期望结果的环境中才更加重要，所以，需要有明确的规划和所期望的结果来实现绩效的改善。

第四，供应链战略从单个企业向多个企业协调集成，从市场反应型发展为客户导向型进行运作。因此，绩效评价也要从单方评价扩展到多方评价，从单纯的财务指标拓展到综合指标。

项目二　供应链绩效评价的内容

供应链管理的绩效评价问题实质上是对供应链整体运行情况、供应链成员和供应链企业间的合作关系的度量，一般涉及供应链上各企业内部绩效度量、供应链上企业外部合作绩效度量和供应链整体绩效度量三个方面。

任务 1　供应链上企业内部绩效

供应链内部绩效度量主要是对供应链上的企业内部绩效进行度量。其着重将活动和过程同以前的作业和目标比较。内部绩效度量通常有如下指标：客户服务、成本管理、质量、生产率、资产管理等。

1. 客户服务

客户服务包括服务的可得性、服务作业绩效和服务的可靠性。

服务可得性是指当顾客需要产品或服务时，组织所拥有的库存能力或提供服务的能力。服务可得性可以用三个指标进行衡量：缺货频率、供应比率和订货完成比率。

缺货频率=（缺货次数/用户要求次数）×100%

供应比率=（满足要求数量/用户要求数量）×100%

订单完成比率=（完成交付给客户的订单数量/客户订单数量）×100%

使用订单完成比率来衡量与产品可得性有关的绩效，是一种比较严格的方法，根据这种评价标准，如果在某个产品线上哪怕仅仅遗漏了一件货物，订单也被看作没有完成。因此，管理中也常常以某个时期内出现的缺货数目和延迟交货的数量作为服务可靠性的评价指标。

服务作业绩效可以通过速度、一致性、灵活性和故障与恢复四个方面来衡量。作业绩效涉及物流活动或服务作业期望完成的时间及活动中可接受的变化因素等。

服务可靠性中的关键因素是各供应商能否提供准确无误的信息。服务过程中意外总有可能发生，顾客通常讨厌意外事件，但如果他们能够事先收到明确的信息，就可以对意外情况做出相应的调整。

2. 成本管理

最直接反映内部绩效的是完成特定的运作目标而发生的实际成本。由于成本绩效经常以每一项职能所花费的总额作为评价指标，因此常常需要对具体的物流职能，如仓储、运输和订单的处理等的成本数据进行监控。企业也常常需要对成本占销售额的百分比数或每个单位产品的成本消耗进行监控。

3. 质量

评估质量绩效的方法有很多。较典型的评估指标包括损坏比率，即计算损坏的货物数量占全部货物的数量的比率。还有一些重要的质量绩效指标与信息有关。许多公司特别注重评估他们自己提供信息的能力，即当公司没有出现客户所需的信息的情况时，公司自身是否具有提供相关信息的能力。另外如果出现信息不准确的情况，企业也常会对这些情况进行跟踪。

4. 生产率

生产率是一种关系，通常会用一个比率或指数来表示，即货物产量、完成的工作或创造的服务，与用于生产该产品的投入或资源的数量之间的比率。在很多情况下，生产率的评估会有很多困难，比如在一定的时间段内，产量难以衡量，同时所用的投入与产量难以匹配，投入与产出混淆或类型不断变化，数据难以得到。

5. 资产管理

资产管理的重点是投资在设备和设施上的资本的利用，同时还有投资在库存上的营运资本的利用。如物流设施、设备和库存可以代表一个公司的资产的很大部分。设施与设备经常以容量的利用，即总容量的利用比率来进行评估，这种评估方法表明了资本资产投资的有效或无效利用。资产管理同时也关注库存。库存周转比率是最常见的绩效评估方式。

库存周转率=销售成本/平均存货

任务2 供应链上企业外部合作绩效

外部绩效度量主要是对供应链上的企业之间运行状况的评估。外部绩效度量的指标主要有客户满意度指标和实施基准等。

1. 客户满意度

客户作为供应链市场导向和利润来源，是供应链绩效的主要驱动。客户不断变化的、加强的要求和消费的偏好增加了供应链在运作成本上的压力。同时产品的质量、计划的柔性不能有丝毫的下降。客户对产品为自身带来的价值增值或成本节约愈发的注重，使得供应链要在链中的每一个环节加上客户理念的作用。

企业内部生成的关于基础服务的所有统计数据，都可以作为衡量客户满意度的内部指标，但是，要量化满意度就要对来自客户的信息进行监控、评估。

典型的满意度评估方法要求企业对客户的期望、需求和客户对企业各方面运作绩效的印象和理解进行仔细的调查。例如，典型的调查会就客户的期望和绩效印象进行评估。

客户的期望和绩效印象包括可用性、信息有效性、订单准确性、问题处理情况等方面。只有通过收集来自客户的数据信息，才能够真正的评估满意度。更进一步说，必须从客户的角度去衡量那些为提升客户成功而付出的努力。

2. 基准评估

基准同样是绩效评估的关键方面，它使管理者了解到一流的经营运作。关于基准的一个关键问题是选择基准评估的对象。许多公司对企业内部设计相似运作的单元的绩效或出于不同地区的运作单元的绩效进行比较，由于从事多种经营的大公司的运作单元经常不知道其他单元中所发生事情，因此内部基准提供了共享信息和改进绩效的渠道。

此外，关于竞争者的绩效信息可以用来判定哪些地方是最需要加以改进的。

任务 3 供应链整体绩效

供应链的绩效包括企业内部、外部绩效，但最终体现供应链综合竞争实力的还是供应链的整体绩效，这就要求供应链的绩效评价能够从总体上度量供应链运作绩效。一般情况下，可以通过以下三方面体现。

1. 供应链总运营成本

供应链总运营成本是供应链上所有企业成本的聚合，而不仅是单个企业的成本。具体计算如下：

供应链总成本=原材料来源成本+基本产量的初始生产成本+制造商成本+分销商成本+零售商成本

供应链总运营成本越低，反映在供应链产品中的成本也就越低，那么供应链产品的利润率就高，说明供应链的运营越有效率，从而在供应链之间的竞争中越具有竞争力。

2. 供应链响应时间

供应链响应时间可以通过相应需求的时间来计算，即一个企业认识到市场需求的根本性变化，将这一发现内在化，然后重新计划和调整产量来满足该需求所需要的时间。

例如，在汽车制造业中，当发现市场上对运动型汽车的需求较高时，汽车公司往往要花好几年的时间来开发充足的生产量和能力，重新安排供应商关系，并满足消费者的需求。

当考虑到整个供应链（包括从原材料来源到最终分销）需要多长时间才能准备好以面对产品需求波动比预期大很多的情况时，供应链响应时间就显得极其有用。供应链的响应时间标志着供应链的反应速度和响应能力，是决定供应链竞争力的关键因素之一。

3. 闲置时间

闲置时间是另一个用来衡量整体供应链在资产管理方面绩效的指标。库存闲置时间是在供应链中库存闲置不用的天数与库存被有效的利用或配置的天数的一个比率。闲置时间同时也可以用于其他资产的计算，比如运输设备的闲置时间。

项目三 供应链绩效评价指标的选择

任务 1 建立供应链绩效指标的原则

反映供应链绩效的评价指标有其自身的特点，其内容比现行的企业评价指标更为广泛，它不仅代替会计数据，同时还提出一些方法来测定供应链的上游企业是否有能力及时满足下游企业或市场的需求。在实际操作上，为了建立能有效评价供应链绩效的指标体系，应遵循如下原则：

（1）应突出重点，要对关键绩效指标进行重点分析。

（2）应采用能反映供应链业务流程的绩效指标体系。

（3）评价指标要能反映整个供应链的运营情况，而不是仅仅反映单个节点企业的运营情况。

（4）应尽可能采用实时分析与评价的方法，要把绩效度量范围扩大到能反映供应链实时运营的信息上去，因为这要比仅做事后分析有价值得多。

（5）在衡量供应链绩效时，要采用能反映供应商、制造商及用户之间关系的绩效评价指标，把评价的对象扩大到供应链上的相关企业。

任务 2 供应链流程评价指标

对于供应链管理而言，只有相关协作方团结起来共同做出改善的努力，才能产生巨大的协作力量。而这种改善在流程上体现得更为突出。通过基于流程的绩效分析，可以高效地找到流程改进的关键点，并共同做出努力。

供应链的流程评价指标主要反映了供应商的流程响应能力，确定如何在合理的成本下，以高效的方式进行生产。因为产品、服务和市场的分布在业务流程上是分散采购、集中制造，还是集中采购、分散制造，都由所提供的产品和服务所决定，而不同的市场层面也会使业务流程在设置上有相当大的差异。供应链绩效所关注的方面也因为流程的差异而有所差异。该类指标主要包括以下几个方面。

1. 产销率指标

企业供应链产销率是指一定时期内供应链各节点已销售出去的产品和已生产的产品数量的比值。

该指标可反映供应链各节点在一定时期内的产销经营状况、供应链资源（包括人、财、物、信息等）有效利用程度、供应链库存水平。该指标值越接近 1，说明供应链节点的资源利用程度和成品库存越小。

2. 产需率指标

产需率是指在一定时期内，供应链各节点已生产的产品数（或提供的服务）与其下游节点（或用户）对该产品（或服务）的需求量的比值。其具体分为以下两个指标。

（1）供应链节点企业产需率。该指标反映上下游节点企业之间的供求关系。产需率越接近 1，说明上下游节点间的供需关系越协调，准时交货率越高，反之则说明上下游节点间的准时交货率低或综合管理水平较低。

供应链节点企业产需率=一定时间内节点企业已生产的产品数量/一定时间内上下游节点企业对该产品的需求量

（2）供应链核心企业产需率。该指标反映供应链整体生产能力和快速响应市场的能力。若该指标数据大于或等于 1，说明供应链整体生产能力较强，能快速响应市场需求，有较强的市场竞争能力。

供应链核心企业产需率=一定时间内核心企业生产的产品数量/一定时间内客户对该产品的需求量

3. 产品出产（或服务）循环期指标

供应链产品出产（或服务）循环期是指供应链各节点产品出产（或服务）的出产节拍或出产间隔时间。该指标可反映各节点对其下游节点需求的响应程度。循环期越短，说明该节点对其下游节点的快速响应性越好。

在实际评价中，可以将各节点的循环期总值或循环期最长的节点指标值作为整个供应链的产品出产（或服务）循环期。

4. 供应链总运营成本指标

供应链总运营成本包括供应链通信成本，各物料、在制品、成品库存费用，各节点内外部运输总费用等，反映的是供应链的运营效率。

任务 3 供应链经济效益评价指标

供应链经济效益评价可采用传统关键性的财务评价指标。当供应链上的合作企业的经济目标都实现以后，供应链的整体经济效益在财务指标上就会获得提升，如经营目标的实现使得各企业的经营成本大为降低，提高了边际收益率，各企业现金流得以更好的优化，获得更高的收益和资本回收率等。

绩效的提高保证财务上的长期受益，因此整个供应链的财务优化依旧是重中之重。在这里将财务评价的基础建立在现金流的驱动上，把驱动现金流的行为和流程作为主要目标。

1. 供应链成本收益率

该指标由客户的利润除以在此期间使用的供应链的平均资产，它反映了使用其资产的增值性绩效的大小。

2. 现金周转率

这是一个联系供应链的整个流程的关键指标，评价供应链运作过程中现金在原材料、劳动力、在制品、完工产品直至现金的全过程。供应链系统通过先进的信息技术以及产品流集成，协调合作伙伴之间的运作，可以达到更快的现金的周转。

3. 供应链的库存天数

该指标反映了资本在供应链运营中以库存形式的占用天数。它等于某个时期的物料、在制品、产品库存等形式占用的时间。

4. 客户销售增长以及利润

客户销售增长以及利润表现为主要客户在供应链产品上的年销售收入和利润率增长。这类指标反映了供应链下游在三个主要方面的绩效：客户的销售量按年增长的情况、对于特定客户服务所获的收益随着合作关系的增进而进一步提高的情况、接受服务的技术增加的情况。扩大销售量、增加新的客户都将是新的利润增长点。

任务 4 供应链运作能力评价指标

优秀的客户绩效来自于组织的流程决策和运作。供应链内部运作角度就是回答如何经营才能满足或超越客户需求的问题。供应链哲学的本质是将企业内部和企业之间的功能进行集成、共享和协调，达到减少浪费和提高供应链绩效的目的。

由于供应链流程牵涉到供应链成员的生产运作，这样的指标就将不同成员的绩效联系成为供应链的整体效果。这一联系使得供应链成员企业对于各自的运作有了明确的目标，其所做的改进也将有利于整个供应链的改进。就供应链运作角度而言，实现此目标的目的是减少提前期，提高响应性，减少单位成本，构成敏捷企业。为此，设计如下几个指标。

1. 供应链有效提前期率

该指标反映了供应链在完成客户订单过程中有效的增值活动时间在运作总时间中的比率。其中包括供应链响应时间和供应链增值活动总时间两个指标。

供应链响应时间=客户需求及预测时间+预测需求信息传递到内部制造部门时间+采购、制造时间+制造终结点运输到最终客户的平均提前期（或者订单完成提前期）

供应链增值活动总时间等于供应链运作的相关部门增值活动的时间之和。

2. 供应链有效循环期率

该指标体现了减少供应链内部运作的非增值时间和流程浪费的空间的大小。

供应链有效循环期率 = 供应链增值活动总时间/供应链响应时间

通常情况下，企业之间的传递空间和时间很大部分为非增值活动所占用，很多资源被大大地浪费了。达到精益的供应链必须保证企业之间的信息共享以及合作机制的完备，以实现流畅的无缝连接，减少无谓的时间和空间的浪费。

3. 库存闲置率

库存闲置率即供应链中库存闲置的时间和库存移动时间的比率。其中闲置时间包含以物料、在制品、产品库存等不同形式在供应链运作中的总停滞和缓冲时间。库存移动时间则是指库存在加工、运输、发运中的总时间。该指标表现了库存在整体运作中时间占用，为了库存经营效率提供了空间。

4. 供应链生产时间柔性

该指标定义为由市场需求变动导致非计划产量增加一定比例后供应链内部重新组织、计划、生产的时间。

5. 供应链持有成本

供应链持有成本是对物流系统运作的有效性和成本集约性的考察。它包括采购、库存、质量以及交货失误等方面的内容。

供应链采购成本的评价包括订货、发运、进货质量控制的总和。

供应链库存成本包括供应链过程中发生的原材料、在制品、完工产品库存成本以及滞销和在途库存成本等。

供应链质量成本是指在运作过程中由于质量问题而导致的成本，包括产品残缺成本、维修成本和质量保证成本。

6. 供应链目标成本达到比率

该指标从单一产品和流程的角度分析其在质量、时间和柔性上的流程改进是否达到预定的目标成本。

任务 5　供应链创新与学习能力评价指标

供应链未来发展直接关系到供应链的价值。平衡计分法中客户角度和内部运作角度的评价分析了供应链成功的竞争力，但是成功的目标是不断变化的。严峻的市场竞争要求供应链必须不断改进和创新，发觉整合供应链内部和外部的资源，提高现有流程、产品/服务质量和开发新产品的能力。

供应链的改进是一个动态的过程，主要通过四个方面进行：第一，重新设计产品及其流程；第二，通过企业集成对组织间活动有效地调节和整合；第三，持续地改进供应链的信息流管理，使供应链伙伴能够共享决策支持所需要的准确信息；第四，每个供应链都需要随时注意外部市场的潜在威胁和机遇，重新定义核心价值。

1. 专有技术拥有比例

该指标反映企业供应链的核心竞争力。企业核心竞争力的一个重要组成部分是核心产品。指标值越大，说明供应链整体技术水准高，核心竞争力强，其产品不能被竞争对手模仿。

专有技术拥有比例=供应链企业群体专利技术拥有数量/全行业专利技术拥有的数量

2. 新产品（服务）收入比率指标

新产品（服务）收入比率是指企业（供应链）在一定时期内由于提供新型产品或服务所获得的收入占总收入的百分比。该指标反映的是企业的产品（服务）研发能力和对新产品的综合营销能力，新产品（服务）收入比率指标值越大，说明企业（供应链）的新产品（服务）设计、开发能力越强，对新产品（服务）的综合营销能力也越强。

3. 员工建议增长率指标

员工建议增长率指标是指一定时期内企业（供应链）员工向公司提交的合理化建议数量与上一评价期相比的增长率。该指标值与企业内民主管理意识、员工的参与意识成正比。从一定程度而言，员工建议增长率指标也是企业（供应链）管理活力强弱的具体体现之一。

4. 组织之间的共享数据占总数据量的比重

供应链的特点之一就是信息共享，这是维持供应链伙伴关系成功的关键。否则，供应链很难降低重复劳动，减少浪费和成本。信息共享的内容包括需求预测、销售点数据、生产计划、战略方向、客户目标等，以实现组织之间集成。由此可见，重要信息的共享程度体现了一个企业的实际实施供应链管理的程度。

小贴士

罗伯特·欧文创建了工作绩效评价系统，被称为“现代人事管理之父”。

项目四　供应链绩效评价的一般方法

任务 1　供应链运作参考模型法

供应链运作参考模型（Supply Chain Operations Reference Model，SCOR）是由供应链协会（Supply Chain Council，SCC）主持开发的，是一套全面的供应链管理理论，由计划、采购、生产、配送、退货和支持六个基本过程组成。它可以描述、分类和评价一个复杂的管理过程，为企业供应链管理提供了一个跨行业的普遍适用的共同标准。

模型通过对供应链流程的分层分析为供应链的改善提供了有效途径，提出了评价指标，包括：交货情况（Delivery Performance）、订货满足情况（Fill Rates）、完美的订货满足情况（Perfect Order Fulfillment）、供应链响应时间（Supply Chain Response Time）、生产柔性（Production Flexibility）、总供应链管理成本（Total Supply Chain Management Cost）、附加价值生产率（Value-Added Employee Productivity）、担保成本和回收处理成本（Warranty/Return Processing Costs）、现金流周转时间（Cash-To-Cash Cycle Time）、供应周转的库存天数和资产周转率（Inventory Days of Supply、Asset Turns）等。

目前，该模型已经被世界 500 强中的绝大部分企业接受和应用，是实践证明可以用来提高企业供应链业绩的模型。

任务 2　供应链绩效标杆法

标杆法是美国施乐公司确立的经营分析手法，以定量分析自己公司现状与其他公司现状，并加以比较。标杆法就是将出类拔萃的企业作为企业测定基准，以它们为学习的对象，迎头赶上，并进而超过之。一般来说，标杆法除要求测量相对于最好公司的企业的绩效外，还要发现这些优秀公司是如何取得这些成就的，利用这些信息作为制定企业绩效目标、战略和行动计划的基准。

值得指出的是，这里的优秀公司也并非局限于同行业中的佼佼者。它可以在各种业务流程的活动中，与那些已取得出色成绩的企业相比较。

供应链绩效标杆法（Supply Chain Benchmarking）是基于供应链运作参考模型（SCOR）发展起来的，是以定量分析自己公司的供应链现状与其他公司现状，并加以比较，找到自己公司和一流公司以及竞争对手之间的差距，辨别和吸收其优秀的管理功能，从而有针对性地激励目标，优化公司的供应链管理。

供应链绩效标杆可以通过很多种形式进行，主要有内部标杆、竞争性标杆、行业/功能标杆、协作性标杆、公开性标杆等。

小贴士

美国标杆管理首创者之一的罗伯特·坎普（Robert C. Camp）在他的第一部标杆管理专著的开篇引用的是中国古代兵法鼻祖孙子“知己知彼，百战不殆”这句名言。他是这么说的：传统的目标制定方法使美国的经理们在竞争中目光短视而遭受失败。唯有基于业内最佳实践方法而制定的营运目标和生产活动计划，才能获得超常的绩效。这便是大家熟悉的“标杆管理”。

任务 3　平衡计分卡法

平衡计分卡法（Balanced Score Card，BSC）最早是由哈佛商学院教授罗伯特·S·卡普兰（Robert S.Kaplan）和复兴全球战略集团总裁大卫·P·诺顿（David P.Norton）经过与在业绩评价方面处于领先地位的 12 家公司进行的为期一年的项目研究后于 1992 年提出的。平衡计分卡法的核心思想是在一系列指标间形成平衡，即短期目标和长期目标、财务指标和非财务指标、滞后型指标和领先型指标、内部绩效和外部绩效之间的平衡。

将平衡计分卡法应用到供应链绩效评价中，从客户、内部运营、学习及创新、财务四个方面来综合评价供应链的绩效，不仅能够反映供应链业务流程集成的绩效，而且能够反映整个供应链运营情况和供应商、制造商及顾客之间的关系。

任务 4　模糊层次综合评价法

模糊层次综合评价法是将模糊数学与层次分析法相结合的一种系统评价方法，它能比较好地解决系统多指标的综合评价问题。但在进行模糊综合评价时，一般很少考虑评价对象的特性值随时间变化而变化的情况，而是把评价指标作为常量进行评价，或者只根据某时间点的一组指标值进行评价，然后将评价结果推及整个时间段。

而动态模糊评价法对供应链绩效进行评价时，对评价结果根据不同时点的指标值进行修正，能够实现实时的动态评价。

任务 5　层次分析法

作为系统工程对非定量事件进行评价的一种分析方法，层次分析法（AHP）是 1973 年由美国学者 T.L.萨蒂（T.L.Saaty）最早提出的。运用它解决问题可以分为三个步骤：

①分解原问题，并建立层次结构模型。

②收集数据，用相互比较的方法构造判断矩阵。

③层次单排序及一致性检验，找出各个子目标对总目标的影响权重，并以此作为决策依据。

项目五　供应链企业的激励

任务 1　建立供应链企业激励机制的重要性

在供应链中，制造商与供应商之间历来都是短期竞争性的对立关系。对制造商而言，为了有效地降低产品生产成本，以降低产品的市场价格，进而提高企业及其产品的市场竞争能力，他们总是通过各种方式极力压低原材料和零部件的进货成本；同样，对于供应商而言，利润空间的急剧缩小迫使他们使用性能较差的低价原材料，最终影响到产品质量。

另外，制造商为了防止有缺陷的原料进入制造环节，只好加大对原材料的质量检验甚至重新加工，增加了额外支出；而供应商由于没有将制造商作为长期客户的意识，每次交易都是“一锤子买卖”，所以伴随其产品的服务不会那么周到细致，甚至可能影响到制造企业制造过程的连续。在这样一种对立模式的格局下，制造商与供应商之间是一种典型的零和博弈，一方所得必为另一方所失，双方都追求自身利益的最大化，最终导致两败俱伤。

根据博弈论，博弈双方在一次博弈中往往倾向采用零和博弈方式以求得自身利益最大化。而在重复博弈中，为了获得长期利益和惧怕不合作引起对方在后面阶段的对抗和报复，人们往往会进行合作博弈，博弈的结果往往是共赢、互利。因此，供应链管理首要内容，是使供应链上的节点企业建立一种以合作和信任为基础的战略合作伙伴关系，从传统的零和博弈向合作博弈思维转变，着眼于长期的共同发展，以长期利益为目标，力求供应链物流的顺畅、低成本和高效率。

供应链企业之间要保持长期的战略伙伴关系，还要建立起有效的激励机制，使供应链企业的利益紧密联系在一起，加强管理上的整合，促进共同发展。由于供应链横跨了多个职能部门，涉及多家企业，其中每家企业又有各自的首要事项和目标，要实现总体利益的最大化确实不易。

要确保供应链以快速、高效的方式提供产品和服务，所有这些职能部门和公司就必须劲儿往一处使。然而，企业高管往往忙于处理组织内部的问题，而忽视了各个企业之间的协调问题，因为后者一般很难察觉。而且他们觉得对于一系列自己不直接管理的企业，要界定它们在供应链中的作用、职责和责任，不仅乏味枯燥，而且太费时间。

此外，协调各个企业的行动也不是件容易事，因为不同的企业有不同的企业文化，不能指望凭借共同信念或相互忠诚来激励这些合作成员。要想鼓励供应链成员采取行动时兼顾各方利益，企业必须提供合理和协调的激励手段。

如果供应链成员的激励因子或称激励措施是合理和协调的，即业务往来的风险、成本和收益在整个供应体系内得以公平地分摊，供应链就能有效运作。反之，就无法使供应链达到最优化。事实上，激励因子不合理、不协调常常是导致库存过剩、缺货、预测错误、销售投入不够，甚至客户服务水平低劣的原因。

建立激励机制的另一原因是，基于供应链节点企业之间的委托—代理关系。由于供应链环境下各成员企业是以动态联盟的形式加入供应链，并以“委托一代理”的合作关系存在，因此委托代理机制所带来的道德风险必然存在，最突出的是信息不对称带来的风险。产生道德风险的原因之一在于代理人拥有私有信息，这从道德风险对策环境中看得很清楚：委托人与代理人签订合同时，双方所掌握的信息是相互对称的（至少双方都认为他们自己已经掌握了对方了解的信息）。

然而，建立委托一代理关系后，委托人无法观察到代理人的某些私有信息，特别是代理人的努力程度方面的信息，在这种情况下，代理人可能会利用其私有信息采取某些损害委托人利益的行动。为了克服道德风险带来的危害，委托一代理理论普遍发展了以合作和分担风险概念为中心的信息激励机制理论。

在委托一代理关系中，由于双方处于信息非对称状态，就难免出现一些道德风险问题，如隐瞒、不合作等。为了克服道德风险带来的危害，委托一代理关系理论发展了以合作和分担风险概念为中心的激励机制理论。

对于委托人来讲，只有使代理人行动效用最大化，才能保证其自身利益最大化。而要使代理人采取效用最大化行动，必须对代理人的工作进行有效的激励。因此，委托人与代理人，即制造商与供应商或制造商与经销商之间的利益协调，就转化为激励机制的设计问题。由此可见，设计出供应链上节点企业之间的有效激励机制，对保证供应链的顺畅高效运行（包括供应链物流）是非常重要的。

适当的监督成员企业并建立有效的激励机制，以委托代理理论看来，代理人总是选择使自己效用最大化的行为，为了实现供应链整体利益的最大化，委托人应建立一套有效的激励机制，使企业的个别利益和供应链整体利益相联系，激励其在追求自身利益最大化的过程中实现供应链整体利益最大化。同时，应予以适当的监督，在最大范围内保证供应链成员企业间交易合同的公平性，减少成员企业的投机行为，促进供应链组织合理有序的运行，以最有效的合作方式完成供应链的目标。

任务 2　供应链企业激励机制的特点

激励机制并不是一个新话题。在组织行为学中就专门讨论激励问题，在委托一代理理论中也研究激励问题。这里我们将激励的概念和范围扩大到了整个供应链及其相关企业上，从广义的激励角度研究供应链管理环境下的激励和激励机制的建立问题。

激励是委托人在非对称信息条件下影响代理人的手段，激励是指当事人 A 诱使具有私有信息的当事人 B 选择对当事人 A 有利的行动。当事人 A 无法确切知道当事人 B 的努力水平，只能通过一些信号来推断当事人 B 的努力水平，在此根据努力的信号给予当事人 B 报酬，间接地影响当事人 B 的努力水平，人们把这种影响方式称为激励。

根据组织行为学的基本观点，一个人的工作成绩可以用公式表示：工作成绩=f（能力×动机），即一个人工作成绩的好坏，既取决于人的能力，也取决于人的动机。如果一个人的积极性被调动起来，即动机被激发，那么他取得的成绩就大。

小贴士

美国哈佛大学心理学家威廉·詹姆士（William James）在对职工的激励研究中发现按时计

酬的职工仅能发挥其能力的20%~30%，如果受到充分激励则可以达到80%~90%，也就是说，同样一个人在通过充分激励后所发挥的作用相当于激励前的3~4倍。它反映的是这样一个问题：在现代企业中，人们往往不是不会做，而是不积极地去做。

因此，企业管理的重要问题之一是调动职工的工作积极性，而职工积极性是与个人需要和动机相联系，是由动机推动的。可以说，影响积极性的基本因素是人的需要和动机。我们应该明确这样一个观点：人人有待激励，人人可以激励。只有了解人的需要和动机的规律性，才能预测、引导和控制人的行为，才能达到激励职工、调动职工积极性的目的。这就是“需要—动机—行为—目标”激励模式。

从供应链的委托—代理特征去理解，所谓激励，就是委托人拥有一个价值标准，或一项社会福利目标，这些标准或目标可以是最小个人成本或社会成本约束下的最大预期效用，也可以是某种意义上的最优资源配置，或个人的理性配置集合。现在，委托人希望能够达到这些目标，那么，委托人应该制定什么样的规则，使其他市场参与者（代理人）都能够使利己行为的最后结果与委托人给出的标准一致呢？

更进一步地分析，激励就是委托人如何使代理人在选择或不选择委托人标准或目标时，从自身利益效用最大化出发，自愿或不得不选择与委托人标准或目标一致的行动。由于每个经济模型都是一个机制，因此，设计激励机制必然要求既定模型应符合参与约束和激励相容约束。

激励是一个心理学范畴，在管理学的应用中，对激励的研究一般限于个人行为的范围。供应链激励因其对象包括团体（供应链和企业）和个人（管理人员和一般员工）两部分而将研究范围扩大为个人的心理和团体的心理。

一般地讲，供应链涵盖的社会范围很大，具有社会性，供应链的团体心理即是社会心理。供应链的社会心理作为一个“整体”具有“个体”——个人心理的一般特性，即基于需要产生动机进而产生某些行为以达到目标。但是整体毕竟不是个体的简单相加，供应链的社会心理同时又具有其独特的一面。

委托—代理契约实际上是一种不完备的契约。由于人的自利性、有限理性和风险回避性，以及委托双方的条件各异、需要有别、利益目标不尽相同，“如果这种关系的双方当事人都是效用最大化者，就有充分的理由相信，代理人不会总以委托人的最大利益而行动。”

因此，委托人就有必要设计监督机制，防止代理人牺牲委托人的利益而追求自身利益的最大化，但由于委托双方信息不对称以及由此而产生的道德风险和逆向选择问题，使得监督非常困难。

不仅如此，因验证信息成本较高，试图获得代理人完全信息的成本实际上很高而导致监督成本很高。因此，委托人应事先设计一种激励机制，采用奖励和惩罚的措施，诱使代理人通过实现委托人利益的最大化而实现自己利益的最大化，使二者的行为目标最大程度地趋于一致。

作为众多企业的集合，供应链管理系统也存在同样的问题。成员企业的积极性不够，核心企业的开拓精神不强烈，有些企业是小富即安，更有一些企业仅安于维持现状、做到不亏损就心满意足了，或者是受到竞争压力和外部某些压力（如项目失败、市场需求疲软等）而退缩、丧失进取心等。一个企业如同一个人一样，也有需要、行为、动机和目的，也有心理活动，也有惰性，当然也需要激励。

供应链激励是供应链管理的一项重要工作。供应链包含组织层（即供应链层）、企业层和车间层等三个层面，可激励对象包括供应链自身、成员企业、企业管理人员、一般员工。其中管理人员（企业家）和一般员工的激励属于企业激励机制的范畴，因此供应链激励主要专注于供应链环境下的成员企业。

任务 3　供应链协议

供应链是目前新兴的一种生产组织模式，其研究正处于探索阶段。随着对供应链研究的深入进行，以及供应链生产组织模式被运用于实践，供应链生产组织模式需要某种规范形式的管理。供应链协议（Supply Chain Protocol，SCP）正是针对这种需要而提出的。

供应链协议是将供应链管理工作进行程序化、标准化和规范化的协定。供应链协议将供应链管理工作进行程序化、标准化和规范化，为供应链绩效评价和激励的实现提供了一个平台。供应链协议为激励目标的确立、供应链绩效测评和激励方式的确定提供基本依据。激励目标要与激励对象的需要相联系，同时也要反映激励主体的意图和符合供应链协议。激励方式视绩效评价结果和激励对象的需要具体而定。

供应链的运作以快速、高效、敏捷等特点而显示出竞争优势，兼容并蓄了许多先进管理方法如 JIT、MRPII、CIMS、FMS（柔性制造系统）等的优点。但是，供应链在运作时存在着安全性、法律法规、协商时间、供应链优化、主动性限制、供应链淘汰机制等现实问题。这些问题的存在，制约了供应链功能的发挥。

针对这几个根本性问题，相应地提出供应链协议，以规范对供应链运作的管理。供应链协议是根据供应链产品生产模式的特点，结合《关税和贸易总协定》(GATT)、ISO 9000、EDI、TCP/IP 等多方面知识，将供应链管理工作程序化、标准化和规范化，使供应链系统能有效控制、良好运作、充分发挥功能。

简单地讲，供应链协议就是在一系列标准（供应链协议标准，简称 SCP 标准）支持下的拥有许多条目的文本（供应链协议文本，简称 SCP 文本），并且这些文本固化于一个网络系统（供应链协议网络系统，简称 SCPNet）中。供应链协议强调供应链的实用性和供应链管理的可操作性，重视完全信息化和快速响应的实现。

SCP 文本是供应链管理规范化、文本化、程序化的主体部分，包括 10 个部分：

（1）定义。

（2）语法规范。

（3）文本规范。

（4）供应链的组建和撤销。

（5）企业加入供应链条件、享受权利、应担风险以及应尽义务。

（6）供应关系的确立与解除。

（7）信息的传递、收集、共享与发布。

（8）供应、分销与生产的操作。

（9）资金结算。

（10）纠纷仲裁与责任追究。

SCP 标准包括产品标准、零配件标准、质量标准、标准合同、标准表（格）单（据）、标准指令、标准数据、标准文本以及 SCPNet 标准等。SCPNet 分为硬件和软件两部分。硬件为 Internet/Intranet/Extranet、客户机、工作站、网管中心。软件为数据库、网络系统、SCPNet 支撑软件。

在供应链协议环境下，企业以期货形式在 SCPNet 上发布订单（接受订单），寻求供应商（得到销售商）。在这种灵活机制下，保持企业的主动性，并将不能适应的企业从供应链上淘汰出局。企业以接受 SCP 文本某某条款的形式在供应链中运作，极大地减少加入、组建供应链所需花费的较长谈判时间。

供应链通过网管中心来协调由于供应链的优化而带来的利益问题。网管中心一般设在核心企业，并由核心企业负责管理。在经济活动中，供应链由于有供应链协议的严格规定而实实在在地存在，并广泛地形成供应链与供应链间的竞争。

任务 4　供应链激励机制的内容

供应链激励机制旨在激励供应链成员企业为了整个供应链目标的实现和本企业竞争力的提升，向合作博弈、互利共赢的方向努力。从一般意义上讲，激励机制的内容包括激励的主体与客体、激励的目标和激励的手段。

1. 激励主体与客体

激励主体是指激励者，激励客体是指被激励者，即激励对象。激励的主体从最初的业主转换到管理者、上级，到今天已经抽象为委托人。相应地，激励的客体从最初针对蓝领的工人阶层转换到白领的职员阶层，以及今天的代理人。

供应链管理中的激励对象（激励的客体）主要指其成员企业，如上游的供应商企业、下游的分销商企业等，也包括每个企业内部的管理人员和员工。

在这里主要讨论对以代理人为特征的供应链企业的激励，或对代理人的激励。因此供应链管理环境下的激励主体与客体主要有：

（1）核心企业对成员企业的激励。

（2）制造商（下游企业）对供应商（上游企业）的激励。

（3）制造商（上游企业）对销售商（下游企业）的激励。

（4）供应链对成员企业的激励。

（5）成员企业对供应链的激励。

2. 激励目标

激励目标主要是通过某些激励手段，调动委托人和代理人的积极性，兼顾合作双方的共同利益，消除由于信息不对称和败德行为带来的风险，使供应链的运作更加顺畅，实现供应链企业共赢的目标。

3. 激励手段

供应链管理模式下的激励手段有多种多样。从激励理论的角度来理解的话，主要就是正激励和负激励两大类。

正激励和负激励是一种广义范围内的划分，如图 8-1 所示。正激励是指一般意义上的正向强化、正向激励，是鼓励人们采取某种行为；而负激励则是指一般意义上的负强化，是一种约束、一种惩罚，阻止人们采取某种行为。

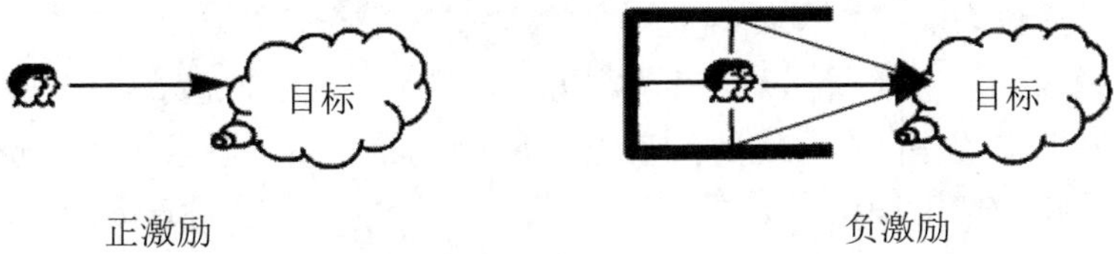

图 8-1　正激励和负激励示意图

从图 8-1 中可以看出，正激励是指在激励客体和激励目标之间形成一股激励力，使激励客体向激励目标进发。负激励是对激励客体实施诸多约束，而仅仅预留指向激励目标一个方向给激励客体发展，从而达到向激励目标进发的激励目的。通常的激励方式基本上都是正激励，负激励被作为约束机制来研究。

对于激励的手段，在现实管理中主要采取三种激励模式：物质激励模式、精神激励模式和感情激励模式。

物质性刺激是唯一或者是主要的激励手段。而物质性刺激因素中，金钱的作用则首当其冲。对于供应链管理来讲，物质激励模式可以理解为利润的刺激。要保证各代理人企业获得理所应当的经济利益，同时又能鼓励它积极工作，就要在物质利益上设立满足代理人经济需求的激励指标。

根据 Y 理论及“自我实现人”假设，人是有智慧而且有责任心的，他们追求挑战性和有意义的工作。从事这些工作并取得成功将会产生内在的精神上的激励，极大地调动人的积极性。供应链和企业拥有社会心理，同样追求挑战性和有意义的工作。更多的订单对于供应链来说就是一种挑战。

精神激励模式有公开表扬或批评、工作的认可、权力和责任、在同行中获得高的信誉和在公众中获得高的声誉等。感情激励模式既不以物资为刺激，也不是以精神理想为刺激，而是以企业与企业之间的感情联系为手段的激励模式，主要有沟通思想式、排忧解难式等。

但是对供应链企业的激励不仅仅如此，例如一条供应链因为获得比别的供应链更多的信息而被激励。信息既不属于精神，也不属于物资，所以我们称之为信息激励模式。

一般而言，有以下几种激励模式可供参考。

（1）价格激励。在供应链环境下，各个企业在战略上是相互合作关系，但是各个企业的利益不能被忽视。供应链的各个企业间的利益分配主要体现在价格上。价格包含供应链利润在所有企业间的分配、因供应链优化而产生的额外收益或损失在所有企业间的均衡。

因供应链优化所产生的额外收益或损失大多数时候是在相应企业承担，但是在许多时候并不能辨别相应对象或者相应对象错位，因而必须对额外收益或损失进行均衡，这个均衡通过价格来反映。

高的价格能增强企业的积极性，不合理的低价会挫伤企业的积极性。供应链利润的合理分配有利于供应链企业间合作的稳定。因此，价格激励必须确保利润在供应链所有企业间的合理分配，以及因供应链优化而产生的额外收益或损失在所有企业间的均衡。

价格对企业的激励是显然的。高的价格能增强企业的积极性，不合理的低价会挫伤企业的积极性。供应链利润的合理分配有利于供应链企业间合作的稳定和运行的顺畅。

但是，价格激励本身也隐含着一定风险，这就是逆向选择问题。即制造商在挑选供应商时，由于过分强调低价格的谈判，他们往往选中了报价较低的企业，而将一些整体水平较好的企业排除在外。其结果影响了产品的质量、交货期等。

当然，看重眼前的利益是导致这一现象的一个不可忽视的原因，但出现这种差供应商排挤好供应商的最为根本的原因是：在签约前对供应商的不了解，没意识到报价越低，意味着违约的风险越高。因此，使用价格激励机制时要谨慎，不可一味强调低价策略。

（2）订单激励。获得更多的订单是一种极大的激励，在供应链内的企业也需要更多的订单激励。一般地说，一个制造商拥有多个供应商。多个供应商竞争来自于制造商的订单，多的订单对供应商是一种激励。

（3）商誉激励。商誉是一个企业的无形资产，对于企业极其重要。商誉来自于供应链内其他企业的评价和在公众中的声誉，反映企业的社会地位（包括经济地位、政治地位和文化地位）。委托一代理理论认为：在激烈的竞争市场上，代理人的代理量（决定其收入）反映了其过去的代理质量与合作水平。

从长期来看，代理人必须对自己的行为负完全的责任。因此，即使没有显性激励合同，代理人也需要积极努力工作，因为这样做可以改进自己在代理人市场上的声誉，从而提高未来收入。

从我国目前的情况看，一个不可否认的事实是：外资企业和合资企业更看重自己的声誉，也拥有比较高的商业信誉。他们为了自己的声誉，也为了自己的未来利益，努力提高自身代理水平与合作水平。这是经过市场经济的长期洗礼而形成的无形资产，是他们在激烈的市场竞争中颇具实力的一个重要原因。

我国有些较差的国有企业在计划经济条件下成长，长期以来习惯于听命上级领导的指示，对纵向关系十分重视，而对横向关系则没有提高到一个战略的高度来认识。

久而久之，企业没有养成良好的合作精神。除了履行合同的意识较差外（如不能按交货期按时交货、不按合同付款、恶意欠债等），企业之间相互拖欠货款已经不是个别现象了，甚至发展成按期付款反而被看作不正常的奇怪现象。这些行为严重影响了这些企业的声誉。因为声誉差，一方面使企业难以获得订单，另一方面也埋下了风险的种子。

为了改变这种状况，应该从企业长远发展的战略目标出发，提高企业对商业信誉重要性的认识，不断提高信守合同、依法经营的市场经济意识。整个社会也要逐渐形成一个激励企业提高信誉的环境，一方面通过加强法制建设为市场经济保驾护航，严惩那些不遵守合同的行为，另一方面则要大力宣传那些遵纪守法、信守合同、注重信誉的企业，为这些企业获得更广泛的认同创造良好的氛围。通过这些措施，既可打击那些不遵守市场经济规则的企业，又可帮助那些做得好的企业赢得更多的用户，起到一种激励作用。

（4）信息激励。在信息时代里，信息对企业意味着生存。企业获得更多的信息意味着企业拥有更多的机会、更多的资源，从而获得激励。信息对供应链的激励实质属于一种间接的激励模式，但是它的激励作用不可低估。如果能在供应链企业群体中建立信息共享机制，就会增加供应链各方在需求信息方面获得的及时性和透明性，从而避免牛鞭效应的产生。

如果能够快捷地获得合作企业的需求信息，本企业能够主动采取措施提供优质服务，必然使合作方的满意度大为提高，这对在合作方建立起信任有着非常重要的作用。因此，企业在新的信息不断产生的条件下，始终保持着对了解信息的欲望，也更加关注合作双方的运行状况，不断探求解决新问题的方法，这样就达到了对供应链企业激励的目的。

信息激励机制的提出，也在某种程度上克服了由于信息不对称而使供应链中的企业相互猜忌的弊端，消除了由此带来的风险。

（5）淘汰激励。优胜劣汰是市场竞争的重要法则，供应链自身也会面临淘汰的风险。为了保持供应链的整体竞争力，供应链必须建立对成员企业的淘汰机制，从而在供应链内形成一种危机淘汰机制，使所有企业都有一种危机感。企业为了能在供应链体系获得群体优势的同时自己也获得发展，就必须承担一定的责任和义务，从而有效地防止供应链成员企业的各种短期行为。

淘汰激励是负激励的一种。优胜劣汰是世间事物生存的自然法则，供应链管理也不例外。为了使供应链的整体竞争力保持在一个较高的水平，供应链必须建立对成员企业的淘汰机制。

淘汰弱者是市场规律之一，保持淘汰对企业或供应链都是一种激励。对于优秀企业或供应链来讲，淘汰弱者使其获得更优秀的业绩；对于业绩较差者，为避免淘汰的危险而更求上进。

（6）新产品/新技术的共同开发。新产品/新技术的共同开发和共同投资也是一种激励机制。新产品和新技术的共同开发和共同投资是一种有效的参与激励，它可以将供应链成员企业的利益捆绑在一起，从而起到较好的激励作用。

例如供应链管理成功的企业大都将供应商、经销商甚至用户结合到产品的研究开发中来，按照团队的工作方式开展全面合作，这种做法可以让供应商全面掌握新产品的开发信息，有利于新技术在供应链企业中的推广和开拓供应商的市场。

传统的管理模式下，制造商独立进行产品的研究与开发，只将零部件的最后设计结果交由供应商制造。供应商没有机会参与产品的研究与开发过程，只是被动地接受来自制造商的信息。

这种合作方式最理想的结果也就是供应商按期、按量、按质交货，不可能使供应商积极主动关心供应链管理。因此，供应链管理实施好的企业，都将供应商、经销商甚至用户结合到产品的研究开发工作中来，按照团队的工作方式（Team Work）展开全面合作。

在这种环境下，合作企业也成为整个产品开发中的一分子，其成败不仅影响制造商，而且也影响供应商及经销商。因此，每个人都会关心产品的开发工作，这就形成了一种激励机制，构成对供应链上企业的激励作用。

（7）组织激励。在一个较好的供应链环境下，企业之间的合作愉快，供应链的运作也通畅，少有争执。也就是说，一个良好组织的供应链对供应链及供应链内的企业都是一种激励。

减少供应商的数量，并与主要的供应商和经销商保持长期稳定的合作关系是制造商采取的组织激励的主要措施。但有些企业对待供应商与经销商的态度忽冷忽热，零部件供过于求时和供不应求时对经销商的态度两样：产品供不应求时对经销商态度傲慢，供过于求时往往企图将损失转嫁给经销商，因此得不到供应商和经销商的信任与合作。

产生这种现象的根本原因，还是由于企业管理者的头脑中没有建立与供应商、经销商长期的战略合作的意识，管理者追求短期业绩的心理较重。如果不能从组织上保证供应链管理系统的运行环境，供应链的绩效也会受到影响。

单元小结

供应链绩效评价的内涵、意义和原则；供应链绩效评价包括企业内部绩效评价、企业外部合作绩效评价，供应链整体绩效评价；供应链绩效评价的指标包括供应链流程评价指标、整体绩效评价指标、供应链运作能力评价指标和供应链创新与学习能力评价指标；供应链绩效评价的方法有参考模型法、标杆法、平衡计分卡法、模糊层次综合评价法和层次分析法；供应链企业的激励。

案例分析

弗莱克斯特罗尼克斯实施供应链绩效管理启示

电子制造服务（EMS）提供商弗莱克斯特罗尼克斯国际公司两年前便面临着一个既充满机遇又充满挑战的市场环境。弗莱克斯特罗尼克斯公司面临的境遇不是罕见的。事实上，许多其他行业的公司都在它们的供应链中面临着同样的问题。很多岌岌可危的问题存在于供应链的方方面面——采购、制造、分销、物流、设计、融资等等。

1．供应链绩效控制的传统方法

惠普、3COM、诺基亚等高科技原始设备制造商（OEM）出现的外包趋势，来自电子制造服务业的订单却在减少，同时，弗莱克斯特罗尼克斯受到来自制造成本和直接材料成本大幅度缩减的压力。供应链绩效控制变得日益重要起来。

控制绩效的两种传统的方法是指标项目和平衡积分卡。在指标项目中，功能性组织和工作小组建立和跟踪那些被认为是与度量绩效最相关的指标。不幸的是，指标项目这种方法存在很多的局限性。试图克服某些局限性，许多公司采取了平衡积分卡项目。

虽然概念上具有强制性，绝大多数平衡积分卡作为静态管理“操作面板”实施，不能驱动行为或绩效的改进。弗莱克斯特罗尼克斯也被供应链绩效控制的缺陷苦苦折磨着。

2．供应链绩效管理周期

弗莱克斯特罗尼克斯实施供应链绩效管理带给业界很多启示：供应链绩效管理有许多基本的原则，可以避免传统方法的缺陷；交叉性功能平衡指标是必要的，但不是充分的。供应链绩效管理应该是一个周期，它包括确定问题，明确根本原因，以正确的行动对问题做出反应，连续确认处于风险中的数据、流程和行动。

弗莱克斯特罗尼克斯公司认为，定义关键绩效指标、异常条件和当环境发生变化时更新这些定义的能力是任何供应链绩效管理系统是令人满意的一大特征。一旦异常情况被确认了，使用中需要知道潜在的根本原因，可采取的行动的选择路线，以及这种可选择行为的影响。以正确的行动对异常的绩效做出快速的响应是必要的。

但是，一旦响应已经确定，只有无缝地、及时地实施这些响应，才能取得成效。这些响应应该是备有文件证明的，系统根据数据和信息发生以及异常绩效的解决做出不断地更新、调整。响应性行动导致了对异常、企业规则、业务流程的重新定义。因此，周期中连续地确认和更新流程是必要的。

在统计流程控制中，最大的挑战往往是失控情形的根本原因的确认。当确认异常时，需要能确认这些异常的根本原因。供应链绩效管理应该也能在适当的位置上支持理解和诊断任务。这允许管理迅速重新得到相关的数据，相应地合计或者分解数据，按空间或者时间将数据分类。

弗莱克斯特罗尼克斯公司的成功，确认了供应链绩效管理作为供应链管理的基础性概念和实践的力量和重要性。

（资料来源：海事大学物流研究中心）

思考题：简要阐述绩效管理在供应链系统的重要性。

技能训练

一、简答题

1. 简述供应链绩效评价的内涵是什么。
2. 简述供应链绩效评价的内容和方法。
3. 供应链绩效评价指标选择的原则是什么？
4. 供应链绩效评价的指标有哪些？

二、论述题

1. 试论述供应链激励的重要性。
2. 请论述供应链激励机制的内容。

三、实训

请以小组为单位，调查当地一家知名企业，结合其供应商评价指标体系，为其制定合理的绩效评价指标体系。

要求：1. 制定调研计划，列举相关评价指标体系。

2. 编写调研报告。

附录　教学方法总结

教学方法	实施	能力
关键词陈述法	适用：课上学习 1．学生在5～10分钟内独立阅读500字左右专业文章 2．学生独立从文章中提取5个左右关键词，制成关键词卡片 3．学生使用简短精练的语言口头陈述关键词的含义	1．阅读书写能力和沟通演示能力 2．能够独立阅读一篇500字左右的专业文章，提取关键词并进行口头解释
四角方式法	适用：课前导入，课尾总结 教室四角分别摆放白板，贴上不同颜色的纸条：白色、绿色、黄色和蓝色 不同颜色的含义：白色代表否定；黄色倾向于否定；蓝色倾向于肯定；绿色表示非常肯定	1．沟通演示能力和职业态度 2．能够清晰表达并阐述对某一事物或学习过程的态度和认识
扩展小组法	适用：课上学习 阶段一：独立工作，独立思考并写出答案 阶段二：2～3 人合作，和学伴讨论，对讨论结果进行筛选 阶段三：4～6 人小组合作，和学伴讨论，对讨论结果进行筛选，找到共同答案 阶段四：8～10 人小组合作，和学伴讨论，对讨论结果进行筛选，写出共同答案	1．阅读书写能力、沟通演示能力和解决问题能力 2．能够独立阅读理解某一专业文章要点并与同伴进行沟通交流；能够在交流沟通中吸纳他人观点并与他人达成一致
旋转木马法	适用：课上学习 阶段一：半数学员在内圈，半数学员在外圈，一对一面对面，内圈学员向外圈学员说明学习文本的体会。限时完成 阶段二：内圈学员逆时针移动 5 个位次，外圈学员向内圈学员说明学习的心得体会。限时完成 阶段三：外圈学员顺时针旋转 3 个位次，内外圈学员自由谈论学习心得体会。限时完成 教师点评：双方要进行眼神交流，不要仅仅是埋头讲，注意观察听者的反应，必要时可以做记录和总结	1．阅读书写能力和沟通演示能力 2．能够独立阅读专业文章，通读理解，找出关键词句，将内容复述给别人；在沟通交流中能够在倾听中理解他人陈述的内容并通过询问把握内容要点；能够在转述过程中把握要点并清楚表达
关键词卡片复习法	适用：课前回顾 1．请学员（学员由老师决定）解释（复述而非照读，可以查阅资料）随机抽中的卡片上的关键词，每组抽取一张 2．所有人对其评价并补充答案。学员对其他学员的总结进行补充，当其他学员补充不全面的时候，教师可对解释中的问题进行进一步说明 3．教师在选取抽取卡片的学员时是带有倾向性的，教师会根据需要“刻意安排”某些学员抽取卡片 4．教师对学员的行为做“激励式点评”。表扬学员有益的行为。使用“卡片”的作用在于让进行解释的学员有心理上的依赖感，能够有明确的目标和主题 5．第一次使用这种方法的时候，教师要做出示范并给学员一定的准备时间	1．沟通演示能力和解决问题能力 2．能够对专业术语或概念进行理解和记忆；能够清楚简洁地表述对某一特定概念的理解

续表

教学方法	实施	能力
伙伴拼图法	适用：课上学习 第一步：阅读某段专业文章 第二步：领取关键词，再次阅读，使用关键词向其他人进行解释说明 第三步：同伴之间使用关键词进行讨论，分析关键词与文章内容之间的关系 第四步：合作学习－搭档拼图 （1）要求学伴之间进行文章解释（A、B 两组学员结对子，交换信息） （2）学员站起来寻找非临近学伴 （3）A 把自己的关键词卡片依次交给 B，向 B 解释文章内容；B 依次返还关键词卡片，向 A 解释对 A 文章理解，A 在此过程中进行修正补充 （4）B 把自己的关键词卡片依次交给 A，向 A 解释文章内容；A 依次返还关键词卡片，向 B 解释对 B 文章的理解，B 在此过程中进行修正补充	1．阅读书写能力、沟通演示能力和解决问题能力 2．能够独立阅读一篇 500 字左右的专业文章，提取关键词并进行口头解释；能够独立阅读专业文章，将内容复述给别人；在沟通交流中能够在倾听中理解他人陈述的内容并通过询问把握内容要点；能够在转述过程中把握要点并清楚表达
关键词海报法	适用：课上学习 1. 阅读并找出关键词，复读并找出关键词相关内容（教师分发小卡片） 2. 小组讨论，画出逻辑关系图，展示成可视化结果（有创造力，图画美观、简洁，图画中出现关键词）	1．阅读书写能力、沟通演示能力和解决问题能力 2．能够独立阅读一篇 500 字左右的专业文章，提取关键词；能够对学习内容进行可视化呈现；能够富于创造力地展现对某一知识点或某一知识结构的理解；能够与同伴协作共同实现对某一知识结构的条理化和逻辑呈现
小组拼图法	适用：课上学习 第一步：6 人一组，每位组员从 1～6 编号，形成原始组 第二步：所有小组中的 1 号组成 1 组，2 号组成 2 组，……6 号组成 6 组——专家组 第三步：专家组小组讨论完成任务：讲义任务描述 20 分钟。六步法中的每一步都是十分重要的，请结合实例说明所在组指代的“某一步”的重要性，并根据由易到难排列“某一步”工作的难度等级。同时思考学生在完成“这一步”工作时教师和学生之间的关系，以及他们各自起到的作用。此外还要思考“每一步”完成过程中学习者非专业能力有哪些 第四步：学员回到原始组，在小组中报告自己在专家组的讨论结果。一人发言讲述最重要的内容，其他学员倾听，记录其他组员陈述的信息，如果没有理解一定要相互提问 实施要点：每个组员都要积极参与，发挥自己的责任感，充分发挥自己的思维特质，专家组中的组员们要互相协助，帮助每一个组员最后回到自己的原始组可以进行交流教师要清楚解释学习过程的流程，防止学生忘记，可以发放号码卡片防止学生忘记自己的号码。这种方式不建议在学习初期阶段使用，它需要学生具有较好的学习能力基础	1. 阅读书写能力、沟通演示能力，解决问题能力、职业态度和工作方式友善（客户服务意识） 2．能够独立阅读一篇 1000 字左右的专业文章；能够将内容复述给别人；在沟通交流中能够在倾听中理解他人陈述的内容并通过询问把握内容要点；能够在团队中准确把握自身责任，完成本职工作；能够通过集体协作完成对某一专业知识结构的全面理解，形成统一认识

续表

教学方法	实施	能力
团队海报法	适用：课上学习 团队建设内容：是什么将我们共同结合在一起？合作中我们关注什么？我们有哪些共同的愿景？需要每个人贡献什么 尽可能有创意，用彩色、图片，文字要少	1．阅读书写能力、沟通演示能力和解决问题能力 2．能够独立阅读一篇关于工作过程或方法步骤的 500 字左右的专业文章，提取关键词；能够对学习内容进行流程化、可视化呈现 3．能够富于创造力地展现对某一知识点或某一知识结构的理解。能够与同伴协作共同实现对某一知识结构的条理化和逻辑呈现
博物馆法	适用：课上评价 将个人或本组的可视化成果进行展示，巡回观看其他人或其他组的学习成果，评价并提问，对本组的成果进行解读并回答提问	1．沟通演示能力 2．能够分析评价其他学伴的学习成果，并提出专业性问题；能够精练概要性地口头陈述本组可视化成果的含义和要点，对他人提出的问题进行有针对性的回答解释
学习二重奏法（伙伴学习法）	适用：课上学习 1．独立完成某一专业内容的学习 2．完成者到“停车站”等候其他学伴 3．完成个人学习的同学结成新的学伴小组，进行交流沟通，对某一专业知识进行深入研讨形成共识 4．2 人小组再依次拓展为 4 人小组、8 人小组，直至全体达成认知共识	1．沟通演示能力 2．能够独立阅读一篇 500 字左右的专业文章，在沟通交流中能够在倾听中理解他人陈述的内容并通过询问把握内容要点
卡片学习总结法	适用：课尾总结 按不同颜色（红、黄、蓝）重新组合小组，每一个小组拿到“某一工作”流程中的某一环节，学员排序后找到自己的位置，排成一排。其中一组作为样板，其他小组进行比照核对	1．阅读书写能力 2．能够理解工作流程并清楚认识每一步骤的工作内容和流程关系；能够与团队进行有效协作完成工作任务
三人小组法	适用：课上学习 三人一组进行不同主题的相互介绍，通过阅读、讲述、倾听、转述、纠正达到同时理解三段不同专业文章内容的目的 初级阶段：大家看着图片表格进行讲述和倾听，图片表格事先分工好给每一个人 高级阶段：大家不看图片表格进行倾听，只有陈述者看着图片表格，图片表格的讲述也是随机抽取的 教学目的：训练学习者的倾听、讲述、理解能力和专注度 要求：实施期间学习者不要使用手机 技巧：图片表格中设置一些学习者不熟悉的内容，激活他们的思维和关注度	1．阅读书写能力、沟通演示能力、职业态度和工作方式 2．能够独立阅读专业文章，通读理解，找出关键词句，将内容复述给别人；在沟通交流中能够在倾听中理解他人陈述的内容并通过询问把握内容要点；能够在转述过程中把握要点并清楚表达

续表

教学方法	实施	能力
角色扮演法	适用：课上学习，实践训练 学生在实践过程中扮演企业特定工作岗位员工角色，根据工作情境完成模拟岗位工作	1. 沟通演示能力、解决问题能力、职业态度和工作方式友善（客户服务意识） 2. 能够以企业员工的身份与客户进行沟通；能够理解客户要求，有效规划工作任务，完成计划；能够具备时间计划能力，在现实时间内完成工作任务；能够根据工作情境安全、高效、合理、经济地完成工作任务
关键词问答卡片法	适用：课前导入，课尾总结 1. 学生在5～10分钟内独立阅读500字左右的专业文章 2. 学生独立从文章中提取5个左右关键词，制成关键词卡片 3. 在关键词卡片背面写清楚对关键词的解释 4. 向其他同学展示关键词卡片，提问关键词含义 5. 回答其他同学提出的问题 6. 出题人对回答结果进行评价并进一步进行解释	1. 阅读书写能力和沟通演示能力 2. 能够独立阅读一篇500字左右的专业文章，提取关键词；能够对专业术语或概念进行理解和记忆；能够清楚简洁地表述对某一特定概念的理解
你来出题我来猜（谁会成为百万富翁？）	适用：课后总结 各个小组分别就某一阶段学习内容出测试题，小组间轮换测试题完成测试，根据完成情况评价	1. 沟通演示能力和解决问题能力 2. 能够提炼某一阶段学习内容的要点并分析权重；能够完成某一阶段学习相关的专业知识测试
倒立法	适用：课上学习 “倒立法”遵循认知规律，先看到不良现象，再针对不良现象提出预防和避免的手段措施和制度。尤其适用于思维能力偏弱的学生，可以比较直观地帮助学习者学习	1. 沟通演示能力、解决问题能力、职业态度和工作方式 2. 能够尽可能多地列举造成问题或事故的可能性；能够形成安全生产的意识和观念；能够建立批判性思维
停车站法	适用：课上学习 1. 独立完成某一专业内容的学习 2. 完成者到“停车站”等候其他学伴 3. 完成个人学习的同学结成新的学伴小组，进行交流沟通，对某一专业知识进行深入研讨，形成共识	1. 阅读书写能力和沟通演示能力 2. 能够独立阅读一篇500 字左右的专业文章；在沟通交流中能够在倾听中理解他人陈述的内容并通过询问把握内容要点
关键词卡片抢答拍卖法	适用：课前导入，课尾总结 1. 学生在5～10分钟内独立阅读500字左右的专业文章 2. 教师从文章中提取关键词，制成关键词卡片，在关键词卡片背面写清对关键词的解释 3. 教师向其他同学展示关键词卡片，提问关键词含义 4. 学生进行抢答，答对者得到卡片，以得到卡片数目多少判定胜负	1. 阅读书写能力和解决问题能力 2. 能够独立阅读一篇500字左右的专业文章，提取关键词；能够对专业术语或概念进行理解和记忆；能够清楚简洁地表述对某一特定概念的理解

续表

教学方法	实施	能力
开心辞典法	适用：课前回顾，课尾总结 1．教师从专业知识中提取出一些专业知识测试题 2．学生回答问题，可以寻求帮助	沟通演示能力和解决问题能力
小声交谈法	适用：课上学习 在学习中进行小声交流沟通，保证音量只在沟通人之间能够听见的范围	1．沟通演示能力 2．能够在沟通交流中不打扰他人
彩带反思法	适用：课尾总结 使用红、黄、蓝、绿色的彩带表示学习后的情绪感受并说明学习体会	1．沟通演示能力和解决问题能力 2．能够对学习过程进行有效总结
情绪图片反思法	适用：课尾总结 学习后选择能够表达自身状态情绪的图片，并进行说明	1．职业态度和解决问题能力 2．能够对学习过程进行有效总结
扫码反馈法	适用：课尾总结 扫描二维码，回答对于课程评价的问题	1．职业态度 2．能够对学习过程进行简单评价
五指反馈法	适用：课尾总结 总结学习后5方面的感受：①我感觉今天很好的内容是什么？②我感觉今天应该引起注意的是什么？③我感觉今天不好的是什么？④我感觉今天有价值的是什么？⑤我感觉今天想要了解更多的是什么	1．沟通演示能力和解决问题能力 2．能够对学习过程进行有效总结
标靶反馈法	适用：课尾总结 总结学习后4方面的感受：学习内容、学习成效、学习积极性和小组学习氛围	1．沟通演示能力和解决问题能力 2．能够对学习过程进行有效总结
无领导小组讨论	适用：课上学习，无领导小组讨论 针对某一复杂问题进行讨论，形成对问题的共识，制定出富有创造性的解决方案	1．沟通演示能力、解决问题能力、职业态度和工作方式 2．能够小组协作创造性地解决复杂问题，能够在无领导的工作小组中发挥自己可能的作用
学习站法	适用：课上学习，实践训练 1．主要应用场景：自主学习阶段、巩固加深阶段、练习阶段和复习阶段 2．实施步骤：①将所有学习材料放在不同的桌子（学习站）上；②每个学习站上学习内容的先后顺序是无所谓的；③每个学习站上有不同的学习主题；④一个主题的多个工作页提供不同的学习难度；⑤每个学习者将拿到一份“任务传阅单”（标注了有多少个学习站，每个学习站上的任务的要求、难度）；⑥学习者必须完成标注的必学任务；⑦每个“学习站”上自认为做得较好的学习者可以自定义为本“学习站”的“专家”，把自己的名字写在另一张“专家表”上；⑧“专家”可以为其他学习过程有问题的学习者提供帮助；⑨教师在教学过程中仅仅提供解答建议；⑩在学生完成学习任务的过程中教师仅作为帮助者存在；⑪教师最终可能会提供一份建议性答案，在学生任务完成后给学生对比参阅；⑫教师可以根据学习内容设计不同学习站使用不同的学习方式（个人完成、2人完成、小组完成）	1．阅读书写能力、解决问题能力、职业态度和工作方式 2．能够完成针对某一专业项目的基本实践操作；能够根据自己学习能力和水平接受富有挑战性的任务并努力完成；能够帮助学习困难者完成工作，发挥带动作用

续表

教学方法	实施	能力
	注意：①实际实施的时候，学生拿取工作任务，每次只拿同一组的任务（例如A组、B组、C组、D组）；②教师随时检查学生的传阅单，控制学生的学习进度；③本次下发的A、B、C、D四组题目，实际实施的时候需要多个工作日的课时，至少4到6节课；④这一方法需要在较高年级进行实施，对学生的自主学习能力要求很高，不建议在低年级采用；⑤教师可以根据需要，安排每组工作任务的工作形式（个人完成或小组完成）	
三人小组会谈法	适用：课上学习 实施策略：（1）三人小组中每位参与者找出自己最擅长、最愿意讲出来的关键词 （2）第一步是一人讲述、第二人记录关键词、第三人倾听；第二步是第二人复述关键词相关概念内容，第三人给予检查提示。依次轮换 （3）学习初期或针对学习能力较弱的学生或针对比较重要的基础概念，可以在同一个小组中将同一个关键词给三个学员，让学习能力较弱的学生多听几遍，让他能够在小组中陈述表达，继而让这个学生到全班面前进行陈述，锻炼学生的能力	1. 阅读书写能力、沟通演示能力、解决问题能力、职业态度和工作方式 2. 能够独立阅读专业文章，通读理解，找出关键词句，将内容复述给别人；在沟通交流中能够在倾听中理解他人陈述的内容并通过询问把握内容要点；能够在转述过程中把握要点并清楚表达
小组展示汇报	适用：课上学习，课尾总结 小组对本组制作的海报、流程图、问题解决方案进行集体汇报并回答教师和其他学习者提出的问题 展示规则：①音量：根据空间大小展示人需要调节自己的音量，使所有人听清楚；②语速：适中，不宜过快或过慢；③停顿：适当停顿，给予听众思考消化信息的机会；④发音吐字：清晰易懂；⑤语调：突出重点内容，适当变换语调使其具有吸引力；⑥表情姿态：亲切友好，面部表情明朗、不手插口袋、手指要点、关注观众，永远不要背对观众 评价表：①演示内容：信息完整、有解释说明、图文并茂、表达清晰；②演示语言：强调重点、措辞简洁、没有过多口头语；③行为举止：关注观众，有眼神交流；④演示媒体：PPT、实物投影、黑板板书等，图文并茂、直观易懂——每次演示可以根据主题不同，进行不同的权重设置	1. 阅读书写能力、沟通演示能力、解决问题能力、职业态度和工作方式 2. 能够独立阅读专业文章，通读理解；能够团队协作清晰简练地口头陈述自己的解决方案或认知成果；能够在汇报展示中达到规则要求
先行组织者图示法	适用：课上学习 1. 组织先行图（在德语心理学中称为“先导式组织辅助系统”）是一种在原本教学内容讲授之前所做的学习帮助系统，从根本上讲就是一种“Organizer in advance（预先的组织者）” 2. 它体现了内容在其专业逻辑上的关系，而并不深入细节 3. 形象地说，它就像一个人从很高的高度拍摄一张风景照（鸟瞰，航拍）	1. 阅读书写能力、沟通演示能力和解决问题能力 2. 能够独立阅读一篇500字左右的专业文章，提取关键词；能够对专业术语或概念进行理解和提炼；能够清楚简洁地表述对某一特定概念的理解；能够与同伴协作共同实现对某一知识结构的条理化和逻辑呈现

续表

教学方法	实施	能力
先行组织者图示法	4．先行组织者通过提供一个概括性的思维结构（组织者）让新知识易于与已有的（基础）知识的联系或结合起来 5．让已有专业知识与新的知识产生结合或联系的学习辅助 6．这是一种指出（学习）路径的学习地图，通过关键词、符号等有目的地吸引学习者注意力，帮助学习者筛选重要的相关信息	
关键词分类讨论法	适用：课上学习 1．阅读专业文章，找出关键词 2．学习者个人将关键词分成两摞“我会”和“我不会”——学生剪下关键词卡片，个人自己分类 3．三人小组法讨论彼此会和不会的关键词，并讨论关键词卡片。请利用机会解答不明白的问题。 学生还可以自己制作超出教师所给的关键词以外的关键词卡片，然后进行交流讨论	1．阅读书写能力和沟通演示能力 2．能够独立阅读一篇500字左右的专业文章，提取关键词；能够对专业术语或概念进行理解和记忆；能够清楚简洁地表述对某一特定概念的理解
关键词连线复习法（Bingo）	适用：课前导入，课后总结 教师给出关于某一专业知识内容的数十个关键词，学员每人选取其中的16个，画在一个4×4的表格内。教师随机说出某一关键词的解释，学生在自己的表格中找出对应的关键词并画“√”，四个“√”首先连成一条直线的学生胜出	1．阅读书写能力和沟通演示能力 2．能够独立阅读一篇500字左右的专业文章，提取关键词；能够对专业术语或概念进行理解和记忆；能够清楚简洁地表述对某一特定概念的理解
图像化学习笔记法	适用：课上学习，课后学习 三个主要部分：图形、简明扼要的关键词、阐述性文字总结及资料来源（文献来源）	1．阅读书写能力、沟通演示能力、解决问题能力、职业态度和工作方式 2．能够独立阅读一篇500字左右的专业文章，提取关键词；能够对专业术语或概念进行理解和提炼；能够清楚简洁地表述对某一特定概念的理解；能够与学伴协作共同实现对某一知识结构的条理化和逻辑呈现
扑克牌法	适用：课前复习，课后总结 使用两张A4纸，分别裁成两半，得到4张卡片。将对教学内容的提问写在正面，把答案写在反面。还可以再多做一张卡片，获得更高奖励。请从非邻座的伙伴中找一位学伴，两位之间互相提问对方一个问题，回答正确得到卡片，回答不正确得不到卡片，同伴需要对错误的答案进行纠正和讲解。赢家是获得卡片最多的学习者。手上没有卡片了就被淘汰	1．阅读书写能力和沟通演示能力 2．能够独立阅读一篇500字左右的专业文章，提取关键词；能够对专业术语或概念进行理解和记忆；能够清楚简洁地表述对某一特定概念的理解

参考文献

[1] 刘华．物流采购管理[M]．北京：清华大学出版社，2012．

[2] 熊伟．采购与供应管理实务[M]．北京：北京大学出版社，2018．

[3] [美]约翰·J·科伊尔．供应链管理物流视角（第 9 版）[M]．宋华，译．北京：电子工业出版社，2016．

[4] 戴建平．新编供应链管理[M]．南京：南京大学出版社，2017．

[5] 王为人．采购案例精选[M]．北京：电子工业出版社，2007．

[6] 马晓峰．避开采购黑洞[M]．北京：中国社会科学出版社，2008．

[7] 刘伟．物流与供应链管理案例[M]．成都：四川人民出版社，2009．

[8] 林玲玲．供应链管理[M]．北京：清华大学出版社，2008．

[9] 中国物流与采购联合会．中国物流与采购信息化优秀案例集[C]．北京：中国物资出版社，2010．

[10] 骆建文．采购与供应管理[M]．北京：机械工业出版社，2009．

[11] 刘伟．物流与供应链管理案例[M]．成都：四川人民出版社，2009．

[12] 中国货代协会网 http://www.cifa.org.cn/index.asp

[13] 中国物流网 http://www.china-logisticsnet.com/

[14] 中华物流网 http://www.zhwlw.com.cn/

[15] 中国企管网 http://www.china-qg.com

[16] 第三方物流网 www.56net.com.cn

[17] 中国物流与采购网 www.cflp.org.cn

[18] 物流中国 www.56zg.com

[19] 商务部网站 http://www.mofcom.gov.cn/

[20] 中华人民共和国铁道部网 http://www.china-mor.gov.cn/

[21] 中华人民共和国交通运输部网 http://www.moc.gov.cn/